WIPPER · VON HONGKONG NACH NEPAL

Fahrrad
Abenteuer

Andreas Wipper

Von Hongkong nach Nepal

Pietsch Verlag Stuttgart

Einbandgestaltung: Johann Walentek

Zeichnungen: Andreas Wipper

Fotos: Andreas Wipper (84), Gebhard Holzer (17), Emyr Griffiths (2)

ISBN 3-613-50153-8

1. Auflage 1992

Ein Unternehmen der Paul Pietsch-Verlage GmbH & Co.

Satz: Vaihinger Satz + Druck, 7143 Vaihingen/Enz.
Druck: Dr. Cantz'sche Druckerei, 7302 Ostfildern 1.
Bindung: Wilhelm Nething, 7313 Weilheim/Teck.
Printed in Germany.

Inhalt

EINLEITUNG

Träume werden im Schatten geboren. Die Welt bietet unendlich viele Möglichkeiten. Dabei kommt es natürlich auch darauf an, daß man es sich leisten kann, diese zu nutzen.

Nach Schulzeit und Lehre war ich als Facharbeiter beschäftigt. Mein Leben wurde geformt vom Kreislauf des normalen Berufslebens, und nur zu schnell war ich verwickelt in die »Fünf-Tage- á Acht-Stunden-Woche«. Ich fühlte mich eingesperrt in den sterilen Werkstatträumen und hatte schnell genug von der monotonen Arbeit. Sollte ich vielleicht ein geregeltes Leben anfangen, meine Zukunft in den vier Wänden zubringen und nur noch auf die Karriere schauen? fragte ich mich immer öfter.

Träume werden im Schatten geboren. Wenn ich Landkarten studierte oder am Wochenende ins Freie fuhr, überlegte ich immer, wohin diese Straßen mich noch führen würden. Ich träumte von einsamen Wegen durch die Tundra, von Bergpässen, an denen Gletscher die Straßen berühren...

Pling-Plong-Klack, »Zahl!« Mai 1987 in Australien, ein 25-Cent-Stück brachte endgültig die Entscheidung für die Radtour mit dem Traumziel Tibet. Die Idee, durch China und Tibet nach Nepal zu radeln, ist mir irgendwann im australischen Outback gekommen, in einer sternenklaren Nacht. Sofort weckte ich meinen schnarchenden Freund Gebe auf. Wir hatten uns hier im Land »down under« getroffen, er über Südostasien und ich aus Amerika kommend, um gemeinsam zu klettern und zu jobben. Und hier bekam Gebe auch seinen Kuznamen. Denn eigentlich heißt er Gebhard, was aber niemand verstand. Deshalb begann Gebhard seinen Namen in Englisch zu buchstabieren: »Dschi-,i-,bi-,...« Spätestens hier unterbrachen die Australier ihn und meinten: »Ah alles klar, Dschibi, kein Problem!« Seither nennen wir ihn nur noch Dschibe oder Gebe.

Träume werden im Schatten geboren. Schon lange stand Tibet im Zentrum meiner Gedanken – Bilder von Tibetern faszinierten mich, und Berge waren meine Traumwelt. Ich wußte kaum etwas von diesem, lange Zeit »Verbotenen Land«. Nur wenigen westlichen Forschern und Abenteurern gelang es vor dem chinesischen Einmarsch, nach Tibet zu reisen. Ich hatte von Sven Hedin gehört und Bücher von Alexandra-David Neel gelesen. Richtig begeistert war ich, nachdem ich das Buch von Heinrich Harrer, »Sieben Jahre in Tibet« kannte. Ferner zogen mich als begeistertem Bergsteiger und Kletterer die hohen Berge des Himalaya magisch an.

Und gleich daneben liegt China, dieses für den westlichen Tourismus so jungfräuliche Land. Nach Maos Tod tauchte im Zuge der Reformen immer wieder das Wort »open doors« (offene Türen) auf, und als sich das Land seit 1986 sogar Einzelreisenden öffnete, wollte ich China und vor allem Tibet erleben, bevor dort die Neckermann-Fernost-Agenten oder der Amerikaner Forbes mit seinen Motorrädern und französischen Köchen anrückten.

Aber warum gerade mit dem Fahrrad? Fahrradfahren war für mich immer verbunden mit Selbstquälerei, verzerrten Gesichtern, mit gebeugtem Oberkörper gegen den Wind radeln, schwer schwitzend und schnaufend. Nein, das war es nicht, was mich reizte. Zwar ist das Bergsteigen auch eine Plackerei, aber wenn ich z. B. in den Dolomiten über griffigen Fels einen Pfeiler emporklettere, ist das für mich ein viel intensiveres, naturverbundeneres Erlebnis, als einen verkehrsüberladenen Bergpaß mit dem Velo hinaufzuradeln. Für mich war das Fahrrad bis dahin ein reines Zweckfahrzeug, mit dem ich zur Arbeit oder einkaufen fuhr.

Nach einem halben Jahr Weltreise hatte ich aber genug von Auto, Bus und Zug. Zu leicht fällt man diesen Bequemlichkeiten zum Opfer. Außerdem hatte mein Freund Gebe, durch seine Südostasienreise vorgewarnt, eine Vorahnung, wie es werden würde, wenn wir

mit dem Zug z. B. in der südchinesischen Stadt Kanton ankämen: Taxis warten auf Touristen, Souvenirhändler jagen nach Kunden, Hotelangestellte würden uns Zimmer aufdrehen wollen...So wollten Gebe und ich aber nicht nochmal reisen. Wir wollten China und Tibet abseits der bekannten Sehenswürdigkeiten erfahren, mit einer gemäßigten Geschwindigkeit von 10 bis 20 km/h.
Ich wußte, daß ich den richtigen Gefährten für diese Reise gefunden hatte. Gebe ist ein unkomplizierter Bursche mit der nötigen Nervenstärke, die man braucht, um als Europäer durch das überbevölkerte China zu radeln.
Ich begeisterte Gebe von meiner Idee, und er ließ sich anstecken. Doch das ganze klang so verrückt, daß wir ein paar Tage später die 25-Cent-Münze entscheiden ließen. Und dann war es eben die Zahlseite, die für die Radtour entschied.

MONGOLEI
Peking
VOLKSREPUBLIK
CHINA
TIBET
SICHUAN
CHENGDU
Tsangpo Fluß
Namche Barwa
7760
Lhasa
Gongga Shan
7556
Jangtze Fluß
GUIZHOU
NEPAL
BHUTAN
GUIYANG
INDIEN
Brahmaputra Fluß
GUILIN
GUANGDONG
Mekong Fluß
WUZHOU
KANTON
BANGLA-
DESH
GUANGXI
Hongkong
BURMA
VIETNAM

START IN HONGKONG

Auf den Straßen und in den Läden Hongkongs vibriert das Leben. Die britische Kronkolonie ist durch die günstige Lage neben Rotchina und das Fehlen störender Handelsbeschränkungen zur Megalopolis und zum Shopping-Paradies Asiens geworden. Hier befindet sich einer der größten Häfen der Welt, nirgendwo sonst sind so viele Leuchtreklamen und hochragende Bankgebäude zu finden. Und, man kann es kaum glauben, hier werden im Jahr mehr Filme produziert als in allen Hollywood-Studios zusammen. Meist handelt es sich dabei um wilde Kung-Fu-Filme mit Titeln wie ›fünf Todesfinger‹ oder um Sex-Filme. Obwohl Hongkong 1997 den Status als britische Kronkolonie verliert und Großbritannien das Land an China abtreten wird, sieht die ganze Stadt immer noch wie eine Baustelle aus. Überall werden in der Hoffnung, daß China seinen Kurs weiter liberalisiert und seine Wirtschaftsunternehmen privatisiert, neue Gebäude hochgezogen. Auf einer Fläche, die mit einer Stadt mittlerer Größe in Deutschland vergleichbar ist, leben sechs Millionen Menschen, 98% davon sind Chinesen.
Trotz der Dichte und der aufdringlichen Verkaufsleute hat die Stadt aber ein Flair an sich, welches das Asiatische widerspiegelt. Hongkong ist nicht gerade der optimale Ort, um zu einer Fahrradtour zu starten, aber von anderen Reisenden hören wir, daß das chinesische Visum relativ mühelos ausgestellt wird und die Einreisebestimmungen an der Grenze einfach seien.

Gleich nach unserer Ankunft rufen wir Steve und Wanda an, ein australisches Ehepaar, das mit zwei Kindern in Hongkong lebt und arbeitet. Gebe traf sie in Australien am Eyers Rock, als sie Urlaub in ihrer Heimat machten, und war mit ihnen ein paar Tage zusammen. Steve und Wanda haben jene Großzügigkeit, Freundlichkeit und Offenheit, wie wir sie in Australien zigmal erlebten. Ein Anruf genügt. Sofort erkennt Wanda Gebes Stimme wieder und lädt uns ein. Steve ist als Ingenieur für Hydrotechnik und für die Regierung in Hongkong tätig. Er stellt uns Hausschlüssel zur Verfügung, nimmt uns mit auf eine Bootsparty und zeigt uns, wo wir die geeigneten Fahrräder finden können. Seine Gutmütigkeit ist fantastisch. Wir klappern ein paar Fahrradläden ab, um die verschiedenen Marken zu vergleichen. Überall in der Stadt raten Hinweisplakate eindringlich, auf die Korrektheit und Qualität der Ware zu achten. Von Steve hören wir, daß viele Artikel Nachahmungen ohne Garantie oder Waren zweiter Klasse seien. Nun, wir beide kennen uns mit Fahrrädern nicht besonders gut aus. Zwar habe ich zu Hause ein Rennrad, doch auf dessen Teile und Qualität achtete ich nie. Das Gewicht des Fahrrads ist nicht ausschlaggebend. Reifenstärke, Rahmengröße und Bremsen sind Dinge, die wir uns genauer anschauen. Das Fahrrad muß vor allen Dingen stabil und langlebig sein und darf nicht zu viel kosten. Letztendlich entscheiden wir uns für einen KHS-Rahmen. Mit Ausnahme der 12-Gang-Suntory-Schaltung – vorn zwei Zahnräder, hinten sechs – sind alle Teile aus Taiwan, dem Land, in dem fast alle Fahrradrahmen hergestellt werden. Das Fahrrad kostet 200 US Dollar. Wir unternehmen ein paar Testfahrten durch die steilen Straßen von Hongkong. Alles funktioniert einwandfrei, sieht man einmal davon ab, daß wir schnell müde werden.
»Heute Hongkong, morgen China und Tibet!« verkündet Gebe. Er möchte seinen Rucksack direkt auf den Gepäckträger schnallen, ich entscheide mich für gewichtverteilende Packtaschen. Zu unserer großen Überraschung erhalten wir innerhalb von zwei Tagen ein dreimonatiges Visum von der chinesischen Botschaft in Hongkong. Danach erledigen wir noch ein paar Kleinigkeiten: Werkzeug kaufen, Briefe schreiben und Landkarten sammeln. Aber geeignetes Orientierungsmaterial läßt sich absolut nicht beschaffen. Jedes Reisebüro oder Buchgeschäft sagt uns, daß es für China keine Straßenkarten

Blick auf die Hongkong-Insel.

gibt. Schließlich begnügen wir uns mit einer China-Standardkarte im Maßstab 1:5000000. Das entspricht vergleichsweise einer Europakarte, die von Spanien bis nach Moskau reicht, also nicht besonders detailliert ist.
Der Tag der Abreise rückt näher. Mit Wanda gehen wir noch ein paarmal an den Strand in Hongkong und ruhen uns aus. Aber mich bedrückt eine innere Unruhe. In der letzten Nacht vor dem Start schließe ich kein Auge. Das Wort ›China‹ schießt mir immer wieder durch den Kopf, das neu geöffnete Land, das Land mit der höchsten Bevölkerungszahl, einer angespannten politischen Lage, ein kommunistisches Land – und das wollen wir mit dem Fahrrad erobern. Wir hatten für diese Reise immer die Devise festgelegt: ›wie's kommt, so kommt's‹, da es unsinnig erschien, sich den Kopf über Sachen zu zerbrechen, über die keiner etwas Genaueres weiß.
Aber im Moment ist alles anders. »Die Karte, Mann, die Karte!« Gibt es überhaupt vernünftige Straßen in China? Jetzt haben wir zwar die Räder, aber vielleicht gar keine Route, auf der wir werden fahren können. Und zu alledem haben wir noch geplant, im Anschluß an China in das höchstgelegene Land, nach Tibet zu gelangen. All das beunruhigt mich in dieser Nacht. Meine Handflächen sind feucht vom Schweiß. Egal, wie oft ich schlucke, ich kann einfach den großen Klumpen Schleim in meiner Kehle nicht wegbekommen. Ich liege auf der Matratze am Boden und sehe mich im Zimmer um. Soll das für Monate das letzte saubere Bett sein? Wo werden wir jeden Abend schlafen? Für Wochen, vielleicht für Monate abgeschnitten von jeder Verbindung mit zuhause? Plötzlich habe ich das Verlangen, alles hinzuschmeißen und mein restliches Geld am Sandstrand in Hongkong in der Sonne zu verbraten.
Auch diese Nacht geht vorüber. Wir haben die letzten Tage keine besseren Gefährten als Steve und Wanda. »Macht es!« sagen sie, »wir bewundern euren Mut.« Wir legen uns gegenseitig die Hände um die Schulter und umarmen uns zum Abschied. Steves letzter Satz ist nicht Ausdruck von Skepsis, sondern von der zwischen uns gewachsenen Verbundenheit: »Ihr wißt, wo ich wohne, ihr habt meine Telefonnummer, wenn es Probleme gibt – bei uns ist jederzeit Platz.« Dann setze ich mich aufs Fahrrad. Mit dem rechten Daumen drücke ich nach vorn und lege einen kleinen Gang ein. Und »Wiedersehen, Wanda

Gleich vor dem Geschäft packen wir unsere soeben gekauften Fahrräder aus.

und Steve« rufe ich nach hinten. Ich trete los. Schwer rollt das Fahrrad durch den Hof. Und der zweite Gang faßt.
Zuerst müssen wir auf die Nordseite der Hongkong-Insel und haben hier gleich einen langen Hügel zu bezwingen. Es ist das erste Mal, daß ich mit Gepäck fahre, und mit all dem Zeug, es sind ca. 20 Kilogramm, sieht nun alles ganz anders aus. Der Karren ist unhandlich und schwer, als wolle er sich gegen mich stemmen. Hätte ein Fahrrad Federn, so wären meine bis zum Anschlag flachgedrückt.
»Huh«, stöhnt Gebe, »ist das ein Unterschied! Wie sollen wir denn damit in Tibet die Pässe raufradeln? Schnell fahren können wir auf dieser Reise nicht.«
Ich habe auch Probleme, bei der langsamen Bergauffahrt die Balance zu halten, zumal fast die ganze Last auf dem hinteren Gepäckträger liegt. Ein kleiner Felsbrocken vor mir auf der Fahrbahn wird zum Prüfstein. Ich reiße den Lenker nach links – und das ganze Hinterteil beginnt auszubrechen. Schon hier verbiegt sich Gebes Gepäckträger. Unser Weg führt geradewegs zum Fahrradhändler. Gebe montiert

einen schweren Metallgepäckträger aus China, der im weiteren Verlauf der Tour ausgezeichnete Dienste leistet. Anschließend nehmen wir die Fähre hinüber auf das Festland. Doch die ›Star Ferry‹, die uns und so viele andere Touristen in den letzten Tagen transportierte, nimmt uns diesmal nicht mehr auf. »Keine Fahrräder«, sagt der Beamte am Schalter zurück. Wir nehmen einen Umweg in Kauf und finden zwei Kilometer weiter am Hafen einen Schlepper, der uns übersetzt. Auf dem Festland suchen wir unseren Weg durch das Verkehrsgewühl und die Häuserdichte von Kowloon nach Norden und lernen, wie manövrierfähig ein Fahrrad mit und ohne Gepäck sein kann. Schon das Anfahren an einer Ampel ähnelt der Beschleunigung eines Lastwagens. Am Ende der Stadt stoßen wir auf einen Tunnel. Ein Polizist, der davor steht, um den Verkehr zu regeln, informiert uns, daß wir ihn mit dem Fahrrad nicht passieren können. »Zu viel Verkehr, zu gefährlich, keine Luft«, erklärt er. Das leuchtet uns ein. Wir gehen zur Zugstation. Aber hier ist auf einen Tag im voraus alles ausgebucht. Jetzt bleibt uns nur noch der Wasserweg. Doch selbst die Fähre ist bis zum Abend voll. Warten! Am Hafen, am Flughafen, auf der Straße – überall herrscht bienenähnliche Geschäftigkeit. Die Nähe zum kommunistischen Nachbarn führt wohl dazu, daß die Chinesen hier so tüchtig und arbeitsbesessen sind. Mit zwei stand-by-tickets stehen wir am Hafen bis abends um zehn. Dann werden die Zahlen 64 und 65, unsere Ticketnummern, aufgerufen. Vorbei an einem Meer aus Lichtern und Reklamen verlassen wir eine Stunde später mit der Xinghu, so heißt das Schiff, Hongkong in Richtung Kanton. An Bord befinden sich viele Traveller. Fast jeder studiert seinen China-Reiseführer, denn für die meisten ist es die erste Reise nach China. Wir sind müde und nehmen auf einer Bank platz. Endlich habe ich etwas Zeit, mich auszuruhen.
Acht Stunden später, morgens um sieben, lehne ich mich wieder über die Bordwand. Bunte Reklamen gibt es jetzt nicht mehr. Dunkle, sandfarbene Häuserfluchten und rauchende Fabrikschlote säumen den Uferrand. Aufgrund der geographischen Lage, 2400 Kilometer nach Peking – 100 Kilometer nach Hongkong, und wegen der jährlich stattfindenden Handelsmessen zur Ausstellung von einheimischen Produkten soll keine andere chinesische Stadt so modernisiert sein wie Kanton. Jetzt, auf den ersten Blick aber, sieht die Stadt eintönig

und fad aus. Der Kapitän reduziert die Geschwindigkeit, der Verkehr auf dem Zhujing, dem Perlenfluß, wird dichter, die Fahrbahn schmaler. Hausboote, Passagierschiffe und Lastkähne schippern auf dem ockerfarbigen Wasser vorbei. Um acht Uhr morgens legen wir an einem Dock in Kanton an. Gleich neben dem Anlegeplatz befindet sich das Zollgebäude. Hier erwarten wir unsere ersten Schwierigkeiten mit den Fahrrädern. Der Chinakenner John aus Amerika meint aber, daß es keine Probleme mehr geben wird, wenn wir die Räder erst mal im Land haben. Wir stellen uns in der Schlange an, doch als die Beamten sehen, daß wir Touristen sind, winken sie uns nach vorn. Beginnt hier schon die Abschirmung? Ein Schild stoppt mich. ›Bitte Reisepaß vorlegen‹. Wir bekommen unseren Einreisestempel auf das Visum, dann geht es zur Zollkontrolle.
»Warten sie da vorn!«, sagt ein junger Beamter.
Wir gehen zum Inspektionshäuschen und füllen ein Formular aus, das Auskunft über unsere Wertsachen wie Uhren oder Kameras gibt. Dabei müssen wir bestätigen, daß wir weder ausländische Zeitungen und Bücher noch Videocassetten bei uns haben. Unter der Sparte ›Sonstiges‹ führen wir die Fahrräder auf. Einer der Beamten notiert sich die Herstellungsnummer der Räder, geht nochmals die Pässe durch. »Sind sie Touristen?«
»Ja«, bestätigt Gebe.
»Okay, schönen Urlaub«, erwidert der Beamte.
»Vielen Dank«, verabschiede ich mich. Das gleiche wünschen wir uns auch, schwingen uns auf die Räder und fahren an. Als wir außer Sichtweite des Zollgebäudes sind, klatscht mir Gebe auf die Hand.
»Das darf doch nicht wahr sein«, jubelt er, »die wollten überhaupt garnichts von uns. Der Typ hat nicht mal mein Paßfoto angeschaut!«
»Ich weiß, ich weiß«, stimme ich erleichtert zu.

WELCOME TO CHINA

Vorbei an Verladegebäuden und Fabrikhallen radeln wir in die Stadt. Langsam treten wir in die Pedale, um die neue Umgebung in Ruhe betrachten zu können. Wir sind verblüfft über die Eintönigkeit der Umgebung. Jedes Gebäude, jeder Wohnblock gleicht dem anderen, und alle in braun-grauem Anstrich. Die Türen einer Werkstatt schwingen hin und her, die Fensterscheiben sind zerbrochen. Eine kleine Katze miaut am Bürgersteig und schleicht in ein graues Haus. Und siehe da, ein weißes Mofa mit einem 50-cm^3-Motor fährt an uns vorbei. Eine Gruppe von kleinen Schülern läuft uniformiert die Straße entlang. Alles kommt uns sehr leer und einfach vor. Doch als wir die Hauptstraße erreichen, verschlägt es uns den Atem: so viele Fahrradfahrer haben wir noch nie gesehen. Ein radelnder Ameisenhaufen, zahllose Frauen und Männer strampeln aufrecht sitzend an uns vorbei. Und alle tragen grüne oder blaue Arbeitsanzüge mit weißem Hemd, immer noch die maoistische Mode. Wie Mumien sitzen die Menschen auf ihren Rädern. Niemand lacht, niemand verzieht sein Gesicht, jeder starrt mit geradem Blick nach vorn. Ich kannte das vom Hörensagen, aber man muß es sehen, um zu glauben, was sich da vor einem abspielt. Wir schließen uns diesem endlosen Wurm an und reihen uns ein. Um uns rasselt's und klingelt's. Plötzlich taucht vor mir ein Karren voller Bananen auf, der von einer alten Frau gezogen wird. Ich weiche ihr aus und verursache dadurch fast meinen ersten Verkehrsunfall mit einem Radfahrer. Meine Packtaschen beginnen zu schwänzeln, und nur mit Mühe kann ich mich auf dem Fahrrad halten. Ein anderer Chinese transportiert ein Bündel Enten, die er lebend an einer Querstange über dem Gepäckträger angebunden hat. Die Köpfe hängen nach unten, und die Enten sehen mich mit kullernden Augen an. Ich halte Sicherheitsabstand. Um kein Durcheinander in diesem Verkehr zu verursachen, fährt jeder Radfahrer mit der gleichen Geschwindigkeit. Dann eine Ampel, die Masse stoppt. Es ist wie zur Stoßzeit in München, doch hier verstopfen Fahrradfahrer die Straßen, nicht Autos. Ich habe kurz Zeit, mich etwas umzusehen. Selbst auf dem Bürgersteig drängen sich die Menschen.

»Nichts wie raus hier,« sagt Gebe.

Doch das ist leicht gesagt.

»Wohin denn?« frage ich ihn verwundert.

Die chinesischen Schriftzeichen gleichen für uns Hieroglyphen. Wir haben nicht die geringste Idee, wie man sie liest. An einer Straßengabelung halten wir an und bitten einen Fußgänger in Englisch um Hilfe:

»Wissen Sie, welche...?« Ich habe noch gar nicht ausgesprochen, da schüttelt der Mann hastig den Kopf, winkt mit den Händen ab und läuft weiter.

»O.k.«, meint Gebe, »probieren wir es nochmal.«

Diesmal wenden wir uns an eine junge Frau, die mit ihrer Ledertasche unterm Arm aussieht wie eine Studentin. Wieder das gleiche Spiel. Mit verlegenem Gekicher winkt die Frau ab und läuft weiter.

»Mein Gott, das darf doch nicht wahr sein!« Hier spricht niemand Englisch. Wir sind verloren in den Straßen von Kanton. Inzwischen ist es Mittag, die Hitze wird unerträglich stickig. Nicht der geringste Windhauch bläst durch die Stadt. Die Luft ist milchig trüb, und es herrscht eine Atmosphäre, als wäre eine Plastikplane über die Stadt gespannt. Mein Rücken ist schon jetzt durchnäßt, und meine Hose klebt auf der Haut. Unter einer Brücke entdecken wir einen Erfrischungsstand und suchen dort Zuflucht im erträglichen Schatten. Dann holen wir die China-Karte heraus. Gebe malt das Schriftzeichen für Zhaoqing, die nächste große Stadt, auf einen Zettel. Wie wir aus der Karte entnehmen, gibt es nur eine Hauptstraße, die in die gewünschte Richtung führt. Also muß sie irgendwie auch zu finden sein. Zuerst überqueren wir mit der Fähre den Zhujing. Schon hier merken wir, daß der Verkehr in China auf Fahrräder eingestellt ist, denn an dem Schiff ist eigens für Fahrradfahrer eine Rampe angebracht. Drüben auf der anderen Flußseite fragen wir wieder und halten den Leuten unseren Zettel vor. Endlich, ein LKW-Fahrer, der sich gerade auf seiner Ladefläche ausruht, weist uns eine Richtung. Der Mann sieht aus, als ob er gerade aufgestanden sei. Seine Haare stehen kreuz und quer, die Augen sind noch halb geschlossen. Doch er strahlt übers ganze Gesicht, und über unsere Handschrift, die er verbessert. Wir bedanken uns und fahren weiter. Die gepflasterte Straße wird schmaler. Nach einer Kurve sehen wir ein Verkehrsschild an einem Baum hängen. Tatsächlich, wir erkennen das Schriftzeichen für Zhaoqing. Immer noch füllen die Geräusche von Fahrradklingeln und hupen die Luft, doch langsam lichtet sich der Verkehr sowie die Dichte der Häuserblocks.

Ich habe schon wieder Durst. An einer Bude, wo Getränke ausgeschenkt werden, halten wir an. In einer Nische sitzt ein Arbeiter, davor ein Soldat, ersterer mit einem verschwitztem Unterhemd, letzterer mit einer grünen Uniform, die er bis zum Kragen zugeknöpft hat. Andere Chinesen schieben sich an mir vorbei. Wir ergattern zwei Sitzplätze auf wackligen Hockern ohne Lehne an einem runden Tisch. Dann sehen wir nichts mehr. Um uns sammelt sich kreisförmig eine Menschenmenge. Von hinten drückt sich eine Frau an mir vorbei und schenkt uns Tee ein. Ein bißchen schwappt daneben. Der Tee schmeckt anfangs noch etwas bitter, doch er hilft ausgezeichnet gegen den Durst. Nach ein paar Schlücken kommt die Frau wieder, um heißes Wasser nachzuschenken. Sie spricht kein Wort, ihr Gesicht zuckt nicht einmal. Wir sitzen so eingezwängt, daß ich jedesmal von meinem Hocker aufstehen muß, wenn jemand an mir vorbei will. Ich bekomme fast Platzangst. Die Menschenmasse um uns steht da wie angewurzelt und grinst uns an.

»Hallo«, rufe ich winkend.

Niemand rührt sich, niemand sagt einen Ton. Vor meinen Augen läuft ein Film ab, dessen Eindrücke ich noch gar nicht alle in mich aufnehmen kann. Zu viele Dinge sind in den letzten Stunden passiert. Wie sollen wir das nur quer durch China aushalten, haben wir uns nicht zu viel vorgenommen? Ich fühle mich plötzlich so weit weg von

zu Hause, noch viel weiter, als ich es in Australien war. Auch Gebe scheint ganz verwirrt.
»Was soll ich dazu noch sagen?« meint er.
Wir bezahlen und geben der Frau einen Zettel und Bleistift, um den Preis niederzuschreiben. Zum Glück kann sie die Zahlen noch in römischen Buchstaben schreiben. Die zwei Tassen Tee mit beliebigen Nachfüllungen kosten zwei Fen – umgerechnet drei Pfennig. Wir klettern wieder aufs Fahrrad und fahren weiter, vorbei an einem Kleintransporter, der mitten auf der Straße steht und dessen Tank gerade mit Benzin nachgefüllt wird. Die Leute benützen dazu eine Plastiktüte als Trichter.
Nach ein paar Kilometern wird es grün, wir lassen die trostlosen Häuser Kantons hinter uns. Es ist immer noch drückend heiß, der Himmel grell blendend, doch vor die Sonne haben sich inzwischen einzelne Wolkenstreifen geschoben. Endlose flache Reisfelder bestimmen das Landschaftsbild. Darin erkennen wir ein paar Bauern mit breiträndigen Strohhüten, die ihr Gesicht bis zum Kinn beschatten. So ein Hut wäre jetzt genau das Richtige für mich. Mit hochgekrempelter Hose stehen sie in den überfluteten Feldern und stecken Reissprößlinge per Hand in den Boden. Die Frauen haben ihre Haare am Hinterkopf mit einer Spange zusammengebunden. Die Arbeit in den Feldern ist hart. In einem anderen Acker dient ein Wasserbüffel als Traktor, der einen blitzenden Pflug hinter sich herzieht, Maschinen sehen wir keine. Wir radeln, ohne anzuhalten, weiter, werden dabei etwas schneller und treten bis in die Dunkelheit hinein, als wollten wir unsere Verwirrtheit abstrampeln. Inmitten eines Ackers entdecken wir ein leerstehendes Haus, das sich gut als Schlafplatz eignet. Ich breite meine Schlafmatte am Boden aus und strecke mich darauf aus. Dann schließe ich meine Augen und falle in einen tiefen Schlaf.
Am Morgen weckt mich mein knurrender Magen auf. Gebe ist damit beschäftigt, sich am ganzen Körper zu kratzen.
»Was ist los?« frage ich ihn.
»Verdammte Fliegen«, schimpft Gebe, »um mich wimmelte es letzte Nacht nur so von Moskitos. Ein paarmal war ich kurz vor dem Einschlafen, dann summte es wieder um meinen Kopf, und du hast seelenruhig neben mir gelegen und geschnarcht.«

Wir schieben unsere Fahrräder zurück zur Straße und treten los. Der Himmel ist wolkenverhangen, nach wenigen Kilometern beginnt es lautlos zu regnen. Nur ganz dünn und auf der Haut kaum spürbar, sprüht es vom Himmel. Nicht mal die Blätter der Bananenbäume bewegen sich. Die Landschaft hier ist sehr flach. Fast schnurgerade zieht die Straße über den grünen Teppich. Erst weit am Horizont können wir bewaldete Hügel sehen. Ich werfe einen Blick in die Karte. Bis Zhaoqing sind es noch 309 Kilometer, also zu weit, um dort zu frühstücken. Hier herrscht schon erstaunlich viel Verkehr. Wie in ganz Asien, Ausnahme Japan, fahren auch die chinesischen Lastwagenfahrer mit einer Hand auf der Hupe. Schon in weiter Entfernung drücken sie aufs Horn und heulen, ohne abzusetzen, an uns vorbei. Als sie sehen, daß wir Ausländer sind, winken sie uns zu, geben uns das Daumen-Hoch-Zeichen und jubeln. Später kommt ein Bus vorüber. Einer der Insassen schreit auf, der Bus bremst ab und fährt neben uns her. Jetzt hängen die Leute zum Fenster heraus, geben uns die Hände, schmeißen ihre Strohhüte in die Luft. Eine Frau reicht mir ein paar Bananen heraus, ein alter Mann schüttelt mir die Hand und möchte sie nicht mehr loslassen. Wir sind wie betäubt. Solche Freundlichkeit haben wir nicht erwartet. Als der Bus weiterfährt, essen wir die Bananen. Sie sind sehr klein, ihre Schalen orangefarbig, doch voller Aroma.
Mir wird es jetzt schon allmählich unbequem im Fahrradsattel. Im Kreuz tut's weh, der Hintern schmerzt. Wir müssen uns erst an den schmalen Sattel gewöhnen. Immer wieder finden wir neue Stellungen, die den Allerwertesten entlasten. Dann endlich, an einer Tankstelle, an der die Lastwagenfahrer Diesel per Hand in den Tank pumpen, eine Art Gaststätte. Das Haus hat weder Fenstergläser noch eingesetzte Türen. Wir stoppen und treten ein. Der Raum ist dürftig ausgestattet und wirkt wie das Klassenzimmer einer Schule. Da stehen ungefähr zehn rechteckige Blechtische und viele kleine Hokker, die aussehen wie Melkschemel.
»Ninghau«, ruft uns ein kleiner, schmächtiger Chinese aus der Küche zu.
Ninghau heißt Guten Tag, es ist das einzige Wort, das wir kennen. An einem runden Tisch setzen wir uns nieder und werden erstmals, seit wir in China sind, von einem Einheimischen angesprochen.

»Welcome to China!« stößt der Wirt mit heller Stimme hervor.
»Thanks.«
»A-mai-rika?« fragt er uns mit einem fürchterlichen chinesischen Akzent. Jeder Mensch und jedes Volk redet anders. Aber wenn die Chinesen englische Wörter in den Mund nehmen, ist kaum zu verstehen, was damit überhaupt gemeint ist.
»Nein, Germany«, korrigieren wir.
Jetzt erst merken wir, wie ungewöhnlich es ist, daß ein Chinese einen Ausländer etwas fragt, denn in Kürze versammeln sich Bauern und Arbeiter um unseren Tisch.
»Tschamani?« raunt es durch die Leute. Sie schütteln den Kopf. Mit dem Wort können sie anscheinend nicht viel anfangen. Wir holen unser Wörterbuch heraus und zeigen ihnen das Schriftzeichen für Westdeutschland.
»Ah, Schide, Schide – welcome to China!« heißen sie uns willkommen.
Aufgeregtes Raunen geht wieder durch die Reihen der staunenden Chinesen.
»Ja, Danke«, antwortet Gebe. »Wir sind sehr hungrig.« Da wir gerade das Wörterbuch zur Hand haben, bestellen wir gleich etwas zu essen: Gebratene Nudeln mit Gemüse und Huhn.
Inzwischen kommen immer mehr Menschen an unseren Tisch, Feldarbeiter in Unterhemden, darunter knielange Stoffhosen, Soldaten in grüner Uniform und sogar ganze Familien. Alle haben sehr flache Nasen, die Männer kurzes Haar, und ihre Gesichter weisen kaum Anzeichen eines Bartwuchses auf. Ihre Hautfarbe ist weiß bis gelb. Die Frauen tragen ein helles Baumwollhemd mit hochgekrempelten Ärmeln, das trotz ihrer Arbeit zu Hause oder im Feld fleckenlos und sauber ist. Manche laufen barfüßig umher, andere in Sandalen oder grünen Leinenschuhen zum Zubinden, auch Armeeschuhe genannt. Im Hintergrund höre ich vom Herd das wütende Zischen von Fett. Jemand zeigt uns das Daumenzeichen und sagt: »Good, good, yes.« Ich weiß jedoch nicht, ob er seine einzigen Wörter Englisch anwenden, oder uns seine Sympathie für die Radtour aussprechen will. Jetzt kommt auch schon das Essen, doch das Gewünschte ist nicht, wie bestellt, zusammengemischt, sondern alles liegt einzeln in Schälchen und auf riesigen Platten. »Wer soll das essen?« frage ich mich.

Irgendein Einheimischer neben mir faselt etwas englisch-chinesisch vor, was wohl soviel heißt wie: ›das packt ihr locker‹.
Wir nehmen die Stäbchen in die Hand und beginnen zu essen. Lautes Gekicher bricht los.
»Ha, ha«, kommt es mir verständnislos über die Lippen, »was machen wir denn falsch?«
Wieder Gelächter.
Mit den Stäbchen versuche ich, das Hähnchenfleisch zu teilen. Das Essen schmeckt vorzüglich, unvergleichlich delikat. Langsam verzehren wir Stück um Stück. Wir suchen nach einem Wort, um unsere Begeisterung auszudrücken.
»Wundervoll«, rufe ich aus.
Die Leute haben ihren sichtlichen Spaß, wie wir mit unseren Eßwerkzeugen umgehen. Manchmal fällt ein Stück zu Boden. Dann kommt ein frei umherspringendes Schwein herbei und frißt es auf. Jetzt beginnen auch die Chinesen weiterzuessen. Die größte Sensation ist, als der Wirt zu »futtern« beginnt: Er beißt in das heiße, dampfende Hühnerfleisch, schmatzt, schlingt es hinunter und wischt sich das Fett vom Kinn. Dann schlürft er seinen Tee und spuckt die Knochenreste auf den Boden. Zum Schluß legt er die Reisschale mit dem oberen Rand an seine Lippe, öffnet wie mechanisch den Mund und baggert große Ladungen in sich hinein.
»Wenn man schmatzt und schlürft, dann schmeckt's«, erklärt er uns mit vollem Mund und spuckt in einem weiten Boden ein zweites Mal. Er beherrscht nicht viel Englisch, doch das, was er sagt, ist handfest und sitzt.
»Wir werden uns an diese Regel halten«, verspricht Gebe, »denn es schmeckt ausgezeichnet.«
Ein anderer Chinese bringt dann nach abermaliger geflüsterter Beratung und anschließendem kurzen Zögern sogar zwei chinesische Colas. Sie haben einen leichten Pfefferminzgeschmack, doch das kühle Getränk tut gut. Die Chinesen werden jetzt immer offener und verlieren etwas von ihrer Schüchternheit. Sie betrachten unsere westliche Kleidung, die Mountain-Bikes und unsere blonden Haare. Unfaßbar scheint ihnen unsere Fußbehaarung zu sein. Sie zupfen daran und prüfen sie auf ihre Echtheit, denn so etwas ist ihnen fremd. Was uns hier gleich auffällt, ist, daß fast alle Männer rauchen. An der

Unterlippe eines Soldaten baumelt eine Zigarette, die er, bis sie geraucht ist, nicht absetzt. Und immer wieder wird gespuckt, gerotzt und zwischen den Zähnen herumgestochert. Manieren, die in westlichen Ländern verpönt sind, hier sind sie ganz normal. Wir unterhalten uns mit ihnen, soweit es ihre Englischkenntnisse zulassen. Wenn aber Gebe und ich uns miteinander unterhalten, ist es total ruhig im Raum, und jeder lauscht begierig. Nach zwei Stunden Sitzen und Gestikulieren wollen wir gehen und bezahlen. Das ganze kostet zehn Yuan, umgerechnet vier Mark. Wir verabschieden uns und fahren weiter. Auf der Straße begrüßen uns helle Sonnenstrahlen. Es tut gut, etwas im Magen zu haben. Aus einem Haus, in dem Schüler unterrichtet werden, dringt plärrende Radio-Musik. Nur Minuten später vernehmen wir wieder ein Geräusch:

»Klick, Klick, Klick ....«

Diesmal kommt es vom Fahrrad.

»Warte mal«, ruft Gebe.

Wir steigen ab, um nachzusehen. Gebes Tretlager wackelt, die Achsenbefestigungsschraube ist locker.

»Das darf doch nicht wahr sein«, schimpft er, »nach nur zwei Fahrradtagen.«

Wir holen unser Werkzeug heraus, lösen den Konterring – doch unser Schlüssel für die Befestigungsschraube paßt nicht. Ein vorbeikommender Chinese weiß Rat. Er fährt einen Feldweg hinein, und nur ein paar hundert Meter weiter befindet sich sein Haus am Straßenrand. Zuerst müssen wir uns hinsetzen und ausruhen. Der Mann schaltet den Ventilator an seiner Decke an, bringt uns eine Tasse Tee und gibt uns dazu ein Stück süßes Gebäck. Erst jetzt holt er sein Werkzeug herbei. Auf den ersten Griff nimmt er den richtigen Schlüssel und zieht das Lager an. Mit geschickter Hand prüft er die Bremsen, die Lenkung und das seitliche Spiel der beiden Felgen. Er versteht etwas von Fahrrädern. Nur an der Schaltung zerbricht er sich den Kopf. Nachdenklich folgt er mit seinen Augen den Drähten, zählt die Ritzen der Zahnkränze und bewegt den Kettenumwerfer. Gebe nimmt sein Gepäck vom Fahrrad herunter und läßt ihn fahren. Er ist begeistert von der Technik. Wir sprechen noch kein Chinesisch, er kein Wort Englisch, doch durch Gesten und Handbewegungen entwickelt sich eine gute Kommunikation. Als wir bezahlen wollen,

winkt er ab. Er möchte keinen Fen. Ihm hat das Ganze sichtlich Spaß gemacht. Nach einer Stunde machen wir uns wieder auf den Weg.
»Wenn das so anhält, brauchen wir bald eine Visumsverlängerung«, prophezeit Gebe.
Die Straße ist hier in recht passablem Zustand. Die Räder rollen gut, nirgendwo sehen wir Risse oder Schlaglöcher im Belag. Nach 15 weiteren Kilometern erreichen wir Zhaoqing. Hier ist es schon viel ruhiger als in Kanton. Gleich neben der Duanzhou-Straße entdekkedn wir einen schönen Park mit Felsklippen und kleinen Teichen. Eine Legende sagt, daß hier sieben Sterne als Felsbrocken vom Himmel fielen und ein Muster formten, als steckten sie in der Erde. Um an ihre Herkunft zu erinnern, bezeichneten die Chinesen die Steine mit den exotischsten Namen wie z. B. Kröte oder Himmelshügel. Der Park lockt Ausflügler aus Hongkong in Schwärmen an, die mit ihrer bunten Kleidung nicht mit Normalchinesen zu verwechseln sind. Vor dem Park ist ein Obst- und Gemüsemarkt aufgebaut. Wir decken uns mit frischem Obst ein, wobei wir viele der kleinen, orangefarbigen Bananen kaufen. Ohne uns länger aufzuhalten, fahren wir weiter. Kurz hinter Zahoqing gabelt sich die Straße. Wir ziehen die Karte heraus und sehen nach. Nur eine Straße ist darin eingezeichnet. Ein hagerer Feldarbeiter kommt aus einem Reisfeld herbeigerannt. Wir fragen ihn nach der nächsten großen Stadt ›Wuzhou‹, ca. 150 Kilometer von hier. Der Bauer, der sich gegen die Schweißtropfen ein Handtuch um den Kopf gebunden hat, zeigt nach rechts. Sicherheitshalber fragen wir nochmals nach, diesmal weist er nach links.
»Entweder versteht er uns nicht, oder er weiß nicht, wo Wuzhou liegt«, meint Gebe.
Andere Menschen kommen aus den Feldern und schauen uns an. Sie beraten sich und zeigen in verschiedene Richtungen. Einer deutet dabei sogar dorthin, wo wir herkamen.
In Kanton rannten die Menschen davon, ohne uns zuzuhören, hier geben sie uns eine Antwort, nur damit geantwortet ist. Wir haben noch eine Menge zu lernen. Gebe nimmt die Straße zur Rechten. Wie sich bald herausstellt, war die Entscheidung richtig, denn nach einer Brücke über einen Bach endet die geteerte Straße, wird schmaler und nur noch ganz selten von Lastwagen befahren. Eine alleeartige Straße

Selbst in Städten mit motorisiertem Verkehr finden wir breite Fahrradwege vor.

mit großen Laubbäumen am Rand spendet angenehmen Schatten. Die Gegend wird hügeliger. Ich sehe ein Landschaft, wie ich sie mir immer in China vorgestellt habe. An den Hängen liegen terrassenförmig angelegte Reisfelder, die von grün-gelben Maisstauden durchzogen sind. Dazwischen stehen dichte Bambus- und Bananenwäldchen. Wasser plätschert von einer Reisterrasse auf die tieferliegende. Das kräftige Grün leuchtet im Strahl des Sonnenlichtes. Auf kleinen Stegen, die durch die Felder ziehen, springen Kinder umher und lassen Drachen steigen. Unten am Bachbett baden ein paar Wasserbüffel und bewegen sich der Hitze entsprechend langsam. Von unserer Vorbeifahrt unberührt, döst ein alter Mann unter einem Baum vor sich hin und pafft an einer schmalen Pfeife. Das sieht so friedlich aus, daß ich glaube, die Zeit sei stehengeblieben. Hin und wieder weiche ich ein paar herumspringenden Schweinen aus. Anstatt wie ein Hund oder wie eine Katze auf die Seite zu springen, rennen die Schweine so lange vor uns her, bis sie außer Atem sind und stehenbleiben. Auch wir binden uns jezt ein Halstuch um den Kopf, das unseren Schweiß aufsaugt, denn es ist unangenehm, wenn die salzigen Tropfen in die Augen laufen. Nur ganz selten kommen Lastwagen. Und wenn, dann fahren sie in großem Abstand an uns vorbei. Wir haben keine Zweifel, China ist das Land der Fahrradfahrer.
Eine solche Rücksichtnahme auf Zweiradfahrer ist einfach beeindruckend.
Am Abend erreichen wir ein kleines Dorf, das von einer zwei Meter hohen Mauer umgeben ist. Wie wir erfahren, wurde die Mauer, wie viele andere Stadtmauern in diesem Gebiet, vor mehr als 150 Jahren zum Schutz gegen angreifende japanische Piraten errichtet. Auf der Straße herrscht reges Treiben. Vor den Holzhütten hocken die Leute auf winzigen Bambusstühlen und verrichten ihre Arbeiten. Ein Mann im Arbeitsanzug näht Kleidungsstücke zusammen, ein anderer hört aufmerksam den Lauten seines Papageis zu. Der Barbier rasiert seine Kunden im Freien, ja sogar der Zahnarzt hat seine Praxis auf die Straße verlegt, chinesische Emsigkeit an jeder Hausecke. Das halbe Leben spielt sich vor der Tür ab: Hühner und Schweine spazieren in die offenen Wohnstuben hinein, Radios plärren, Fahrräder klingeln, Schweine quieken – je lauter, desto besser. Nach langem Hin- und Herfragen finden wir endlich das einzige Gästehaus des Dorfes.

Eine Sandpiste ist die Hauptverbindungsstrecke zwischen Zhaoqing und Wuzhou.

Unter dem Bild Mao Tse Tungs, das ihn in Uniform zeigt, betreten wir den Eingang.
»Hoho«, sagt der Mann, »welcome, welcome.«
Es stellt sich heraus, daß das alles ist, was er an Englisch beherrscht, denn von nun an hilft uns nur noch unser Wörterbuch weiter. Pro Person bezahlen wir drei Yuan. Anschließend bringt uns der Wirt über eine schmale Holzleiter hinauf in den ersten Stock zum Schlafsaal. Der Raum ist spartanisch ausgestattet. Ein Schrank, ein Tisch und zwei Feldbetten. Er schaltet das elektrische Licht an, dessen Schirm etwas angeknabbert ist. Ein Schloß oder gar etwas zum Verriegeln gibt es nicht. Aber das Wichtigste: Über den Betten hängen große Moskitonetze, die an der Decke befestigt sind. Gebe atmet auf. Bevor der Wirt zurückgeht, bringt er uns noch eine Thermoskanne mit heißem Wasser, zwei Tassen Tee und eine große Metallschüssel zum Waschen. Dann verschwindet er. Doch für eine Katzenwäsche kann ich mich jetzt nicht begeistern. Nach zwei Tagen Radeln stinkt mein Körper widerlich. Die Kleidung klebt förmlich an

der Haut, der Schweiß spiegelt sich im Licht. Also wieder hinunter, mit Handtuch, Zahnbürste, chinesischer Zahnpasta und Seife. Im Hinterhof ist ein Becken mit Wasser gefüllt, das genau zwei Personen Platz bietet. Gebe und ich tanzen vor Freude. Wir springen hinein und plantschen herum wie zwei kleine Kinder. Dann hören wir eine bellende Stimme.

»He«, schreit der herbeirennende Wirt.

Mit wildem Herumfuchteln packt er mich am Arm und zieht mich heraus. Bevor er sich Gebe schnappt, hat dieser das Becken schon freiwillig verlassen.

»Irgendetwas haben wir wohl falsch gemacht«, vermutet er.

Immer noch schimpft der Wirt und wiederholt immer wieder »bu hau, bu hau.«

Er holt sich eine Schöpfkelle, nimmt sich damit Wasser aus dem Becken und führt uns an seinem eigenen Leib vor, wie hier geduscht wird, nämlich außerhalb des Beckens. Jetzt verstehen wir. Nickend entschuldigen wir uns mehrmals für den Fehler, denn jetzt muß er das Wasser wechseln. Wir setzen unsere Dusche fort, diesmal richtig. Nach der Wäsche schlägt uns der Wirt eine Rasur vor und bringt uns hinaus auf die Straße zum Freiluftbarbier. Anschließend gehen wir in unser Zimmer und legen uns schlafen. Die Betten bestehen aus einfachen Holzrahmen und einer dünnen Matratze. Das Kissen, mit trockenem Stroh ausgestopft, knistert unter meinen Ohren bei jeder Bewegung. Die Moskitonetze erweisen sich als äußerst wertvoll. Gebe röhrt in dieser Nacht neben mir und pfeift beim Atmen wie eine Maus.

Am dritten Tag seit unserer Ankunft in China wache ich morgens auf, weil mir ein Sonnenstrahl genau ins Gesicht scheint. Es ist eine unangenehme, heiße Sonne. Im Zimmer ist es stickig und schwül. Ich reiße das Fenster auf, schließe es jedoch sofort wieder, draußen ist es nicht besser. Ein Schwall feucht stechender Luft ist in diesem kurzen Augenblick hereingedrungen, dabei ist es erst acht Uhr morgens. Wir lassen uns Zeit mit Packen und Anziehen. Beim Gang hinunter zum Frühstücken spüre ich meine Muskeln. Die Waden spannen, im Oberschenkel zuckt es: der erste Muskelkater macht sich bemerkbar. Wir setzen uns an einen Tisch. Ohne Bestellung bringt uns der Wirt etwas zu essen. Das Frühstück ist einheitlich: eine weiße Reissuppe,

eine Schale gebratenen Spinat, dazu Grüntee. Doch eines fehlt mir. Eine Tasse Kaffee. Wir fragen nach. Der Wirt sucht und bringt ein staub bedecktes Glas, in dem sich Kaffee befindet. Er bereitet ein sirupsüßes Getränk zu, das mit Kaffee jedoch nichts mehr gemeinsam hat. Wieder, wie am Vorabend, sagt er: »bu hau, bu hau.«
Jetzt wollen wir aber wissen, was das bedeutet und sehen im Wörterbuch nach. ›Bu hau‹ heißt ›schlecht, nicht gut‹. Wie wir erfahren, gilt Kaffe bei den Chinesen als unnötiger westlicher Konsumartikel. Und da er hier nun wirklich nicht gut ist, belassen wir es beim Tee. Später bezahlen wir, holen unsere Fahrräder herunter und schnallen unser Gepäck auf. Ein Armeesoldat, der uns zuschaut, kommt herbei. Er hält mein Fahrrad am Lenker, um mir beim Aufladen des Rucksakkes zu helfen. Händeschüttelnd verabschieden wir uns und danken ihm. Dabei umfaßt der Soldat mit beiden Händen meinen rechten Arm und lacht übers ganze Gesicht. Zurück auf der Straße, übergießt uns die Sonne mit ihren heißen Strahlen. Es ist windstill, und so machen wir durch zügiges Fahren unseren eigenen Wind, der sehr gut tut. Wie am Vortag sehen wir wieder ein Meer aus Reisfeldern. An den Bächen grunzen Wasserbüffel, auf der Straße herrscht ›Schweineverkehr‹. Immer häufiger begegnen wir diesen Tieren. Darunter Hängebauchschweine, schwarze Exemplare mit behaarter Haut und langer Schnauze, kleine Ferkel und ausgewachsene Eber – alles ist vertreten. Mao Tse Tung bezeichnete sie einst als ›wandernde Düngemaschinen‹ und förderte die Schweinehaltung in seiner Regierungszeit zwischen 1949 und 1976.
Die Hitze veranlaßt die Arbeiter im Feld zu langsameren Bewegungen. Vorbeilaufende Frauen, die unglaublich schwer erscheinende Lasten auf dünnen Teakhölzern schultern, stoppen immer wieder und fächeln sich mit ihren Strohhüten Luft zu. Tänzelnden Schrittes setzen sie dann ihren Gang fort. Einige Felder werden neu bestellt und mit Pflügen, von Ochsen gezogen, umgegraben. Andere stehen goldbraun leuchtend kurz vor der Ernte. Denn hier in Südchina ermöglicht das fruchtbare Klima, zweimal im Jahr Reis und einmal in den Wintermonaten Gerste zu ernten. Und wir sehen, wie Teepflanzen aussehen. Sie haben dunkelgrüne Blätter wie Nadelbäume, die Pflanzen sind knapp einen Meter hoch und wachsen in dichten Abständen auf ausgedehnten Feldern.

Wenn der Kopf schmerzt,
die beiden Augen leiden,
die vier Glieder quälen
oder die hundert Gelenke klagen,
dann trinke man Tee.
Es ist wie der süßeste Tau des Himmels.

So beschrieb ein chinesischer Poet im 8. Jahrhundert dieses magische Getränk. Zu dieser Zeit war die Teepflanze in China schon 600 Jahre alt; seit dem 10. Jahrhundert ist Tee Volksgetränk. Heute züchtet jede Provinz in Südchina ihre eigene Teesorte und hat so eine wichtige Einnahmequelle.

Als wir einen Hügel hinaufradeln, vernehme ich ein häßliches Geräusch. Es kommt von meiner Übersetzung. Ich steige ab und untersuche die Gangschaltung. Dabei sträuben sich mir die Haare. Der Zahnkranz hat sich gelockert, die Kugeln des Kugellagers kullern den Hang hinunter. Das Lager selbst ist staubtrocken, der Monteur in Hongkong verschwendete nicht einen Tropfen Fett zur Schmierung der beweglichen Teile. Uns rutschen alle möglichen Schimpfwörter über die Lippen.

»Soll das bedeuten, daß ich jetzt zurück nach Hongkong muß, um Ersatzteile zu kaufen? Läßt mich mein Fahrrad schon in der ersten Woche im Stich?« frage ich mich wutschnaubend. »Wie konnte das nur passieren?«

In mühevoller Arbeit versuchen wir, die Kugeln im Staub aufzusammeln. Wir finden jedoch nicht alle wieder, und es bleibt mir nur die Hoffnung, daß Kugeln chinesischer Räder passen. Schiebend bringe ich mein Fahrrad zur nächsten Ortschaft. Kinder kommen angelaufen und betrachten uns scheu. Sie flüstern: »Hallo Mister, hallo Mister.«

Gottlob gibt es hier in jeder Ortschaft eine Fahrradwerkstatt. Ich zeige den Arbeitern mein Problem. Jemand beginnt zu suchen und findet schließlich Kugeln. Wir messen mit der Schieblehre nach.

»Ein Zehntel Millimeter kleiner«, stellt Gebe fest.

»Macht nichts«, erwidere ich, »das paßt schon, wir haben jetzt keine andere Wahl.«

Diesmal spare ich nicht mit Fett, öffne alle Lager und schmiere die beweglichen Teile. Nirgendwo ist bisher geölt worden.

»Der Laden in Hongkong wollte nur das schnelle Geld sehen«, schimpft Gebe. Es ist wahr, solche Nachlässigkeit muß nicht sein. Wir ziehen das Lager an und setzen das Hinterrad wieder in den Rahmen ein. Dann eine Probefahrt. Es funktioniert perfekt.

»Ole, Ole!«, schreie ich vor lauter Freude über die Straße. Für die Reparatur und für die Kugeln möchte der Mann kein Geld. Allmählich wird es mir unheimlich. Er winkt ab, als sei es für ihn eine Selbstverständlichkeit, uns zu helfen. Doch, so meint er, wir sollten in sein Restaurant auf der anderen Straßenseite kommen.

»Aber natürlich«, sagt Gebe, »das ist doch klar.«

Das ganze Dorf scheint eine Familie zu sein, denn unzählige Schwestern und Brüder kommen herbei und setzen sich zu uns an den Tisch. Ein paar Leute stellen sich in Englisch mit Namen vor, worauf jeder lächelt. Ich folge ihrem Beispiel. Dabei versuchen alle, meinen Namen nachzusprechen. Dann essen wir. Wir schlürfen die Suppe, schmatzen das Gemüse hinunter und spucken die Knochenreste des Fleisches auf den Boden, daß es nur so eine Wucht ist. Meinen Eltern würde es bei diesem Anblick und Geräusch die Ohren nach vorne biegen, hier wird gelacht und nachgeschöpft. Andere Länder – andere Sitten. Doch das ist noch nicht alles. Beim anschließenden Gang auf die Gemeinschaftstoilette trete ich zurück. Der »stille Ort« ist in China ein Treffpunkt ohne Zwischenwände, um gemeinsam Zeitung zu lesen oder sich zu unterhalten. Als ich eintrete, blickt alles auf mich. »Da hilft jetzt alles nichts, Andreas«, flüstere ich vor mich hin und beuge mich über die Auffangrinne. Bei uns würde man Donnerbalken dazu sagen. Dann ziehe ich meine Hose herunter. Wie auf ein Kommando sieht jetzt alles weg. Lachend und mit ein paar anderen Lauten gemischt, absolviere ich ein allzu menschliches Geschäft – Welcome to China!

BEGEGNUNGEN MIT CHINESEN

Meine erste Begeisterung verfliegt schnell, denn jetzt wissen wir, daß wir für die nächsten Wochen nicht mehr allein sein werden. Wir befinden uns in einem der Ballungsräume in China. 90 Prozent der 1,1 Milliarden Chinesen drängen sich im Ostteil des Landes und hier wiederum in den drei Hauptflußdeltas: dem Gelben Fluß im Norden, dem Jangtze in der Mitte, dem West-Fluß im Süden des Landes. Hier leben 20 Prozent der Weltbevölkerung, im drittgrößten Land der Welt nach der UdSSR und Kanada. Trotz der vielen Menschen ist aber die Landschaft mit den gleichförmigen Anbauflächen nicht zersiedelt.

Unterwegs auf der Straße hängen sich andere Radfahrer an und begleiten uns, Bauern kommen von ihren Feldern oder Häusern herausgelaufen, die Insassen vorbeifahrender Busse sind wie berauscht. Kinder drehen Purzelbäume, die Erwachsenen stehen fassungslos am Wegrand. Was keiner von uns erwartet hatte, ist die Reaktion der Chinesen auf uns radelnde Fremdlinge. Sie strahlen übers ganze Gesicht, geben uns Anfeuerungsrufe, strecken ihre Hände in die Höhe, winken und zeigen uns die Daumen-Hoch-Geste. Wir sind überrascht: das in einem Land, in dem Ausländer vor noch nicht allzulanger Zeit als Yang-gui-zi, als ausländische Teufel und Barbaren bezeichnet wurden. Während Maos Regierungszeit und seiner Kulturrevolution war China für 25 Jahre vom Einfluß westlicher Länder isoliert. Mao bezeichnete ausländische Geschäftsleute

als Clowns, und selbst die Freundschaft mit der verbündeten Sowjetunion beendete er 1960.
Von solchem Ausländerhaß ist heute keine Spur mehr zu bemerken. Ganz im Gegenteil. Ich kann gar nicht allen »Hallo, hallo, Mister, stop«-Rufen antworten, da mir sonst die Luft wegbleibt. Die Bauern sind am freundlichsten. Hier werden wir auf einen Tee eingeladen, wenig später reichen uns die Menschen auf der Straße Früchte, Soldaten bieten Gebe Zigaretten an.
Zudem sind wir beide noch sehr jung, was in China traditionell ein sehr niedriges Ansehen bedeutet. In einem chinesischen Roman aus dem 18. Jahrhundert mit dem Titel »Der Traum einer Junggesellenkammer« wird in einer Szene die Macht einer alten Frau beschrieben. Ein Vater bestraft seinen Sohn und schlägt ihn. Daraufhin tritt die Großmutter dazwischen und sagt: »Bevor du ihn tötest, töte mich!« Der Vater hört auf und entschuldigt sich. Eine Szene, die bis dahin noch ganz normal und glaubwürdig erscheint. Doch jetzt verbeugt sich der Vater, legt sich flach auf den Boden und fleht um Vergebung. Die Großmutter dreht sich um und marschiert weiter, umgeben von Dienern und Helfern. Auch heute genießen ältere Menschen immer noch ein hohes Ansehen und überaus großen Einfluß. Eine steile Karriere eines sehr klugen und tüchtigen, aber noch jungen Ingenieurs oder Geschäftsmannes ist daher nahezu ausgeschlossen. Das Alter entscheidet.
Am Abend des vierten Tages erreichen wir Dengqing, einen Ort, der auf uns sofort symphatisch wirkt. Dengqing ist nicht sehr groß und liegt inmitten einiger Hügel. Da die Dämmerung schon hereingebrochen ist, können uns im Halbdunkel nur wenige Menschen erkennen. Auf Anhieb finden wir ein Gästehaus, was wirklich eine Seltenheit ist. Wir bestellen Hähnchen in Gingersoße, essen dazu ein paar Dumplings, eine Art chinesischer Raviolis, und spülen das Ganze mit einem Lanzou-Bier hinunter. An gutem Essen mangelt es in den ersten Tagen wirklich nicht. Ich versuche dabei, oft den Köchen in die Töpfe zu schauen, um zu lernen, wie sie das Essen so delikat zubereiten können. Doch das Geheimnis ist bemerkenswert einfach: Das Gemüse und Fleisch ist sehr frisch und wird in einer halbrunden, vorgewärmten Pfanne nur kurze Zeit erhitzt.
An diesem Abend habe ich mich zu früh gefreut, denn in einer Ecke

sitzen fünf lautstarke Soldaten, die uns beweisen, daß die Chinesen nicht nur fleißige Teetrinker sind. Sie bestellen ein Bier nach dem anderen und lassen immer wieder Trinksprüche los. »Auf die Gesundheit! Ganpei (Prost)«, singen sie und leeren ihre Gläser in einem Zug. Einige trinken dabei sogar das Bier aus der Suppenschale. Ihre Wangen färben sich rot, und sie beginnen unkontrolliert zu lachen. Ein Soldat löst dann die Spannung zwischen ihnen und uns: »Ich möchte ein Gruppenfoto machen.« In Sekundenschnelle gesellen sich alle zu uns an den Tisch.

»Wie gefällt es euch hier?« möchte einer wissen.

»Ganz gut, danke«, antwortet Gebe.

»Ich heiße Yang«, stellt sich der Mann neben uns vor, bietet Gebe eine Zigarette an und gibt ihm Feuer. Nach dem ersten Zug muß Gebe husten und hechelt nach Luft. Es drückt ihm die Tränen aus den Augen, der höllische Tabak scheint ihn auszuräuchern.

»Verdammt, was ist das für ein Gras?« schimpft er. Die Chinesen beginnen zu lachen. An die filterlosen Stengel muß sich Gebe erst gewöhnen. Wie beim Teetrinken, ist immer einer damit beschäftigt, die Gläser nachzufüllen. Das Gästehaus verwandelt sich allmählich in eine Stätte der Verbrüderung. Yang ist der einzige, der besser Englisch spricht. Er stellt uns die üblichen Fragen: Wo wir herkommen, was wir zu Hause tun usw. Dann beugt er sich mit seinem Körper näher zu uns herüber und fragt:

»Wieviel verdient ihr denn in Deutschland im Monat?«

»Gerade genug, um zu überleben«, entgegnet Gebe schlagkräftig.

Yang wechselt das Thema. Er lupft das Glas und möchte wieder anstoßen. Er blubbert seine Worte fast unverständlich zwischen Lachausbrüchen hervor. Allmählich sammelt sich eine erschreckend lange Reihe leerer Bierflaschen an unserem Tisch an. Die Chinesen schaukeln hin und her. Yang blickt auf die Mountain-Bikes und kratzt sich am Hals: »Die Zeiten haben sich geändert«, und steckt sich eine Zigarette zwischen die schmalen Lippen. Einer seiner Freunde bringt einen Cassettenrecorder herbei, und auf Wunsch aller legt Gebe seine ›Scorpion‹-Cassette auf. Ein Soldat schnappt sich seinen Freund und beginnt zu tanzen. Zwar passen die walzerähnlichen Schritte nicht ganz zur Musik, doch ich bin beeindruckt. Es entwickelt sich eine kleine spontane Party. Aber plötzlich, wie von einem Schlag getrof-

Auf den Straßen, wie an dieser Stelle zwischen Kanton und Wuzhou, herrscht kaum Verkehr.

fen, schaltet Yang die Musik aus und entschuldigt sich: »Wir müssen gehen, wir dürfen uns mit euch nicht so lange unterhalten.« Er stülpt sich seine Mütze über und verläßt das Lokal. Der Abend endet hier, und das Ganze passiert so schnell, daß ich keine Gegenfrage mehr stellen kann. Ich gehe hinaus auf die Straße und sehe mich um. Nirgendwo brennt mehr Licht. Jeder im Dorf scheint schon im Bett zu sein. Auch wir legen uns schlafen. Nur der Mond zeigt sich in dieser Nacht, und bei geöffnetem Fenster hören wir die Bewohner der Reisfelder: Grillen singen, Frösche quaken, Vögel zwitschern. Ein Aroma von Moos, schwer und etwas süßlich, liegt in der Luft.

Anderntags starten wir schon um sieben, um die kühlen Morgenstunden auszunutzen. Ein unscheinbares, steinernes Schild klärt uns nach ein paar Kilometern auf, daß wir soeben die Provinz Guangxi betreten haben. Die Fahrt läuft jetzt erstaunlich gut, heute geben wir Vollgas. Nach den anfänglichen Schwierigkeiten mit dem Fahrrad sind vorerst keine weiteren Reparaturen nötig. Vorbei an einer Bambushecke fahren wir später durch einen Wald. Nach einer kurzen

Rast treffen wir in Huenkai auf den West-Fluß. Er ist hier fast ein Li breit, wie die Chinesen sagen, also 500 Meter. Auf dem Fluß ziehen ein paar Dschunken dahin. Selbst beim Bootsbau stellt sich heraus, daß »tschuk« (Bambus) ein wichtiges Baumaterial ist. Aus Bambus werden Schiffe gebaut, Werkzeug und Möbel angefertigt, es dient zum Tragen von Lasten und zur Herstellung von Körben, sogar Papier wird daraus gemacht. Bambusgewächse reichen von der Länge eines Grashalms bis zur Höhe eines Tannenbaumes, und Bambus ist die am schnellsten wachsende Pflanze. Aufgrund ihrer vielseitigen Anwendung reicht die Geschichte der Bambuspflanze über 2000 Jahre zurück.
Unten am Fluß legen Fischer ihre Netze aus. Ein Stück weiter spült eine Bäuerin Wäsche im Wasser. Huenkai selber ist mit ziemlich scheußlichen Betonbauten, die vergitterte Fenster haben und mit rostigen Wellblechdächern gedeckt sind, weniger reizvoll. Als wir an einer Teebude eine Pause einlegen, sehen wir einen chinesischen Straßenatlas am Nebentisch und fragen die Leute, ob wir ihn kaufen dürfen. Wir dürfen. Der Mann ist mit drei Yuan zufrieden. Die ganze Karte ist zwar mit chinesischen Schriftzeichen versehen, doch das sollte sich in der Folgezeit als großer Vorteil erweisen.
Für uns ist die Karte wichtig, denn von nun an brauchen wir sie den Leuten nur zu zeigen und auf die gewünschte Stadt zu deuten. Obwohl wir jetzt am Fluß entlangfahren, kurvt die Straße, die jetzt wieder geteert ist, durch das Grün der Bäume. Am Abend erreichen wir Wuzhou. Hier mündet der Gui-Fluß, aus Norden kommend, in den West-Fluß. Die Stadt ist nicht allzu groß. Wir schließen uns den chinesischen Fahrradkolonnen an und fahren mit ihnen in gleichem Tempo durch die Stadt. Anders geht es kaum. An einer Bushaltestelle treffen wir erstmals seit Tagen wieder einen Ausländer. Wir halten an und fragen ihn, ob er weiß, wo ein Hotel oder Gästehaus ist.
»Hier gibt es nur Hotels«, sagt Larry, er ist Engländer. »Wo kommt ihr denn mit den Rädern her?« möchte er wissen.
»Ah, von Kanton.«
»Von Kanton bis hierher? Huh.«
»Ganz schön heiß hier und überall Leute«, meint Gebe.
»Ja, das kann man wohl sagen. Ihr habt ziemlich viel Gepäck dabei, wo fahrt ihr denn hin?« fragt Larry.

»Richtung Nordwesten«, antworte ich.
Larry läßt nicht locker: »Wo nach Nordwesten?«
»Nach Chengdu, von dort Richtung Tibet-Lhasa und dann, bevor es Winter wird, nach Nepal«, erkläre ich.
Larry sieht uns in die Augen: »Ihr müßt beide verrückt sein. Das schafft ihr nie! Ich habe ursprünglich fünf Wochen für China eingeplant, so wie ihr, auf eigene Faust. Jetzt sind sieben Tage vorbei, und ich werde heute nacht die Fähre nach Hongkong nehmen. Ich hab' die Schnauze voll.«
»Aber was ist denn passiert?«
»Hört mal zu«, beginnt er, »mir war zu Beginn klar, daß ich im Bus oder im Zug öfters auf dem Boden sitzen werde, aber für diesen Platz bezahle ich viermal so viel wie ein Einheimischer. Ist noch o.k., wir sollen ja Devisen bringen. Aber in den Hotels werden wir abgeschirmt, und jeder will sein Englisch an mir ausprobieren, und jeder möchte mich herumführen. Aber schaut es euch selber an!«
Larry sieht wirklich müde und gestreßt aus. Er hatte nicht gerade die besten Erfahrungen in China gemacht.
»Mal sehen, wie es bei uns läuft«, sagt Gebe, »bis jetzt war's noch ganz in Ordnung.«
»Auf jeden Fall, paßt auf euch auf«, verabschiedet sich Larry und wünscht uns beste Reise.
Wie gezeigt, überqueren wir die Brücke über den Gui-Fluß und biegen dann nach rechs zum Ho Bin-Hotel ab. Der große, gekehrte Hof fällt uns hier gleich auf. Der Mann an der Rezeption, der beide Arme auf den Tisch vor sich gestützt hat und in dessen Mund eine Zigarette glüht, bietet uns Einzel- oder Mehrbettzimmer an, doch die sind für uns, in einer Preisklasse zwischen 30 und 40 Yuan, nicht drin.
»Haben sie keinen Schlafsaal oder ein Zimmer für Studenten?« erkundige ich mich. Die letzten Tage haben wir nur in Schlafsälen verbracht.
»Ein Matratzenlager?« fragt er entsetzt, »nein!« Und dann blickt er auf die Straße hinaus.
»Wir sind beide noch Studenten und möchten ein billiges Zimmer, wissen Sie, ob es hier irgendwo so etwas gibt?« versuche ich nochmals.
»Meijo, nein!« lautet sein Antwort. Das kommt mit einer Selbstver-

ständlichkeit, wie ›die Sonne geht im Osten auf‹. Meijo heißt ›gibt es nicht, unmöglich‹.
Gebe und ich unterhalten uns. Die Reise durch China und Tibet wird lang werden, wir müssen mit dem Geld sparen. Wenn wir für jede Nacht 30 Mark hinblättern, reichen unsere Finanzen nicht, um das Ziel zu erreichen. Ich mache nochmals einen letzten Versuch.
»Wo übernachten denn die chinesischen Urlauber? Da muß es doch irgendwo einen Schlafsaal oder ein ganz einfaches Zimmer geben.«
Er überlegt. »Mmh«, auf einmal scheint etwas in Gang zu kommen. »Wir haben noch ein paar Räume im Keller. Die sind ziemlich kalt und etwas dunkel«, sagt er. »Diese Zimmer kosten sechs Yuan pro Person, ist das in Ordnung?«
»Perfekt«, antworten wir, »das paßt genau«. Eine Frau begleitet uns hinunter und zeigt uns das Zimmer. Es ist klein, hat aber saubere Betten, eine Stehlampe auf dem Tisch und einen Lichtschacht mit Fensterscheibe nach oben. Auf Wunsch des Personals holen wir die Fahrräder herunter ins Zimmer und nehmen gleich im Baderaum nebenan eine lauwarme Dusche. Als wir uns in den kalten Räumen endlich zur Ruhe setzen, klopft es.
»Police, Police.«
»Polizei?« Wir schauen uns verwundert an, öffnen die Tür. Aus dem Schatten heraus tritt ein kleiner älterer Chinese mit einer grünen Schirmmütze und setzt sich geradewegs auf mein Bett.
»Wo brennt's denn?« scherzt Gebe.
»Sie brauchen eine Genehmigung für die Fahrräder, haben Sie die?«
»Was?« frage ich überrascht, und zu Gebe, »der macht Witze.« Ich schaue den Chinesen düster an: »Ich – das verstehe ich nicht«, schüttle ich den Kopf.
»Für diese Gegend brauchen Sie eine Genehmigung, wenn Sie auf dem Fahrrad unterwegs sind«, erklärt er uns.
Da wir beide im Moment nicht wissen, was wir tun und antworten sollen, bieten wir dem Herrn zuerst einmal Tee an. Er lehnt höflich ab. Aber dann fällt mir der Mann an der Rezeption wieder ein, bei dem ich zweimal nachfragen mußte. Ich probiere es auch jetzt wieder und siehe da, er nimmt den Tee. In chinesischer Manier schlürft er ihn in sich hinein. Gebe und mir bietet das Gelegenheit, kurz über die Forderung zu sprechen. Irgendetwas gefällt mir an unserem Gegen-

über nicht. Auffallend ist, daß er weder eine Uniform trägt, noch in Begleitung ist, was bei Polizei- oder Armeeeinheiten, soweit wir es bisher sahen, immer der Fall war. Während ich mich mit Gebe unterhalte, kramt er in seiner Ledertasche herum, zieht zwei kleine gelbe Zettel heraus und streckt sie uns entgegen – Tickets.
»Sie müssen das Gebiet morgen vormittag mit dem Zug verlassen. Das hier ist verbotenes Gebiet für Ausländer auf Fahrrädern.« Er überreicht uns die Tickets und sagt erwartungsvoll: »80 Yuan pro Person bitte.«
Das schlägt bei uns ein wie eine Bombe, das ist zu viel.
»Etwas ist hier faul«, raune ich Gebe zu, der die Sache ernst zu nehmen scheint. Da wir wirklich nicht wissen, wie sich die ›Open door‹-Politik der neuen Regierung auf die kleinen Provinzstädte auswirkt, bleiben wir vorsichtig und freundlich. Auf jeden Fall jedoch wollen wir ihm das Geld nicht geradewegs in die Hände drücken, sondern zuerst einmal Zeit gewinnen.
»Wir haben im Moment nicht so viel Geld bei uns und müssen morgen auf der Bank zuerst Reiseschecks wechseln.«
Das bringt ihn sichtlich in Verlegenheit. Er scheint nervös zu werden und murmelt etwas in chinesisch vor sich hin. Zu meiner Bestätigung zeige ich ihm meinen Geldbeutel, in dem sich nur noch 20 Yuan befinden. Natürlich habe ich mehr Wechselgeld bei mir, doch bewahre ich die großen Scheine immer in einer anderen Tasche auf. Diesen Tip bekam ich von einem Reisenden in Hongkong, der wußte, daß die Chinesen einem beim Einkaufen immer in den Geldbeutel schauen und beim Anblick dicker Scheine auf einmal das Dreifache verlangen. Der Herr, der uns seinen Namen nicht verrät, steht auf und verläßt den Raum. »Ich komme morgen früh wieder«, fügt er beim Hinausgehen hinzu.
Gebe und ich diskutieren das eben Erlebte, die Situation ist unangenehm. »Wenn das stimmt, können wir die Tour vergessen«, sagt Gebe.
Da wir nichts Genaueres wissen, bechließen wir, zuerst zu schlafen, um uns am nächsten Tag zu erkundigen.
Am kommenden Morgen schlendern wir in die Stadt zum Frühstükken, sicherheitshalber ohne Fahrrad. Heute scheint Markttag in Wuhou zu sein, denn am Bürgersteig breiten Händler ihre Waren aus,

und überall gibt es Essen. An jeder Ecke bieten Imbißbuden und Nudelstände Speisen an, aus jeder Häuserritze entweicht verlockender Dampf. Ein Teehaus hier, eine Gaststätte dort, einige Stände auf der Straße. Fische aus dem West-Fluß liegen mit weit aufgerissenen Augen in Körben, Schnecken brodeln im Sud, hier hängen fette Enten, dort gart Süß-Saures. Die Töpfe dampfen, die Pfannen zischen, die Teekannen entwickeln schnell weiße Wolken um sich herum. Eine alte Frau, die gerade ein Huhn rupft, hält mir den Vogel entgegen und bietet ihn mir für zehn Yuan an. »Sehr gut, sehr stark«, fügt sie hinzu.
»Nein danke, noch nicht zum Frühstück«, lehne ich ab. So weit habe ich mich noch nicht akklimatisiert. Wir sehen uns in den Kochtöpfen um und begnügen uns mit gedünstetem Gemüse auf einer Portion Reis. Dazu Grüntee, der uns jetzt immer besser schmeckt. Wie die Chinesen blasen wir beim Teetrinken kräftig ins Glas, um das Wasser abzukühlen und die herumschwimmenden Teeblätter vom Mund wegzutreiben. Man muß es richtig machen, denn sonst kommt ein Chinese herbei und zeigt, wie es geht. Wir treffen andere Touristen aus Frankreich, die uns jedoch keine Auskunft über die Fahrradgenehmigung geben können. Wir fragen Einheimische und treffen auf Chen, der fließend Englisch spricht. Ich erzähle ihm besorgt die Geschichte der letzten Nacht und bitte ihn um Rat.
Chen fängt an zu lachen: »Ihr seid wohl noch neu in diesem Land. Diese Gauner!« flucht er vor sich hin. »Von Moral wissen einige Menschen hier nichts mehr, aber auch gar nichts mehr.«
Wir setzen uns an einen Tisch und unterhalten uns. Chen ist die erste Person, die uns in Ruhe und Geduld die Situation erklärt. Seine Unbekümmertheit, mit der er sich mit uns unterhält, ist ohne jede Spannung, und das Wichtigste ist: er läßt uns in Ruhe aussprechen, bis wir den Satz beendet haben. Chen ist 30 Jahre alt und Lehrer an der Schule in Wuzhou. Vor acht Jahren, so erklärt er uns, begann er, Englisch zu lernen, und jetzt ist er froh, in seiner Heimatstadt auf Ausländer zu treffen. Chen setzt wieder bei der Sache mit den Zugfahrkarten ein. »Alles Schwindel«, sagt er, »das sind nur Tricks, um euch teure Zugtickets verkaufen zu können.« Er fügt stolz hinzu: »Die Provinz Guangxi ist wunderschön und für jeden Ausländer offen.«

Südchina im Juli: Es ist glühendheiß.

Diese Information ist sehr wertvoll für uns. Wir wollen Chen noch zum Essen einladen, doch er muß zur Arbeit. Er drückt uns die Daumen für die Weiterreise, dann verabschieden wir uns. Zurück im Hotel, beladen wir unsere Räder. Beim Hinausgehen fragen wir an der Rezeption nochmals nach, ob jemand für uns dagewesen sei, doch der gleiche Mann wie am Vortag verneint. »Niemand war da.«
Bei strahlendem Sonnenschein verlassen wir Wuzhou. Das Wetter ist schon zu gut, denn gegen Mittag wird es glühend heiß. Die Temperatur erreicht 35 Grad Celsius im Schatten, und die Luftfeuchtigkeit beträgt über 90 Prozent. Im Gegensatz zu uns scheint sie den Chinesen wenig auszumachen. Wir versuchen, immer viel zu trinken, doch das warme Wasser in unseren Fahrradflaschen hilft kaum gegen den Durst und verstärkt nur unseren Schweißausbruch. Von den Haaren und vom Kinn tropfen die Schweißperlen in das Trikot und laufen von dort in die Hose. Wir schmoren förmlich im eigenen Saft. Unser Inventar von mitgebrachten Wollmützen und langen Unterhosen für Tibet ist jetzt völlig sinnlos. Tropenkleidung ist angesagt. Ein umgehängtes Tuch oder ein Sarong, wo es unten reinbläst, wäre jetzt genau das richtige. Als neben der Straße ein Verpflegungsstand auftaucht, halten wir an. Unter dem einfachen Strohdach, das auf vier Bambusstühlen gestützt ist, liegt ein junger Chinese auf einer Matte und döst vor sich hin. Daneben, auf einem Tisch, fein säuberlich sortiert, die Dinge für den täglichen Bedarf: Salz, Zucker, Mehl, eine Tüte voller Bonbons, Streichhölzer, Nägel, Zigaretten, Tee und Orangenlimonade. An den Säulen hängen zu Bündeln zusammengebundene Petroleumlampen und Strohhüte. Gebe geht direkt auf die Limonade zu und holt sich zwei Flaschen herunter. Aber sofort stellt er sie wieder zurück.
»Das ist der heißeste Orangensaft, den ich jemals in der Hand hatte«, knurrt er.
Der Chinese macht keine Anstalten, sich zu erheben. Gebe latscht ein wenig umher und blickt zu dem Mann runter. Der öffnet für einen Augenblick die Augen, grunzt kurz auf und schläft weiter.
»Laß uns gehen«, schlage ich vor, »hier gibt es keine Poweranzeichen.«
Es bleibt uns nichts anderes übrig, als wieder aufzusteigen und weiterzuradeln. Die feucht-heiße Luft wird noch dicker. Wenig später

sitzen wir im Teehaus und suchen Zuflucht unter einem schnurrenden Ventilator, der uns kühlen Wind zufächelt. Der Wirt scheucht ein paar aufdringliche Hühner aus dem Raum und schenkt uns Tee ein. Dann höre ich etwas an unseren Fahrrädern knacken. Immer wenn wir unsere Stahlrößer an einem Gästehaus oder an einer Teebude abstellen, erregen sie Aufmerksamkeit. Die Räder sind silbrig, haben einen breiten Lenker und dicke Reifen. Vor allem aber die Zwölfgangschaltung wird zum Lieblingsspielzeug der Chinesen. Die Kinder drehen daran herum, bis wir einen Schrei loslassen. Dann ist es still, und fünf Minuten später hören wir den Schalthebel wieder knacksen. Darum haben wir uns angewöhnt, unsere Räder immer direkt neben den Tisch zu stellen.
Erst als die Schatten der Häuser länger werden, begeben wir uns zurück auf die Straße. An solchen Tagen gewöhnen wir uns an, eine Pause einzulegen und Mittagsschlaf zu halten. Die Strecke ist hügelig. Wir entschlossen uns in Wuzhou für die direktere, weniger befahrene Straße nach Guilin, denn diese Stadt, so haben uns viele Touristen und Chinesen verraten, ist ein ›Muß‹. Also fahren wir dorthin. Der Abstand zwischen den Dörfern wird größer. Lichtgrüne Reisfelder liegen wie Teppiche in den Einsenkungen, und wenn leichter Wind durch die Halme weht, raschelt die ganze Umgebung. Dabei biegen sich ihre Köpfe in eine Richtung, als wollten sie sich vor dem Wind ducken. Einmal treffen wir auf Straßenarbeiter, die mit Spitzhacke und Schaufel den Belag ausbessern und seitlich Abflußkanäle graben. In gleichmäßigen Bewegungen wird gehackt, andere schaufeln und tragen Sand in Bastkörben herbei. Darunter auch Frauen, die schwere körperliche Arbeit verrichten. Alles wird, wie schon seit Tausenden von Jahren, mit Muskelkraft und Händen vollbracht. Die meisten tragen große Strohhüte mit breitem Rand, der ihrem Gesicht Schatten spendet. Ein Arbeiter mittleren Alters mit freiem Oberkörper ist der erste, der uns entdeckt. Als er aufschreit, richten sich alle Blicke auf uns, und die Arbeiter lassen ihr Werkzeug fallen. Und wieder das gleiche wie oftmals zuvor. Anfeuerungsrufe, lachende Gesichter, Hände recken sich in die Höhe. Sie rufen: »hau, good, yes...« Lange noch winken sie uns hinterher. Nur ein paar Kilometer später, bei den nächsten Straßenarbeitern oder in einem Dorf, wiederholt sich das gleiche Spiel. Durch die abwechslungsreiche Fahrt

denken wir kaum noch an die damit verbundene Anstrengung und schaffen eine gute Kilometerleistung. Außerdem hat sich mein Hintern jetzt an den schmalen Sattel gewöhnt, und die 18 Kilogramm Gepäck erscheinen uns ganz normal. Die Hitze des Tages nimmt langsam ab, und eine angenehme Nachmittagsbrise weht über die Landschaft. Wir wissen nicht, wie weit wir noch von einer Übernachtungsstätte entfernt sind, doch als wir Bauern sehen, die am Straßenrand frische Wassermelonen verkaufen, gönnen wir uns eine weitere Ruhepause. Ein Mann Mitte 30 liegt auf einer Strohmatte und bietet ganze oder einzelne Schnitze von Wassermelonen an. Wir nehmen eine ganze. Jetzt schüttelt der Bauer verschiedene Melonen neben seinem Ohr, klopft mit dem Zeigefinger drauf und wählt dann die beste für uns aus. Etwa 200 Meter weiter entdecken wir einige Bäume und beschließen, die Frucht in ihrem Schatten zu genießen. Wir setzen uns nieder und essen die süße Erfrischung, während wir die Karte studieren. Aber aus der Ruhe wird hier nichts. Ehe wir uns umsehen, hat sich eine zehnköpfige Kinderschar zusammengefunden. Sie stehen da wie festgefahren und sehen uns bei jeder Bewegung mit großen Augen zu. Wir fahren weiter und essen ein paar Schnitze unterwegs. Gegen Abend erreichen wir ein kleines Dorf, in dem wir überall abgewiesen werden. Hier gibt es kein Gästehaus. Ein Schuhmacher, der mit seinem Handwerkszeug am Straßenrand sitzt, zeigt auf die Karte und markiert, wo die nächste Übernachtungsstätte zu finden ist. Bei anbrechender Dämmerung setzen wir unsre Fahrt fort. Die Landarbeiter in den Feldern beenden ihre Arbeit und kehren nach Hause zurück. Meist benützen sie dazu ihre Fahrräder oder laufen, um mit den Nachbarn noch zu reden. Bietet sich aber die Gelegenheit, auf einen der wenigen vorbeifahrenden Lastwagen aufzuspringen, so läßt keiner die Chance aus. Die Straße, die Äcker und die Dächer der Häuser geben die Hitze, die sie tagsüber aufgesogen haben, jetzt langsam wieder an die Umgebung ab. Die Abendluft zittert vor Wärme. Wir haben am Fahrrad kein Licht und nur eine Taschenlampe bei uns. Der Weg ist heute leicht staubig. Nach einem Gefälle führt er durch ein kleines Waldstück und über einen Bach, bevor wir noch vor der völligen Dunkelheit die nächsten Häuser erreichen. In einem kleinen Dorfteich schaukeln ein paar Gänse auf dem Wasser. Das Gästehaus in diesem Dorf zu finden, ist nicht

schwer, da es das einzige zweistöckige Gebäude neben schlichten Hütten der Einheimischen und zugleich das einzige Wirtshaus ist. Diese Häuser, an denen normalerweise kein Ausländer vorbeikommt, sind Herbergen für Lastwagenfahrer oder chinesische Besucher, die auf der Durchreise sind. In jedem Postamt oder Gästehaus sehe ich das Bild Maos hängen, große Wandgemälde in herrlich bunten Farben. Wir stellen unsere Räder, angepflockt wie Pferde, vor dem Haus ab und treten ein. Meist wird das Personal im Gästehaus von den Leuten auf der Straße schon durch einen Alarmschrei vorgewarnt. Der Wirt, ein kräftig gebräunter Glatzkopf, hilft uns, das Gepäck ins Zimmer zu schleppen, und winkt uns dann zum Essen. Seine Küche besteht aus einem einfachen Kohleofen, der aus Ziegelsteinen in einer Ecke hochgemauert ist. Zwei kopfgroße Öffnungen auf der Herdplatte dienen als Kochfläche. Gleich daneben hängen an der Wand Familienfotos, eingefaßt in handgemachte Holzrahmen. Wir sitzen nur ein paar Meter vom Ofenherd auf einer Bank, und es macht Spaß, dem alten Wirt zuzusehen. Seine Frau holt zwei Eier vom Hühnerstall hinterm Haus, eine Garantie dafür, daß die Eier immer frisch sind. Ein anderer bringt grüne, lauchartige Zwiebeln und Tomaten. Als Kochlöffel dienen zwei überlange Stäbchen, und mit einem Topflappen in der Hand nimmt er die Pfanne und schmeißt das Gemüse in die Luft, um es wie einen Pfannkuchen umzudrehen. Ein guter Geruch steigt auf. Unser Koch versteht sich, wie alle seine Kollegen in China, als Künstler. Er gibt sich viel Mühe und bereitet ein schmackhaftes Essen zu. Zuletzt stellt er die Gemüsesuppe mit Ei auf den Tisch. Suppe kündigt in China den Abschluß an und soll helfen, die restlichen trockenen Reiskörner hinunterzuspülen.
»Hautze, hen hautze«, loben wir begeistert. Es schmeckt gut, wirklich sehr gut. Er freut sich mit uns, lacht und zeigt uns sein zahnloses Grinsen. Anschließend gehen wir auf unser Zimmer. Die warme, feuchte Luft macht mich müde, und ich lege mich daher schon früh schlafen. Auf der Straße ist jetzt Ruhe eingekehrt, nur mein Bett quietscht und wackelt ohne Pause die ganze Nacht. Ein weiterer Tag in China geht zu Ende, ein durchaus typischer.
Nachdem wir ausgeschlafen haben, widmen wir uns zuerst meinem Fahrrad. Wie Gebe montiere ich mir jetzt einen Metallgepäckträger, der weitere Schwankungen verhindert und mir sogar erlaubt, freihän-

Nach ein paar Tagen sind schon die ersten Reparaturen an unseren Rädern fällig.

dig zu fahren. Dann putzen wir die Räder, zerlegen nochmals den Zahnkranz, schmieren die beweglichen Teile und stellen die Bremsen ein. Nach zwei Stunden ist alles erledigt. Das Bike glänzt im Schein seiner frischen Farben wie funkelnagelneu. Nur der abgebrochene Fahrradständer, der der schweren Last nicht standgehalten hat, trübt das Bild.

Wir schnallen unser Gepäck auf und starten gegen elf Uhr. Wie immer herrscht an der Bushaltestelle dichtes Gedränge. Heute aber sieht der Bus eher so aus, als sei er Gegenstand eines Eroberungsscharmützels. Mehrere Soldaten knien auf dem Dach und schieben lässig ein paar Kartons beiseite, um Platz für die eigenen zu machen, während die rasende Zivilbevölkerung versucht, die herunterhängende Leiter am hinteren Ende des Busses zu erklimmen. Einem Soldaten, der die Leiter besetzt, gelingt es nicht, sich mit einer aufgerollten Zeitung und kreisenden Handbewegungen bemerkbar zu machen und Ordnung zu schaffen. Ein anderer Streit läuft vor der

Eingangstüre des Busses ab, wo fünf oder sechs Leute gleichzeitig versuchen, in das Innere zu gelangen. Alle tragen entweder einen Leinwandsack oder eine große Pappkartonschachtel. Ein paar sogar beides, was das Einsteigen noch schwieriger gestaltet. Gleich nach dem Dorf fahren wir an einem Steinbruch vorbei, wo Hunderte von Steinmetzen Lehmziegel aus dem Gestein meißeln und in der Sonne trocknen. Daneben befindet sich eine Baustelle, an der eine neue Fabrikhalle entsteht. Leitern und Gerüste, wie könnte es anders sein, bestehen aus Bambus, das an den Verbindungen und Kreuzungen mit Bambusschnüren zusammengebunden ist. Die ganze Konstruktion kommt ohne Nägel und Schrauben aus.

Wir steuern unsere Räder durch die Reisterrassenlandschaft. Die Sonne steht hoch, und über den grün-gelben Feldern zittert die Luft.

»Was hältst du davon Gebe, jeden Tag woanders hinzufahren?«

Gebe sieht mich ausdruckslos an. »Die Hitze macht einen verrückt. In meinen Körper höre ich es zischen, meine Haut dampft wie ein Kochtopf. Aber vielleicht wird es besser, wie wir uns gedacht haben.«

Ich fahre mir mit der Zunge über die Lippen und merke, daß ich Durst habe.

»Am nächsten Haus sollten wir Wasser holen«, sage ich zu Gebe. In der Nähe von Laubbäumen steht ein einzelnes Haus. Und an der Seite befindet sich ein Wasserhahn, der aus der Wand heraussteht. Ich fahre mit dem Bike so vor, daß ich direkt neben dem Hahn stehe. Das Wasser ist zwar nicht trinkbar, doch ideal für eine kurze Dusche. Ein untersetzter Mann tritt aus dem Haus und kommt auf uns zu. Er trägt eine halblange Stoffhose mit Hosenträgern, ein bleichgewaschenes Hemd, und auf der Stirn hat er ein Pappschild zum Schutz gegen die Sonne. Der Schweiß steht ihm in Perlen auf der Nase.

»Hallo, wo fahren Sie denn hin?« fragt er uns in Englisch.

»Kleine Urlaubsrundfahrt«, antworte ich, »haben Sie bitte etwas Trinkwasser?«

»Ja klar, kommen Sie mit mir.«

Über ein paar Stufen und eine dünne Holztüre gelangen wir in sein Haus. In einer Ecke sehe ich einen Fernseher, den er durch einen Tisch und draufgesetzten Stuhl auf die richtige Höhe gebracht hat. Auf einem Regal daneben steht ein Radio mit Stereoboxen, aus dem klassische Musik dringt. Er muß wohlhabend sein. Wer einen Fernse-

her besitzt, gilt nach chinesischen Maßstäben schon als priviligiert. Nur langsam verrät er uns, warum er so gut Englisch spricht und womit er Geld verdient.
»Ich habe Verwandte in Hongkong«, erzählt er, »die mir vor fünf Jahren beim Aufbau meines eigenen Geschäftes geholfen haben.«
Er betreibt die Aufzucht von Blumen und scheint damit erfolgreich zu sein.
»Bei diesem Wetter wächst alles«, lacht er und schenkt uns Orangenlimonade nach. Dazu reicht er uns süßes Gebäck. Dann steckt er sich eine schmale Pfeife in den Mund und beginnt zu rauchen. Dieser Qualmerei begegnet man immer und überall, üblich ist sie allerdings nur unter Männern. Mao Tse Tung war als Kettenraucher ein Vorbild, und der heute immer noch politisch einflußreiche Deng Xiaping steht ihm nicht nach. Es fällt den Chinesen schwer zu verstehen, daß ich nicht rauche und bei allen Gelegenheiten die Zigarette ablehne.
»Wir müssen weiter«, drängt Gebe. Der Mann füllt uns die Flaschen auf und verabschiedet uns händeschüttelnd. Routinemäßig drücke ich vor dem Aufsitzen mit meinem rechten Daumen auf die Reifen und prüfe den Druck. Alles klar. Manchmal benötigen sie ein paar Pumper, vor allem am Morgen, wenn es kühler ist. Ausgeruht geht es weiter. Die umliegenden Hügel werden jetzt immer zahlreicher und schießen wie Pilze in die Höhe. Das Erstaunliche dabei ist, daß der Talgrund im Gegensatz dazu eben und flach ist. Dort nutzen Bauern das Land als Anbaufläche und bestellen ihre Felder. Die Dörfer befinden sich auf den schattigen Seiten, wenn auch die Sonne in den Sommermonaten fast senkrecht steht. Geradewegs fahren wir weiter und erreichen am Abend nach 70 Tageskilometern die kleine Stadt Mengshan. Der Straßenbelag der Hauptstraße ist schlammig und schmutzig vom Markt, der gerade aufgebaut ist. Dazwischen stehen Busse und Lastwagen, die repariert werden. Wir schieben unsere Räder am Straßenrand entlang. Zwei Ferkel schnüffeln uns an, sie grunzen und quieken vor Lebenslust. Die Schweine wühlen im Dreck und spielen miteinander. Auf dem Markt setzen wir uns an einen Freiluftstand und essen eine Schale Nudeln mit Soße. Freundlich und zurückhaltend begegnen uns die Menschen. Andere setzen sich um uns mit einer Tasse Tee und einer Hand voll Sonnenblumenkerne, eine Art chinesischer Kartoffelchips für den abendlichen Zeitver-

treib. Ein Lastwagen, der seinen Motor neben uns aufheulen läßt, unterbricht die Stille. Wir betreten das Gästehaus. Drei Kinder folgen uns in das Zimmer und sehen uns aufmerksam bei jeder Handbewegung zu. Dabei fällt mir auf, daß ein Mädchen ein Hemd mit der Aufschrift ›Mc Donell Douglas‹ trägt. Sie spielen mit unserem Walkman, springen umher und wollen fotografiert werden. Daß ich den Film jedoch zuerst entwickeln muß und ihnen das Bild nicht gleich geben kann, verstehen sie und ihre Mutter nicht. Von den städtischen Parks her kennen sie nur die Kameras, die sofort ein fertiges Bild liefern. Eine Sofortbildkamera wäre in China eine Garantie für schnelle Freundschaften oder eine Einladung zum Essen.
Später liege ich im Bett und rühre mich nicht, um meinen Körper zu entspannen. Erst als es schon zu dämmern beginnt, nehme ich eine Dusche und hänge meine Wäsche auf. An diesem Abend kommen wie in Wuzhou Chinesen in unser Zimmer, die ihr Glück versuchen. Zwei Herren in grünen Mao-Anzügen und Militärmützen treten, ohne anzuklopfen, ein und wollen uns klarmachen, daß diese Gegend für Ausländer gesperrt sei. Und auch sie holen zwei Tickets heraus und verlangen mit Handbewegungen ihr Geld.
Ich springe ärgerlich vom Bett herunter und gehe auf sie zu.
»Hölle!« fahre ich die beiden an, »das stinkt ja zum Himmel, macht, daß ihr verschwindet!«
Den Männern läuft der Schweiß aus allen Poren, die Gesichter laufen rot an wie reife Tomaten. »Ja, ja«, sagen sie dann schnell und verlassen mit hängenden Schultern das Zimmer.
Mir geht ein Licht auf, und es wird klar, was hier vor sich geht: Schlitzohrige Chinesen verkaufen sich als Ordnungshüter und Polizisten und drehen Touristen teure Bus- oder Zugtickets an. Nach der Häufigkeit ihrer Versuche zu urteilen, scheinen sie damit auch erfolgreich zu sein. Auch wir wußten anfangs ja nicht, wo's langgeht und inwieweit Touristen Bewegungsfreiheit genießen. Jetzt verstehe ich auch, warum die Chinesen bei jeder Gelegenheit ihre Fahrräder abschließen und nachts all ihre Halbseligkeiten mit ins Haus nehmen. Auch in China wird gestohlen, geklaut und geschwindelt.

HOTELTÜRME UND FREIE MÄRKTE

Am nächsten Morgen legen wir beim Frühstück unsere Route fest und zeichnen sie auf der Karte ein. Kurz nach Sonnenaufgang radeln wir los. Vom Markt her, wo der Qualm von Zigaretten in der Luft liegt und wilde Kräuter, getrocknete Blätter und Wurzeln aller Art verkauft werden, weht ein scharfer Geruch, der mir den Atem stocken läßt. Außerhalb der Ortschaft wird es ruhig. Die Landschaft zwischen Mengshan und Guilin ist phantastisch. Zahllose zerklüftete Berggipfel und Grashügel, in der Urzeit durch Erosion entstanden, umgeben uns. Hügel ragen aus dem flachen Gelände heraus wie große versteinerte Dinosaurier, andere stehen in die Höhe wie Kamelhöcker oder sehen aus wie Haifischzähne, und das in tausendfacher Ausfertigung. Man kann die Hügel gar nicht beschreiben, so ungewöhnlich sehen sie aus, anders als alles bisher Bekannte. Die hohe Luftfeuchtigkeit setzt sich dabei als weißer Dunst in den Tälern nieder und beschränkt die Sicht auf nur mehrere hundert Meter. Die Berge um Mengshan liegen da und ragen in die weiße Wolkenschicht, als ob sie sich an ihr nähren wollten. An ihren steilen Flanken wachsen Sträucher und latschenartige Bäume. Darunter befinden sich unterirdische Höhlen und Wasserfälle. Unter Geologen wird dieses Phänomen auch als ›Karst‹ bezeichnet. Inmitten dieser Landschaft schlängelt sich der Li-Fluß, eingebettet von Reisterrassen und Wäldchen. Seit Jahrhunderten inspirierte diese Landschaft chinesische Maler und Dichter. Dementsprechend lauten die Namen der

Wilde, abwechslungsreiche Karstlandschaften nahe Guilin machen das Radeln zur wahren Freude.

Berge: Schwanhügel, Tigerpranke, Ochsenhorn. In der Ebene wachsen an behäbigen grauen Häusern die exotischsten Blumen. Auf dem Fluß sehe ich immer häufiger Fischer. Sie stehen auf schmalen Flößen, die langsam flußabwärts treiben. Bei ihrer Tätigkeit benützen sie abgerichtete Kormorane, die mit einer Leine am Floß befestigt sind. Die Leine hat ungefähr zwei Meter Spiel, so daß der Vogel ungehindert abspringen kann. Anschließend nimmt der Fischer den Fang aus dem Maul des Kormorans, bevor dieser ihn verschluckt. Andere breiten ihre Netze mit Hilfe von langen Stangen am Ufer aus und lassen ihre Füße ins Wasser hängen.

Der Tag ist so schön, daß wir nur zwischendurch anhalten. Gegen Mittag passieren wir das belebte Dorf Yangshuo, das sich zwischen die aufragenden Hügel duckt. Fahrbare Nudelstände dampfen zwischen den schmalen Gassen, Künstler verkaufen Tuschezeichnungen, ein paar Bauern breiten ihre tropischen Früchte am Marktplatz aus. Als wir durch den Ort fahren, ruft uns ein alter Mann, der am

Straßenrand frischgeerntete Wassermelonen verkauft, zu: »Hey mister stop, sehr frisch – sehr gut.«
Er hat zwar eine sehr direkte Art, jemanden anzusprechen, aber den Gefallen, etwas zu kaufen, tun wir ihm. Grinsend überreicht er uns die mundgerechten Stücke und legt noch eines umsonst drauf. Beim Weiterfahren stellen wir fest, daß der Straßenbelag immer besser wird, die Straße selbst später sogar zweispurig. Heute bleiben wir lange im Sattel, und ich weiß nach einer Weile schon gar nicht mehr, wie ich sitzen soll. Mal auf der Mittelstange, mal auf dem Gepäckträger, dann wieder stehend. Nach zehn Stunden und 125 Kilometern erreichen wir die Stadt Guilin. Wie gewohnt, kehren wir in das nächstgelegene Restaurant ein. Hier bekommen wir sogar eine Speisekarte, auf der jedoch keine Preise stehen. Nach dem Essen suchen wir ein Hotel, für die Touristen in Guilin Pflicht. Da die Stadt viele davon hat, glauben wir, daß die Unterkunft kein Problem sein sollte. Gleich nebenan probieren wir es, am Guilin-Hotel. An der Rezeption sitzt eine junge Frau, die an einem Pullover häkelt. Mit meiner ›glücklicher Ausländer, froh in China zu sein‹-Routine frage ich sie, ob ein Zimmer frei sei. Ohne beim Häkeln abzusetzen, entgegnet sie, alle seien besetzt.
»Wie sieht es mit dem Hotel nebenan aus?« beharre ich weiter.
»Auch voll.« Das sagt sie, ohne in den Akten nachzusehen oder dort anzurufen.
In einer Ecke sehe ich ein Telefon mit Telefonbuch.
»Darf ich es bitte benützen?« wende ich mich erneut an sie.
»Ja, Sie müssen aber zuerst ein Formular ausfüllen und angeben, wohin Sie telefonieren und mit wem Sie sprechen wollen.«
»Aber es handelt sich ja nur um ein Ortsgespräch«, erwidere ich, »ich weiß überhaupt nicht, wer sich in den anderen Hotels oder Gästehausern meldet.«
An dem Formular führt jedoch kein Weg vorbei. Ich fülle es aus und nehme das schwarze Telefon in die Hand. Der Hörer hat Risse, auf der Wählscheibe fehlen die Zahlen. Ich sehe mir ein paar Hotelnummern an, werfe die erforderlichen Münzen ein und wähle irgendeine.
»Wei, wei«, meldet sich eine Stimme, die sich anhört als spreche eine Person in eine Blechdose. Wei, wei bedeutet ›hallo‹ und ist das erste Wort, das die Chinesen bei einem Telefonat sagen. Nein, das ist

falsch, es ist das erste Wort, das sie in die Leitung schreien.
»Ja, hallo«, sage ich, »haben Sie noch ein Zimmer frei?«
»Meijo, nein.«
Ich wähle das nächste, und wieder meldet sich ein Mann.
»Wei, wei – Hidden Hill-Hotel.«
»Wir suchen ein Zimmer. Haben sie noch etwas frei für zwei Personen?«
»Ja«, erwidert der Mann. Die Antworten scheinen alle gleich kurz zu sein.
»Wieviel kostet das Zimmer?« frage ich nach.
»15 Yuan. Wollen Sie es?«
»Warten Sie einen Moment, ich muß zuerst meinen Freund fragen«, bitte ich ihn. Der Preis erscheint uns hoch, doch uns bleibt im Moment nichts anderes übrig, da Ausländer in Guilin in den vorgeschriebenen Hotels übernachten müssen. Als ich dem Herrn am anderen Kabelende antworten möchte, meldet sich niemand mehr.
»Hallo – halloo?« rufe ich.
»Das ist immer so«, unterbricht mich die häkelnde Frau an der Rezeption.
»Warum?«
»Sobald für eine kurze Periode nicht gesprochen wird, beendet das staatliche Telefonamt die Leitung in der Annahme, daß das Gespräch vorüber sei«, erklärt sie mir ungerührt, während sie weiterhäkelt.
»So ist das«, antworte ich flüchtig, »ich verstehe alles.« Nur wenn dauert gequasselt wird, gilt das hier als Gespräch. Zeit zum Überlegen gibt es nicht. Gebe platzt fast vor Lachen. Darum hören wir immer wieder Laute wie: mmmmmm, eeeeeee und hhhhhhh, die Lücken füllen sollen. Telefonat à la China. Ich rufe nochmals die Nummer an und spreche ganz langsam: »W-e-i, w-e-i, ha-ll-ooo, ich nehme das Zimmer.« Erstaunlicherweise bleibt die Leitung bestehen. Diese Methode war zwar ziemlich dumm, aber jetzt fühle ich mich besser, so, als wenn ich routinemäßig wie die Chinesen gesprochen hätte. Dann radeln wir los. Da in Guilin die Straßennamen in Englisch beschriftet sind, finden wir das Hotel nach einer Kreuzung und ein paar Kurven recht schnell. Wir schieben die Räder durch die Eingangstüre.
»Hier sind wir«, sagt Gebe.

Ein Chinese in weißem Hemd reißt die Augen auf, als er uns sieht. »Einen Moment bitte«, sagt er und holt eilig seine Kollegen und ein Zimmermädchen herbei. Jetzt bricht eine Diskussion unter ihnen aus. Hinter der Rezeption sehe ich eine schwarze Tafel, auf der die Preise für das Hotel mit Kreide aufgelistet sind. Für mich hat das nur einen Grund: Damit können die Chinesen den Preis beliebig nach oben und unten verschieben. Gebe und ich stehen im Trikot und kurzhosig in der Eingangshalle und warten auf eine Antwort. Ich spiele an meiner Schaltung herum und klingle dann an meiner Fahrradglocke, um sie an uns zu erinnern.

»Was ist los?« fragt Gebe, »entweder Sie haben ein Zimmer, oder Sie haben keins. Was gibt es denn da zu diskutieren?«

Es ist ein Abenteuer für sich, hier ein Zimmer zu buchen. Der Mann sagt, daß wir ein Zimmer bekommen, wir müssen aber die Räder vor der Türe lassen. Unser Optimismus an diesem schönen Tag verfliegt mit jeder Minute mehr.

»Und wenn wir es mit ins Zimmer nehmen?« fragt Gebe.

Wieder entsteht eine Diskussion. »Okay«, sagt er dann, »das ist in Ordnung.«

Wir kriegen einen Raum im fünften Stock, müssen aber unsere Räder über die Stufen hinaufschleppen, da der Aufzug nicht funktioniert. Durstig wie ich bin, hänge ich mich im Zimmer unter die Wasserleitung und schlucke Wasser in großen Mengen. Dann falle ich müde ins Bett und schlafe. Erst am nächsten Mittag werde ich durch ein lärmendes Motorgeräusch geweckt. Gleich nebenan wird ein neues Hotel gebaut. Hunderte von Leuten tragen Dreck aus dem Graben. Nach einer Dusche gehen wir ins Freie. Auf der Zongshan Lu-Straße stehen Restaurants für Essen aller Art – Li Fluß Cafe, Ming Palace Food, Guilin's Mc Donald's. Wir gehen in ein Restaurant. Manche Chinesen haben sich hier perfekt auf die Touristen eingestellt. An der Eingangstüre hängt ein Schild ›we accept american express‹. Drinnen ist eine lange, gemütlich aussehende Bar mit Bierhähnen hinter der Theke und Kaffemaschinen an der Rückwand. Auf den Tischen stehen Pfeffer- und Salzstreuer, liegen Papierservietten und polierte Bestecke. Es gibt Süßgebäcke unter Drahtgitter, kleine Stapel Weißbrotscheiben, Bananen in Mustern aufgebaut. Eine chinesische Version vom Lied »Jingle Bells« dringt aus der Musikbox. Mozart oder

Beethoven hätten besser zu der Stimmung gepaßt. Der Ober wiegt seinen Körper im Rhythmus der Musik von links nach rechts und tippelt dabei mit der Handfläche auf den Kassiertisch, bis wir bestellen. Heute klingt alles so anders: Frühlingsrolle, Spiegeleier, Bratkartoffeln und Kaffee. An den Nebentischen sitzen andere Touristen und ein paar Chinesen. Zigarettenqualm der Marke ›West‹ liegt in der Luft. Die Stühle, auf denen wir sitzen, haben einen Plastiküberzüg mit schreiendem Gelb und Rot, für Chinesen wahre Schönheitsfarben. Der Koch heißt Tschenzen, ist mittleren Alters und hat sich eine weiße Schürze umgebunden. Ich höre, wie er die Bestellung entgegennimmt, nochmals herunterliest und die Pfanne mit einem Lappen auswischt. Dann knallt er die Zutaten hinein, pfeift leise vor sich hin und beginnt zu kochen. Nur wenige Minuten später kommt das Essen. Am Tellerrand ist es schön dekoriert mit einer Gurke und einem Glücksbringerkeks. Tschenzen lächelt, kratzt die Pfanne aus und sieht zu uns herüber. Die Touristen sind das Rückgrat der Kneipe, sie bringen die Kundschaft. Das weiß er. Setzt er ihnen eine Tasse schlechten Kaffee vor, bleiben sie aus. »Behandle sie richtig, dann kommen sie wieder!« Tschenzen lächelt uns an und wischt sich seine Hände an der Schürze ab. Gebe und ich sagen nichts. Auf Chinesen aus Hongkong aber, so erklärt er uns, ist er nicht scharf. Die würden meckern, wenn Getränke nicht kalt genug sind, und benutzen zehn Zahnstocher auf einmal. Europäer und Amerikaner? »Kein Problem!« meint er.

Anschließend gehen wir auf die Zongshan-Straße, den Haupttrampelpfad der Stadt, und sehen uns etwas um. Für uns ist die eigentliche Attraktion dieser Gegend die Stadt Guilin selber. Russische Taxis drehen ihre Runden, Touristenbusse stehen vor den Hoteleingängen, aneinandergereiht wie Kühe im Stall. Im Friendship Store (Freundschaftsladen) gibt es neben Postkarten und Fotobüchern auch Milo (chinesische Ovomaltine), Hustenbonbons, Aspirin und Sonnencreme. Am Bürgersteig sind zahlreiche Souvenirstände, an denen vom silbernen Konfuzius bis hin zum Zahnstocher aus Edelholz alles verkauft wird. Daneben Wassermelonenverkäufer, die ihre Früchte zu Pyramiden aufgestapelt haben. Und an jeder Ecke spricht uns jemand an: »Change money, change money.« In China gibt es zweierlei Geldsorten. Die Remimbi oder Yuan für die Einheimi-

schen, sozusagen das Touristengeld, das man braucht, wenn man in den teuren Hotels absteigt oder Flugtickets kauft. Die Chinesen sind deswegen so scharf darauf, weil sie mit dem FEC's ausländische Waren wie Radios oder Fernseher kaufen können. Sie machen daraus ein riesiges Geschäft und wechseln Geld zu, für sie guten Kursen. Manche der Geldwechsler sind aalglatte Geschäftsleute und sprechen die flotte Sprache der Ausländer: »He, brauchst du Wechselgeld? Hab den besten Kurs weit und breit, garantiert!« Wechselt man bei ihnen Geld, so sind sie nervös, ihre Augen rastlos, denn das Ganze ist natürlich offiziell verboten. Schwarzmarkt nennt man so etwas. Für einen grünen US-Dollar kriegt man fünf Yuan. Ist der Geldwechsel vorbei, so sagen sie: »Hast du eine Zigarette für mich? Thanks! Bis später.« Dann machen sie sich aus dem Staub, und man sieht sie nie wieder, da sie am nächsten, Tag aus Vorsicht ganz woanders stehen.
In einem Buchladen in Guilin treffe ich am gleichen Tag die Frankfurter Rudi und Elke. Wir setzen uns zusammen und verbringen den Nachmittag mit Kartenspielen und Gesprächen. Es tut gut, mal wieder so zu sprechen, wie einem der Schnabel gewachsen ist, und Schriften zu lesen, die für uns lesbar sind.
Wir legen zwei Ruhetage ein, die wir hauptsächlich mit Lesen, Spaziergängen und Schlafen verbringen. Selbst auf die Floßfahrt auf dem Li-Fluß, die hier so etwas bedeutet wie die Besichtigung des Eiffelturms in Paris, lassen wir uns nicht ein. Auf den Tip von Rudi hin besuchen wir die Bahnhofsstation in Guilin. Es ist ein unermeßlicher, außergewöhnlich verworrener Ort. Ich mag ihn sofort. Überall ziehen Treppen in die Höhe. Wie eine unendliche Spirale erscheinen mir die wartenden Menschenschlangen hinter den Schaltern. Das Licht im Innern ist verschwommen, der Lärm schrecklich. Dauernd schieben Leute an mir vorbei und drücken mich weg. Aber niemand schaut sich um, wenn man zurückschiebt. Melonenschnitze und ausgespuckte Sonnenblumenkerne liegen auf dem Boden zerstreut, ein Kind uriniert in der Ecke. Ich bekomme so etwas wie ein Nichts-wie-hier-heraus-Gefühl und flüchte auf die Bahnsteige. Hier sehe ich, was ich seit meiner Kindheit schon immer einmal sehen wollte: eine Dampflokomotive. Die Maschine ist groß, schön und hell, mit ihren schimmernden Kolben und strahlenden Stahlteilen, die im Kontrast zum schwarzen Motorgehäuse stehen. Weiße dicke Wolken steigen in

die Luft und verleihen ihr ein kräftiges Aussehen. Das alles ist in Handarbeit gefertigt. Was für eine Augenweide, so etwas zu sehen! Als ich jedoch die konstante Drückerei vor den Eingangstüren der Wagen wahrnehme, bin ich froh, mit dem Fahrrad unterwegs zu sein. Auf der einen Seite sind die Leute so ängstlich und zurückhaltend, auf der anderen streiten sie sich wie wilde Tiere um einen Sitzplatz.

ALLTAG IN DER PROVINZ GUIZHOU

Nur zwei Tage nach dem Verlassen von Guilin erreichen wir die Provinz Guizhou. Die Hügel verflachen jetzt etwas. Die Landschaft nimmt sanfte und geschwungene Formen an. Hier wird neben Reis sehr viel Mais angebaut. Daneben stehen grüne Zuckerrohrplantagen, die aussehen wie hohes Schilfgras. Auf manchen Feldern wächst gelber Raps, eine wichtige einheimische Speiseölquelle. Der Duft von warmer Erde und grünen Pflanzen liegt in der Luft. Am Straßenrand watscheln Entenschwärme daher. Wo es ihnen gerade paßt, laufen sie hin. Die Alten vorneweg, die Jungen hinterher, ins überflutete Reisfeld zu einem Bad, zu einem Haus, wo ihnen ein paar Essensreste zugeworfen werden, oder in den Schatten irgendeines Baumes, um die Federn zu putzen. Sie gurgeln, quaken und planschen. Bis zum Schlachttag führen sie, wie die Schweine ein glückliches Leben. Vor dieser Reise war ich davon überzeugt, Schweine seien dumme Tiere. Jetzt aber werde ich eines Besseren belehrt. Einmal ärgerte ich ein Schwein und fuhr mit meinem Vorderreifen immer dicht hinter ihm. Ruckartig blieb es stehen und biß mich in den Schuh. Daraufhin trottete das sensible Tier beleidigt zur Seite. Enten und Schweine bilden auf dem chinesischen Speisezettel die Hauptnahrung und sind schon wegen des Fettes im Haushalt der Chinesen kaum zu entbehren. Ihre Haltung ist einfach, und sie wachsen schnell. Milchprodukte gibt es vorwiegend im Nordosten des Landes.
Als wir durch ein Dorf fahren, trübt ein knalliger Spruch auf einem Lagerhaus die Idylle. ›Long Live Chairman Mao – Lang lebe unser

Führer Mao‹. Wie vielerorts in Südchina, ruhen sich die Bauern und Feldarbeiter während der heißen Mittagszeit aus. Als wir an einer der offenen Teestuben vorbeifahren, ziehe ich meine Bremsen. Auf dem Hof knien vier Jungen mit nacktem Oberkörper. In der linken Hand halten sie ihr Teeglas, in der rechten die Zigarette. Ich bewundere sie, wie sie es stundenlang im Hühnersitz aushalten können. Ich habe es vorher einmal probiert, doch schon nach wenigen Minuten spannten mir die Muskeln ums Knie, und ich mußte meine Beine schütteln. Wir bevorzugen Stühle und gehen ins Innere. Auf der hinteren Bank schlafen zwei Soldaten und haben ihre Köpfe aneinandergelehnt wie ein Liebespaar. Ein alter, bärtiger Mann bastelt an seinem Korb, bis der unverkennbare Barbier mit seinen Werkzeugen in der Brusttasche hereinkommt und sich zu ihm setzt. Er wird wohl das erzählen, was sich in den letzten drei Stunden so ereignet hat und was einer Erwähnung wert ist. Der quirlige Mann rattert die einzelnen Wörter und Sätze nur so herunter und bewegt dabei seinen ganzen Körper. Wenn er spricht, klingt es, als sei ein Plattenspieler auf die falsche Geschwindigkeit eingestellt. Es wird schwadroniert und gestikuliert. Andere lauschen und mischen sich ein. Im Hintergrund zischt der Wasserkessel über dem Feuer vor sich hin, chinesische Teehausnostalgie. Die Gewohnheit dieses Volkes und dieser Männer ist es, sich in Gruppen zusammenzuhocken und unaufhörlich zu schwatzen, nicht nur mit der Zunge. Für Westler sieht das ganze auf den ersten Blick lustig aus, überhastet, manchmal gar tolpatschig, doch die Handbewegungen machen Sinn. So bedeutet zum Beispiel ein Kreuz mit beiden Zeigefingern die Zahl ›zehn‹ und nicht, wie wir anfangs dachten, ›nein, geschlossen‹ oder ›geht nicht‹. Der Ursprung dafür liegt in den chinesischen Schriftzeichen, die die Zahl zehn als zwei gekreuzte Striche darstellen. Wie die Zahlen beinhalten auch andere Schriftzeichen versteckte Bilder. Das Zeichen für Fluß besteht aus drei senkrechten, fast parallelen Strichen und kennzeichnet die Strömung. Bei den öffentlichen Toiletten jedoch stehe ich immer wieder ratlos vor dem Eingang und versuche, die Aufschriften zu enträtseln. Links oder rechts? Meistens erwische ich die falsche Seite und werde unter lauten Aufschreien und Seufzern hinausgejagt.

Nach einem Kartenspiel leeren wir unsere Gläser und setzen unsere Fahrt fort. Zuvor erkundigen wir uns noch nach den nächsten Gästehäusern und zeichnen sie auf der Karte ein. Als wir weiterfahren, haben wir nur noch zwei oder drei Stunden Tageslicht übrig. Wir treten fieberhaft zwei solide Stunden, bis ein knatterndes Motorgeräusch mich aus der Fassung bringt. Ich wende mich um und zucke zusammen. Ein Soldat mit umgehängter Knarre auf einem Motorrad folgt uns. Seine Augen sind von einer spiegelnden Sonnenbrille zugedeckt, anstatt eines Helms trägt er eine braune Feldmütze. Er hat eine große Packtasche im Seitenwagen, aus der eine schwingende Antenne heraussteht, anscheinend ein Funkgerät. Ich fahre mit gleicher Geschwindigkeit weiter und versuche, nach vorn zu blicken. Der Mann hinter uns sagt kein Wort. Eine unangenehme Ruhe umgibt uns. Nur sein Motor kracht im Zweitakt. »Hallo«, sagt Gebe abrupt und unterbricht so die Stille.

Der Mann antwortet nicht. Ich wundere mich überhaupt, warum Gebe auf einmal mit dem Mann sprechen will.

»Guiyang«, versucht es Gebe jetzt.

Guiyang ist die nächste große Stadt, die wir erreichen werden. Wieder bleibt der Mann ruhig und überschaut unsere Fahrräder mit der Ausrüstung auf dem Gepäckträger.

»Hey!«

Mein Herz klopft bis zum Hals. Der Mann hat uns zugerufen.

»Hey!« wiederholt er.

»Oh Gott«, flüstert Gebe, »es gibt Ärger.«

»Ja«, antworte ich mit angeschlagener Stimme.

Ich fühle mich wie krank, drücke den Lenker fester an mich und schaue nach vorn.

»Ihr fahrt 25 Kilometer pro Stunde.«

Es braucht eine Weile, bis mir die Wörter eingehen. Ich erwartete etwas wie »halt« oder »kommt mit mir.«

»Wohin fahrt ihr mit 25 Kilometer in der Stunde?« will er wissen.

Er meint es tatsächlich ernst. Anscheinend hat er noch nie so schnelle Radfahrer gesehen.

»Vielen Dank für die Information. Vielen Dank, wir sind unterwegs nach Guiyang«, rufe ich.

Für kurze Zeit fährt er noch neben uns her. Dann bremst er ab, dreht um und verschwindet mit Vollgas in die andere Richtung. Langsam verstehen wir dieses Land besser.

Die letzten 20 Kilometer verlaufen gut. Kurz vor Wengsha bildet sich sogar einmal ein »Stau« aus zehn Lastwagen, da ein Bus quer auf der Straße steht. Für Radfahrer wie uns ist das jedoch kein Hindernis, da wir die Räder einfach um das Hindernis herumtragen. Ein Mann am Straßenrand winkt uns mit einer Hand weiter und deutet, wo wir weiterfahren sollen. Wengshan ist ein aus zehn Häusern, einem Teehaus und einer Lagerhalle bestehendes Dorf. Das Gästehaus liegt jedoch nicht, wie uns erklärt wurde, im Dorf, sondern vier Kilometer außerhalb. Es ist das einzige Gästehaus in der Nähe. Als wir dort ankommen, empfängt uns der Koch, der neben dem Brunnen gerade Hennen köpft. Er dirigiert uns ins Hausinnere, und noch bevor ich jemanden sehe, höre ich eine Stimme.
Nach ein paar Schritten erkenne ich einen Mann, dessen Alter ich auf Anfang 50 schätze. Mit der Halbglatze und seiner runden Nickelbrille sieht er oberlehrerhaft aus. Der Alte richtet seine Augen auf mich, und es dauert eine Weile, bis er erkennt, daß wir Ausländer sind.
»Hallo, hallo«, ruft er, »brauchen Sie etwas?«
»Oh ja«, erwidert Gebe, »wir sind sehr müde, haben Sie ein Zimmer?«
»Ja«, sagt er und deutet auf die Stühle vor sich. Er hat uns wohl falsch verstanden. Zuerst nehmen wir Platz, dann bringt er uns zwei Tassen heißen Tee. Keiner von uns will jetzt wirklich Tee trinken, doch wir setzen uns und versuchen, freundlich zu bleiben. Wir füllen ein Formular aus und zeigen ihm unsere Pässe. Zuerst hält er sie kopfüber, doch als er das chinesische Visum sieht, erkennt er das Mißgeschick und dreht die Pässe um. Jetzt ruft er seine Frau und Kinder, die die Papiere neugierig durchblättern. Von vorn nach hinten und wieder von hinten nach vorn. Ein paar Nachbarn hören die hellen Schreie und eilen herbei. Nur ganz einfach so, weil sie ein paar Stimmen vernehmen, kommen sie, ohne anzuklopfen, herein. Als hätten sie Fotoalben vor sich, bestaunen auch sie unsere Ausweise. Die Augen des Alten rollen und haben durch die dicken Brillengläser eine Übergröße, so daß sie denen eines Ungeheuers gleichen. Er bringt ein paar Kerzen und deutet mit der Hand auf die Brille. Die schlechten Augen kommen also vom schwachen Kerzenlicht. Der Mann spricht wieder mal ein Kauderwelsch, bei dem man nur die Hälfte der englischen Wörter versteht. Beispiele gefällig: Wer »two

tai« anstatt von »today« versteht, braucht sich keine Sorgen zu machen, und wenn man ›bye, bye‹ anstatt von ›hey, hey‹ wahrnimmt, ist das auch nichts Besonderes. Wer aber ein ›bed‹ (Bett) verlangt und einen Stuhl bekommt, ist arm dran. Und fragt man einen Chinesen nach einer Dusche (englisch = shower) kommt »Schawat?« retour, und man weiß nicht, ob ›what‹ oder ›shit‹ gemeint ist. Am schlimmsten wird es, wenn man die chinesischen Wörter auszusprechen versucht. Nach ein paar Wochen haben wir so manche Dinge erfaßt. Westler, die den Unterschied zwischen der Zahl ›vier = si‹ und der Zahl ›zehn = shi‹ heraushören können, haben die Aufnahmeprüfung schon geschafft und sind in die Sprachgemeinschaft aufgenommen.
»Früher hatten wir hier nur Kerzenlicht, heute gibt es Elektrizität«, sagt der alte Chinese.
Er schenkt uns nochmals Tee nach, um sich die Pässe ein drittes Mal anzuschauen.
»Könnten Sie uns bitte das Zimmer zeigen«, frage ich in einer blumigen Ausdrucksweise.
»Einen Moment«, antwortet er und hebt sich die ausgefüllten Formulare unter die Brille. »Ah, deiguo, um«, schluchzt er.
»Wie lange soll das noch gehen?« sieht mich Gebe an. »Wo ist das Zimmer?« fragt er energisch.
»Ah – ja, ja.« Endlich bewegt er sich. Wir wollen unsere Fährräder mit auf das Zimmer nehmen, aber noch ehe ich mich umschaue, wird mir das Fahrrad von Kindern aus der Hand gerissen, die sich darum streiten, wer das Rad die Treppen hochtragen darf. Der Wirt öffnet die Türe eines hellerleuchteten, fensterlosen Raums. Das Mobilar besteht aus metallenen Betten, einem Metalltisch und einigen Metallstühlen. Wir legen uns in die Betten und ruhen aus. In den Ecken sowie an der Decke erkennen wir große feuchte Flecken. Das Zimmer riecht nach einem scharfen chemischen Mittel. Um Läuse, Flöhe und andere Arten von Ungeziefer fernzuhalten, tränkte der Besitzer seine Räume mit einem Desinfektionsmittel, das ebenso verheerend stinkt, wie es auf die Tiere wirkt.
Aber der Wirt und sein etwa 20jähriger Sohn sind immer noch im Zimmer. Sie sitzen regunglos auf dem harten Bett in der Ecke und sehen uns genau zu, dabei hat der Alte seine Gedanken immer noch beim Formular.

Start am 15. Juni in Hongkong.

Wohin geht's weiter? Straßengabelung nach Kanton. (Foto: G. Holzer)

Chinesisches »Sägewerk«.

Ein am Bambusfloß festgebundender Kormoran hilft dem Chinese, Fische zu fangen.

Landschaften wie aus dem Bilderbuch nahe der Stadt Guilin.

»Chinesischer Cowboy« reitet auf einem Wasserbüffel zum Feld.

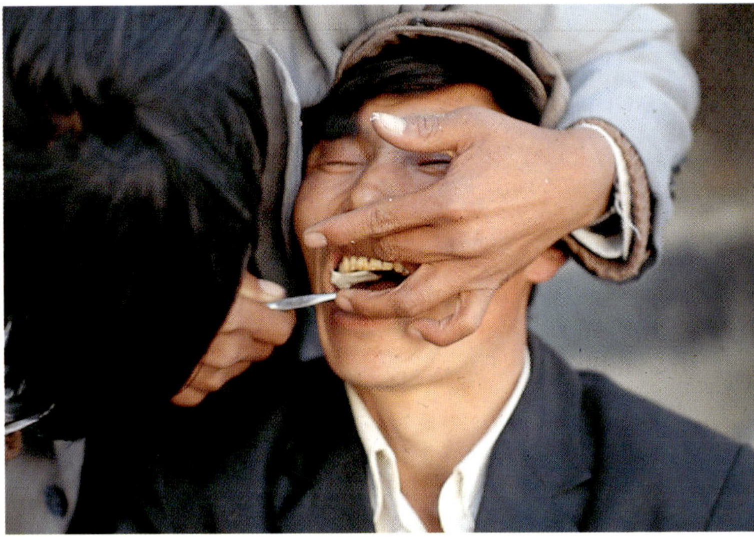

»Der nächste bitte!« Straßenzahnarzt in einem Vorort von Guizhou.

Grüne Reisfelder, von Maisstauden durchzogen, in der Nähe von Yaan.

Nach einem Regenschauer erfordern die Spurrillen der Lastwagen höchste Aufmerksamkeit, denn die Straße ist ein einziger Schlammpfad. (Foto: G. Holzer)

Der »Wilde Osten«: Khampa Nomaden reiten einem hohen Lama entgegen.

»Um, Deiguo, aah, Yessir, Yessir«, murmelt er vor sich hin.
Ich zeige ihm ein paar Postkarten aus Deutschland, die ich bei mir habe. Jedes Bild stellt eine Sensation dar. Selbst wenn nur ein einfaches Haus auf dem Bild zu sehen ist, stöhnt er und schüttelt fassungslos den Kopf.
»Deiguo big city«, lautet sein Kommentar.
Nach der Betrachtung unserer Bilder sitzen sie da und grinsen. Sie lehnen Erdnüsse, die ihnen Gebe anbietet, ab. Ihre Gesichter sind steif und regungslos, und ihre Augen beobachten meine Teetasse vom Tisch zum Mund, und als Gebe mit mir spricht, ahmen sie seine Mundbewegungen nach. Ein paar Erdnüsse verschwinden in meinem Mund, und sie richten ihr Gesicht wieder auf meines. Ich frage sie, ob sie gehen wollen, damit wir schlafen können, doch die beiden rühren sich nicht.
»Ich bin dafür, daß wir die beiden hinausschmeißen, sonst bleiben die noch die ganze Nacht«, schlägt Gebe vor.
Ich stimme zu. Gebe winkt die beiden hinaus, während ich die Türe öffne. Nur widerwillig verlassen sie das Zimmer. Ich helfe etwas nach und schiebe sie durch die Türöffnung. Als sie endlich draußen sind, protestiert der Alte laut und klopft gegen die Türe.
»Bäng, bäng, bäng – Open!«
»Was ist?«
»Oh Mister, please.«
»Nein!«
»Bäng, bäng.«
»Geh weg!«
»Hallo Sir, open, open!«
Wir hören auf zu antworten, doch die Aufforderungsrufe und das Klopfen nimmt kein Ende.
»Open, please, open!«
»Verdammt noch mal, jetzt reicht's mir aber!« Gebes Gesicht zeigt Angst, auch mir wird es jetzt zu viel. Mich schmerzen Magenkrämpfe und üble Aufstoßer.
»Che la fu amgoi!« brülle ich vom Bett heraus. »Laß uns in Ruhe und verschwinde!« Ich konnte im Moment einfach nicht anders. Für einen Moment kehrt Ruhe ein, dann höre ich die Stiegen im Treppengang knarren – sie verschwinden.

In dieser Nacht plagen mich Magenkrämpfe und Durchfall. Als ich zum dritten Mal auf die Toilette springe, weiß ich, daß ich krank bin. Ich schließe kein Auge, wälze mich von einer Seite zur anderen. Am Morgen bin ich groggy. Wacklig gehe ich hinunter, packe mein Zeug und klettere aufs Fahrrad. Ich habe ein Gefühl, als läge ein Messer in meinem Bauch.

»Kannst du radeln?« fragt mich Gebe.

»Ich glaub schon.« Mein Gesicht ist käseweiß. Im niedrigen Gang versuche ich zu fahren. Bei jedem Tritt zuckt es in meinem Bauch. Nach ungefähr zwei Kilometern werfe ich mein Fahrrad hin und verschwinde hinter einem Busch, der zweimal so groß ist wie ich.

»Geht es nicht mehr bis zum nächsten Dorf?« fragt Gebe.

»Nein, auf keinen Fall«, rufe ich, »ich kann mich einfach nicht mehr zurückhalten.« Ich versuche weiterzuradeln und bekomme Schweißausbrüche. Ich schaffe es gerade bis zum nächsten Dorf und springe dort wieder auf die Toilette.

Doch als ich dort eintrete, zucke ich vor Bestürzug zusammen. Mich würgt es fast vor Übelkeit. Bis jetzt habe ich schon mit mancherlei Toiletten Erfahrung gesammelt, doch diese hier ist anders, diese hier ist lebendig: Tausende von Würmern, Käfern und Schnecken wälzen sich in menschlichem Kot. In dem Häuschen stinkt es bestialisch. Nach dem Motto rein – abfeuern – und raus setze ich mich nieder und schließe die Augen. Schon seit ein paar Tagen hab ich kein Toilettenpapier mehr und verwende daher herumliegende Zeitungen. Heute muß ich sogar freie Seiten meines Tagebuches opfern, da nichts anderes zu finden ist. Ich raffe mich zusammen und versuche weiterzufahren. Zum erstenmal öffne ich jetzt einen unserer Mineraldrinks aus Hongkong. Ich mixe das Pulver mit heißem Wasser. Dabei merke ich, daß meine Hand zittert.

»Wovon kann das nur kommen?« fragt Gebe.

»Ich weiß nicht, weiß nicht mal, was los ist mit mir.«

Gebe überlegt. »Wir haben in den letzten Tagen gut aufgepaßt, selbst Früchte nie ungeschält gegessen. Aber weißt du, vielleicht war es das Brunnenwasser, das wir zum Ausspülen nach dem Zähneputzen verwendet haben.«

Kann sein. Jedenfalls nehme ich heute nur Flüssigkeit zu mir; Mineraldrinks und heißen Tee. Das hilft ein wenig. Gegen Nachmittag fühle ich mich etwas besser. Das Fahrradfahren nimmt wieder normale Formen an. Der Straßenbelag ist noch relativ gut. Eigenartigerweise reiht sich hier ein Dorf an das andere, Haus steht an Haus. Am Straßenrand herrscht dichtes Treiben, Kinder rennen barfüßig umher, vor den Hütten hocken die Handwerker und verrichten ihre Arbeit, Schweine und Gänse kreuzen die Straße. Es ist ein paradiesisches Chaos. Andere Radfahrer begleiten uns ein Stück. Sie lachen, wollen mit uns Rennen fahren und klingeln pausenlos mit ihren Fahrradglokken, wenn sie neben uns herfahren. Wenn wir anhalten, um etwas zu trinken oder auf die Toilette zu gehen, bleiben auch sie stehen und warten geduldig. Ein paar testen ihr Englisch oder wollen Freundschaft schließen.

»Hallo Bruder, dein Fahrrad ist wunderschön, und es ist ein herrlicher Tag heute«, ruft ein Chinese, der auf dem Lenker seine Tochter transportiert. Ihre Augen sind weit aufgerissen, ihr Gesichtszug wie festgefahren. Und immer wieder rufen die Leute »Mister, Amerika, Amerika – Yessir«. Für sie kommt jeder Ausländer aus Amerika.

»Wie geht's?« frage ich Gebe beim Vorbeiradeln.

»Ich stopfe mir bald Watte in die Ohren«, knurrt er, »die Klingeln und das Geschreie gehen mir auf den Wecker.«

Nach einem steilen Hügel verschwindet die Sonne hinter den Wolken, und leichter Nieselregen setzt ein. Die kühlen Tropfen tun gut auf der Haut in dieser Nachmittagshitze. Bei Einbruch der Dunkelheit suchen wir ein Gästehaus. Ein Junge auf seinem Fahrrad hilft uns. Stolz fährt er vorneweg und blickt alle paar Meter nach hinten, um zu sehen, ob wir noch bei ihm sind. Im gedämpften Abendlicht erkenne ich die kurzhaarigen, schwarzen Köpfe von unzähligen Menschen. Dampf steigt aus den Holzbuden, Radiomusik plärrt aus den öffentlichen Lautsprechern über die Straße. Auf einer hochgestützten Steinplatte spielt eine Schar von Kindern Tischtennis, ein Stück weiter sortieren Erwachsene auf einer Matte Erbsen oder Bohnen, vor einer Schneiderwerkstatt hängen zusammengenähte Stoffteile, die aussehen wie Unterhosen. Die Reste vom Gemüsemarkt, wie z. B. die grünen Blätter der Blumenkohle, liegen über die Straße verstreut und faulen vor sich hin. Das letzte Tageslicht erlischt durch Rauch, Regen und einzelne Nebelfetzen. Der große chinesische Basar spielt sich vor unseren Augen ab.

Und dann sind wir im Gästehaus, wo die Wirtin einen hohen Preis verlangt. Wir versuchen zu handeln, da eine Unterbringung in diesem alten Holzschuppen nicht mehr als sechs Yuan pro Nacht kosten darf. Wir gehen zurück auf die Straße und fragen wieder, aber jeder verweist uns auf das gleiche Gästehaus. Private Übernachtungsstätten gibt es noch nicht. Da lacht die Chinafrau plötzlich grinsend. Ich bin stinksauer, da sie für einen einfachen Raum mit zwei Holzbetten sechs Yuan pro Person haben will. Gebe beginnt zu essen, ich trinke, und sogar hier versucht die Frau unmögliche Preise herauszuschinden. Mit flinken Handbewegungen schiebt sie die Kügelchen ihrer Rechenmaschine hin und her und addiert die Zahlen. Chinesen umzingeln uns und starren uns an. Diejenigen, die uns nicht sehen können, stehen auf Stühle, gehen die Treppen hinauf oder setzen sich auf die Schulter anderer. Und jeder diskutiert und brüllt herum. Eine Hand berührt mich von hinten, chinesische Schriftzeichen, zungenbrechende Sprachlaute und Menschenmassen, so weit Auge und Ohren reichen.
»Nicht mal beim Kranksein hat man seine Ruhe«, knurre ich, »ihr würdet uns noch beim Sterben zuschauen.«
Gebe kauft später eine Flasche Schnaps, die wir uns teilen. Der schmeckt zwar wie Petroleum, aber wenigstens hilft er ein bißchen gegen unseren Frust. Nach unserer Rückkehr ins Zimmer schreibe ich Tagebuch. Gebe schnitzt an einer Holzfigur und streckt sich in seinem Bett aus.
»Mann, tut das gut, allein zu sein«, seufzt er. »Menschen, Menschen, Menschen. Das ist alles, was du hier siehst. Am Ende jeden Tages fühle ich mich krank. Und dann diese Fahrradklingeln. Ich weiß, die wollen ja nur ›hallo‹ sagen, aber müssen die das den ganzen Tag tun? Am Morgen, wenn ich ausgeruht bin und gefrühstückt habe, macht mir das nichts aus, aber jetzt am Abend benötige ich etwas Privatleben. Schau dir das an,« sagt Gebe und zeigt auf das Zimmer, »das ist's, was ich jetzt brauche. Nichts weiter als vier kahle Wände um mich herum, die mich ansehen, keine Gesichter, keine schwarzen Haare, keine leuchtenden Augen, keine blinkenden weißen Zähne.«
Gebe zündet den Esbitkocher an und setzt Wasser auf. Es ist schön, allein zu sein, denke ich mir, bevor es dann plötzlich wieder gegen die Türe klopft.

»Nein«, schreit Gebe vom Bett, ohne sich zu bewegen.
»Sir, hallo«, sagt eine Stimme, »Passport please!«
»Ja«, antwortet Gebe, gereizt dadurch, daß sein Friede und seine Zurückgezogenheit gestört werden.
Wir gehen zur Tür und hören dahinter mehrere Leute miteinander reden. Ihre Stimmen überschlagen sich.
»Blablabla! Was die alles zu quasseln haben!« sagt Gebe.
Ich öffne die Tür, lasse jedoch niemanden herein. Durch einen schmalen Türspalt zeige ich jemandem unsere Pässe und schließe dann gegen ihren Protest die Türe wieder ab. Gebe bringt sicherheitshalber das Kettenschloß unserer Räder herbei und verschließt damit die Tür. Jetzt gehen die Störenfriede zum Fenster. Ich sehe, wie uns fünf leuchtende Augenpaare anschauen und um die beste Position kämpfen. Vier von ihnen lachen, sprechen miteinander und zeigen mit dem Finger auf uns. Der andere steht ruhig da und starrt mich an. Durch die Scheibe dazwischen hören sich die Stimmen stumpf an. Ein anderer preßt sein Auge ans Schlüsselloch, um zu sehen, was in unserem Raum vor sich geht. Zuerst tue ich so, als ob ich alle übersehen würde, aber dann verziehe ich mein Gesicht zu ein paar komischen Grimassen. Ich rümpfe die Nase und öffne meine Augen dabei ganz weit. Ein Augenlid klappe ich dann für einen kurzen Moment zu. Großes Gelächter. Das Porzellangesicht des fünften rührt sich jedoch nicht. Nun passiert etwas Unvergeßliches. Gebe beginnt, sich umzuziehen, so, wie er das jeden Abend vor dem Schlafengehen macht. Noch bevor er beim Unterhemd oder bei der Unterhose ist, flitzen die Chinesen wie von Wölfen verfolgte Hasen weg und suchen das Weite.
Wir lachen uns tot.
»Das ist ja super«, sage ich, »jetzt wissen wir, was wir jeden Abend zu tun haben.«
Inzwischen siedet das Wasser, und wir können unseren Tee genießen. Meinem Magen geht es schon viel besser. Die Schmerzen sind weg, nur Gurgeln und Blähungen erinnern mich noch daran. Von unten dringen vereinzelt Wortfetzen herauf. Vor dem Schlafen zünde ich noch eine Spirale an, deren Rauch Moskitos abhält.
Daß der letzte Tag nicht nur ein schlechter Traum war, erfahren wir am nächsten Morgen in aller Frühe. Ich bin noch im Halbschlaf, als

ich mich während eines scheppernden Trompetensignals und eines lauten menschlichen Rufes zum Fenster schleppe. Im trüben Morgenlicht erkenne ich nebenan eine Kaserne, wo Hunderte von Soldaten zur Morgengymnastik antreten. Ein Offizier wölbt die Brust und brüllt irgendetwas, worauf sich die Soldaten in einer Reihe aufstellen. Die noch sehr jungen Soldaten gehorchen lustlos. Kein Wunder, es ist fünf Uhr morgens. Im Gleichschritt marschieren die Männer über den Hof. Immer noch brüllt der Offizier vereinzelt Wörter, die wahrscheinlich ›links-rechts, links-rechts‹ bedeuten. Die Soldaten tragen Thermoskannen, metallene Reisschalen und Eßstäbchen unterm Arm. Sie sind aber nicht auf dem Weg zum Frühstück. Auf den Befehl des Offiziers öffnet sich das Kasernentor, und er marschiert mit seiner Gruppe durch das Dorf.
Ich stopfe mir Watte in die Ohren und versuche weiterzuschlafen. Das funktioniert. Doch gegen acht weckt mich mein leerer Magen. Ich habe Hunger. Nach einem lauwarmen Glas Tee gehen wir hinunter zum Frühstücken. Wir essen Reissuppe und tunken darin Maiskornbrot ein, das im Dampftopf gekocht wurde. Danach dusche ich mich, denn mein Körper ist schmutzig, stinkt nach Schweiß und der Geschmack von faulen Eiern steigt nach oben in den Mundraum. Aus einem geköpften Ölfaß, in dem Regenwasser aufgefangen ist, schöpfe ich mir mit einer Kelle Wasser über und schrubbe meinen Körper ab. Die Abfahrt vom Dorf gleicht der Ankunft. Zu dem Zeitpunkt, als wir das Haus verlassen, hat sich, wie am Vorabend eine Menschenmasse angesammelt, durch die wir unseren Weg bahnen müssen. Jeder sieht uns an, als wären wir zwei außerirdische Wesen. Dicht an dicht stehen die Häuser, grau angestrichen, häufig blättert die Farbe ab. Man sieht vor lauter Menschen die Umgebung nicht. Wir fahren an und verlassen das Dorf. Nach ein paar Kilometern bummeliger Fahrt nehmen die Menschenmassen ab. Die ersten Sonnenstrahlen huschen über den Weg. In den Feldern arbeiten die Bauern. Wahrscheinlich haben sie ihr ganzes Leben noch nichts anderes gemacht. Auf der Straße laufen Schweine und Enten umher, Kinder rollen Bällchen darauf entlang; aber die Straße wird auch von braunen Lastwagen befahren.
Einmal entdecken wir eine kleine Böschung mit großen Laubbäumen, hinter denen wir uns verstecken, um eine Rast einzulegen. Für

kurze Zeit ist es ruhig um mich. Außer einem Schwein hat uns niemand verschwinden sehen. Ich lehne mich gegen einen Baum. In Gedanken gehe ich nach Tibet und stelle mir vor, wie es dort werden wird. Ich versuche, mir eine einsame Straße vorzustellen, um mich herum nur Berge und Himmel – es geht nicht. Ich schließe die Augen, aber immer noch sehe ich vor mir nichts als nur Menschen.

Als wir auf der überfüllten Straße weiterradeln, sprechen Gebe und ich über das menschenleere Australien und über einige Flecken in Deutschland – gefolgt von Fahrradklinglern, rasenden Kindern und starrenden Dorfleuten. Gebes Geschichten sind unterhaltsam und machen die langen Tagesetappen weniger ermüdend, während wir Richtung Guiyang, der Hauptstadt der Provinz Guizhou, fahren, vorbei an Häusern, erbärmlichen Hütten und rauchenden Fabrikhallen, aus denen schwarzer Rauch dringt. Aber da ist nicht nur der Rauch schwarz. Auch die Wolken nehmen die Farbe von Gußeisen an. Sie sind blau-schwarz und riesig. Guizhou ist eine der ärmsten Provinzen in China. Fast jeder Chinese kennt das Sprichwort über Guizhou:

Hier klart der Himmel keine drei Tage auf,
Hier hat das Land für keine drei Li ein flaches Stück,
Hier hat kein Einwohner mehr als drei teals Silber.

Die Beschreibung ist nicht sehr schön, aber zutreffend. Die Verbindungen zwischen den Städten und die Entwicklung in Guizhou selbst waren und sind hinter denen anderer Provinzen zurückgeblieben. Erste Straßen wurden zu Beginn des 19. Jahrhunderts gebaut, die Eisenbahnlinie wurde während des zweiten Weltkrieges eingerichtet. Die kurvt jedoch wild durch die Landschaft, um der endlos erscheinenden Hügellandschaft auszuweichen. Auch steuert die Eisenbahn nur die Provinzhauptstadt Guijang an. Hier gibt es keine Cola mehr, nirgendwo sehen wir einen Fernseher oder Radios. Wenn es einer weit bringt und viel spart, kann er sich ein Fahrrad leisten. 60 Prozent der Bevölkerung leben unter der nationalen Armutsgrenze, die bei 40 Yuan im Monat liegt (Stand 1987). Es gibt hier aber auch kaum eine Möglichkeit, Geld auszugeben, und die Felder liefern, was jeder braucht, um den Magen zu füllen. Bis 1980 war Guizhou eine autonome Region, wurde aber von der Zentralregierung in Peking aus Angst vor zu großer Rückständigkeit aus diesem Status in den

einer Normalprovinz überführt. Die Entwicklung hat zwei Gründe. Zum ersten ist Guiyang weitgehend ein Land mit vielen Gebirgskämmen, großen Schluchten und steilen Hängen, zum zweiten gehören 25 Prozent der 30 Millionen Einwohner von Guizhou Minoritäten an, sind also keine Han-Chinesen. Hier leben die Miao, Bouyei, Dong- und Shui-Stämme, deren Wurzeln, weit über die Grenzen westwärts nach Laos, Vietnam und Nordthailand reichen. Diese Menschen von den Han-Chinesen zu unterscheiden, ist nicht leicht. Neben den mondgesichtigen Köpfen und der hellen Hautfarbe gibt es ein weiteres Merkmal, an denen man die Han-Chinesen erkennt: sie sind immer geschäftig. Die sprichwörtliche chinesische Emsigkeit und die schon mechanische Kauflust kommt von den Han. Die Minoritäten sind weniger am technischen Fortschritt und an einem modernen Lebensstil interessiert. Sie feiern noch örtlich Feste in farbenprächtigen Kostümen. Das ändert jedoch nichts an der Tatsache, daß sie im täglichen Leben die blauen oder grünen Arbeitsanzüge, in China Sun-jat-sen genannt, tragen. Guizhou ist aufgrund des unwegsamen Geländes auch die Provinz, wo die Kommunisten auf ihrem »Langen Marsch« in der Stadt Tsunyi nördlich von Guiyang ihr jährliches geheimes Treffen hatten und in der Mitte der dreißiger Jahre ein Mann namens Mao Tse Tung die Führung übernahm. Sein Kampf richtete sich während der Kriegszeit gegen die in der Mandschurei einmarschierenden Japaner und nach deren Kapitulation im Jahre 1945 gegen die Nationalisten unter Tschinag-Kai-schek an der Spitze. Auf ihrem »Langen Marsch« durch China gewannen die Kommunisten immer mehr Anhänger, und nach der Einnahme der großen Städte im Süden des Landes rief Mao Tse Tung am 1. Oktober 1949 die Volksrepublik China aus. Tschiang Kai-schek floh mit seinen Anhängern und den Goldschätzen des Landes nach Taiwan. Mao Tse Tung behielt bis zu seinem Tod im Jahre 1976 das Amt des Staats- und Parteichefs.
Ein weiteres Mao-Relikt in Guizhou sind die weitverbreiteten Lautsprecher, die an Telegrafenmasten oder Hauswänden befestigt sind. Aus ihnen plärrt von morgens bis abends chinesische Musik. Zwischendurch verkündet eine kreischende Frauenstimme zweimal am Tag Propagandanachrichten. »Der Osten ist rot«, oder Verse aus Maos Roter Bibel werden vorgelesen: »Staub wird unsere Zimmer

bedecken, wenn wir es nicht regelmäßig reinigen. Auch in unserem Verstand und in dem unserer Kameraden wird sich Staub ansammeln, wenn wir ihn nicht ständig reinigen.....«

Zum Glück verstehe ich nicht viel davon. In Kanton sahen wir keine Lautsprecher, warum sind sie hier? Nur den Minoritäten, die weniger anpassungsfähig sind als die Han-Chinesen, wird dieser Unsinn eingehämmert.

Ich hätte nie gedacht, daß Absteigen vom Fahrrad so schwer sein kann. Hier umzingeln uns Hunderte von Menschen, sobald wir irgendwo stehenbleiben. Meilenlang, stundenlang, tagelang sehen wir nichts als Menschen. Die Strecken in den Ortschaften sind am schlimmsten. Zu beiden Seiten stehen sie dort, und ich muß gleichzeitig nach links und nach rechts ›hallo‹ sagen und ihnen zuwinken. Vor lauter Menschen ist alles schwarz. Je weiter wir uns von der Küste entfernen, desto aufdringlicher werden sie. In der Mao-Zeit war Geburtenkontrolle verpönt, der Begriff durfte nicht mal ausgesprochen werden. Und dann erreichen wir am 12. Juli die Stadt Guiyang, die, der Farbe nach, einem Begräbnisort gleicht. Die Luft ist noch grauer und bleicher. Staub wirbelt von den Straßen auf und legt sich auf Häusern und Fahrzeugen. Fassaden altersschwacher Gebäude gammeln vor sich hin. Das Straßenbild macht den Eindruck einer monotonen Uniformität. Neben der Straße wächst Unkraut, das welk und eingetrocknet ist. Selbst die sonst blau oder rot gestreiften Busse sind grau und vom Schmutz bedeckt. Kein Wunder, denn überall kurven mit Kohle beladene Lastwagen durch die Straßen und hinterlassen eine feine Staubschicht. Die Kohle wird in Dieselmotorfabriken und in den Hochöfen der städtischen Stahlwerke verfeuert. Kahle, graue Bäume säumen die düsteren Straßen, beißender Rauch liegt in der Luft. Guiyang heißt übersetzt »kostbare Sonne«. Aufgrund des milchigen Vorhangs und des ohnehin schlechten Wetters kann man die wirklichen Sonnentage im Jahr wohl an einer Hand abzählen. Guiyang, das ist wie ein Verbannungsort. Eine solche Häuser- und Straßenöde sah ich noch nie. Wir halten an einem Markt. Die wenigen Verkäufer bieten wurmige Äpfel und verkommene Kohlköpfe an. Dann wird der Südwind noch stärker und bringt den Dreck und die Menschen in Bewegung. Das Rasseln der feinen Staubpartikel hört sich an, als wenn mich tausend Klapperschlangen

verfolgen würden. Was für eine unheimliche Stadt! Ich habe das Gefühl, auf einem anderen Planeten zu sein. Ohne weiteres Anhalten rollen wir aus Guiyang. Unsere gewählte Route führt zuerst nach Qingzhen, Richtung Westen, und später nach Norden in die Provinz Sichuan. An zwei Kreuzungen erkundigen wir uns nach dem Weg, dann geht es zehn Kilometer leicht bergauf. Erst am späten Nachmittag erreichen wir die Höhe der umgebenden Mittelgebirgslandschaft, die hier bei 1500 Metern liegt. Das Gelände wird unwegsamer, der Boden weniger fruchtbar. Das schlechte Wetter verhindert jedoch nicht, daß hier Tabakpflanzen auf großen Plantagen wachsen. Grüngelbe Blätter hängen von den meterhohen Pflanzen. Einige Bauern beginnen jetzt schon mit der Ernte und trocknen sie in speziellen Silos mit Gebläse. Dabei fällt mir auf, daß zuerst die Blätter am unteren Pflanzenende gepflückt werden, später die oberen. Ein Bauer verrät uns, daß die oberen Blätter viel mehr Nikotin haben als die unteren und nicht immer verwendet werden. Gebe glaubt das aber nicht recht. Er meint, daß für die chinesischen Zigaretten vor allem die oberen Blätter in Frage kommen.
Aus einer Werkstatt höre ich das Geräusch eines Motors, und dann sehe ich, wie eine große Kreissäge mit zwei Metern Durchmesser ohne Schutzblatt ihre Runden dreht. Das Sägeblatt ist mit einer Achse auf alten Kugellagern von Lastwagenrädern drehbar befestigt, die über einen drei Meter langen, abgenutzten Keilriemen angetrieben werden. Daneben liegen die Werkzeuge der Arbeiter. Sicherheitsvorkehrungen gibt es in China nicht. Eingeklemmt zwischen windigen, braungetünchten Holzhütten rasen zwei kleine Buben mit Bällen die Straße auf und ab. Ständig besteht die Gefahr, daß eine Fensterscheibe zu Bruch geht. Glas ist in China teuer. Unten am Bach winden die Frauen ihre Wäsche aus. In einem vollgepfropften Teehaus sitzen die Chinesen beim Kartenspiel und spucken über die offene Wandseite ins Freie hinaus. Nur 100 Meter weiter zieht ein blitzender Pflug, der von einem vierbeinigen Bulldozer gezogen wird, durch ein Kartoffelfeld. Die Äcker wirken aufgeräumt; das fällt mir immer wieder auf. Trotz der Bevölkerungsdichte verstehen es die Chinesen, Ordnung und Gleichförmigkeit in ihrer Landschaft zu sichern. Dörfer bleiben Dörfer, und Äcker bleiben Äcker. Entlang der Straße sehen wir nie Müll oder Abfall. Nur manchmal, wenn

Reste vom Gemüsemarkt weggeschmissen werden, stinkt es, aber diese Abfälle sind ohnehin nach wenigen Tagen schon im natürlichen Prozeß zersetzt.
Nach 35 Kilometern halten wir in einem Dorf an und erkundigen uns nach dem weiteren Weg.
»Neun Kilometer«, schreibt uns ein schüchterner junger Mann auf ein Papier und zeigt in die Richtung, aus der wir kamen.
»Neun Kilometer zurück?« stöhne ich, »ich bin total fertig.«
»Uns bleibt wohl nichts anderes übrig«, erwidert Gebe. Mit hängenden, müden Köpfen radeln wir zurück und erreichen bei Sonnenuntergang das Dorf. Wieder erkundigen wir uns nach dem Gästehaus.
»Zhaodaisuo?« fragen wir die Leute am Straßenrand.
»Meijo, Meijo«, bekommen wir als Antwort. Ein Wort, das ich langsam mit furchteinflößender Klarheit verstehe.
»Entweder wir sprechen das Wort zhaodaisuo immer noch falsch aus, oder es gibt hier wirklich kein Gästehaus. Jedenfalls fahre ich keinen Meter mehr«, stöhnt Gebe. Wir schieben unsere Räder durch das Dorf. Dabei muß ich mir ständig lästige Fliegen und Moskitos vom Leib halten. Im Freien zu schlafen, wäre also unmöglich. Während wir langsam der Hauptstraße entlanglaufen, heften sich immer mehr Menschen an unsere Fersen und laufen hinter uns her. Aus allen Richtungen kommen sie auf uns zu. Zuerst fünf, dann zehn, zwanzig, – dann mehr als fünfzig. Jeder trottet hinter uns her und sieht uns mit weiten Augen an. Hier war noch kein Ausländer. Die Schlange wird immer länger und breiter. Ein paar sitzen auf dem Fahrrad, ein Bub treibt seine Enten vor sich her.
»Gebes ›Langer Marsch‹ kann beginnen«, scherze ich.
Gebe knurrt. »Was ich jetzt brauche, ist so etwas wie eine chinesische Mauer Sheraton.«
»Sieh dich mal um«, empfehle ich ihm. »Morgen steht als Schlagzeile in der örtlichen Zeitung: ›Zwei Deutsche bewegen ein ganzes Dorf‹. Hah, das gefällt mir, da wird noch Monate darüber gesprochen werden.«
Am Ende des Dorfes wissen wir, daß es hier kein Gästehaus gibt. Noch einmal fragen wir die Leute und machen eine Schlafbewegung. Dabei legt Gebe seinen Kopf auf die gefalteten Hände, dreht seinen Kopf schräg zur Seite, schließt die Augen und fügt ein paar schnar-

chende Laute hinzu. Das macht er so anschaulich, daß es ein paar Chinesen klar wird, was wir wollen, ein Bett, ein Zimmer. Mehr brauchen wir nicht. Drei Männer in Arbeitsanzügen wissen Rat und winken uns. In kurzen Schritten laufen sie auf ein Fabrikgelände zu. Es riecht nach Elektrizität und heißgelaufenem Stahl.
»Nein, nein«, sagt Gebe, »arbeiten wollen wir nicht, wir haben Geld«, und zeigt ihnen ein paar Yuanscheine.
Das interessiert sie nicht. Sie nicken kurz und setzen mit unbewegten Gesichtern ihren Gang fort. Zuerst werden wir in die Kantine geführt. Dort speisen an großen Tischen die Arbeiter. Uns werden zwei Stühle zugeschoben und Reisschalen mit Stäbchen in die Hände gedrückt. Essen! Eine Frau schiebt sich von hinten heran und lädt mir eine Portion gekochten Reis auf. Jetzt fehlen nur noch die Zutaten. Plötzlich sehe ich etwas, was es wahrscheinlich nur in China gibt. In der Mitte des runden Tisches befindet sich eine drei Meter große Scheibe, die auf einer dicken Metallachse drehbar gelagert ist, darauf stehen die Schüsseln mit den Zutaten. Fleisch mit grünem Pfeffer (dschin-tschau-ro-su), Suppe mit Fleischtaschen (wang-tang), Tschauza, gebratene Nudeln (tschau-mei) und noch vieles mehr, dessen Namen und Aussehen ich nicht identifizieren kann. Am Tischrand nimmt sich jeder etwas aus der Schüssel, die vor ihm steht, dann wird die Scheibe weitergedreht. Dazwischen befinden sich Thermoskannen und Tassen mit grünen Teeblättern. Das hat den Vorteil, daß während des Essens niemand aufzustehen braucht. Der Gastgeber dreht eifrig an der Scheibe, die in Handreichweite liegt, und läßt die Schüsseln immer wieder zu Gebe und mir kommen. Wir stopfen uns voll. Während die Chinesen hastig essen, wird fortwährend geschnattert. Nachdem ich zum dritten Mal gebratene Nudeln genossen habe, bin ich satt. Wir sind die einzigen, die noch essen, aber die Scheibe dreht sich immer noch wie ein Karussell.
»Zibi, Anti – zzzu, zzzu!« sagt der Mann neben mir. Gebe, Andi – eßt, bitte eßt!«
»Das ist nicht fair«, bemerkt Gebe, »nur wir sollen noch weiteressen.«
Auch ich bringe nichts mehr hinunter und klatsche stöhnend auf meinen gespannten Bauch. Die Chinesen von etwas zu überzeugen ist nicht leicht. Man muß übertreiben, sein Gesicht verzerren und das

Überall, wo wir stehenbleiben, um uns nach dem Weiterweg zu erkunden, laufen Menschenmassen zusammen.

Ganze wiederholen. Ein einmaliges ›Ich bin satt‹ reicht nicht aus. Der Mann neben mir reckt seine Hände. Noch mit Zigarettenrauch in der Kehle, gähnt er wie eine Katze. Erst jetzt lehnt er sich, Beine überkreuzt, zurück in seinen Stuhl. Die Fabrik hat betriebseigene Wohnungen und Räume für die Arbeiter und ihre Familien. Nach einer Zigarettenpause bekommen Gebe und ich ein sauberes Zweibettzimmer. Wir müssen kein Formular ausfüllen, keine Pässe herzeigen, und niemand kommt an diesem Abend in unser Zimmer – was für ein Erlebnis!
Am nächsten Morgen weckt uns die Werkssirene um sieben – es ist Dienstag. Wir werden vom Zimmer abgeholt und in die Kantine geführt. Als wenn die Leute das Wort auswendig gelernt hätten, wünscht uns jeder liebenswürdig und freundlich auf Englisch einen ›guten Morgen‹. Die gleiche Prozedur wie am Vortag wiederholt sich. Zusammen mit den Chinesen sitzen wir am Drehtisch, um zu essen. Jeder redet mit jedem, und schon morgens werden Witze gerissen.

Am Nebentisch wird gelacht, dort tragen zwei ein Dominospiel aus, hier kümmern sich die Chinesen ums leibliche Wohl. Es wird gegessen, gepafft, gekichert. Die ganze Fabrik ist wie eine große Familie. Später packen wir und schieben unsere Räder ins Freie. Die Fabrikarbeiter unterbrechen ihre Arbeit und kommen heraus. Für 15 Minuten stehen die Maschinen der Fabrik still, um zwei jungen, schmutzigen Fahrradfahrern »auf Wiedersehn« zu sagen. Ich bin platt. Die Familienväter rufen ihre Kinder, die uns mit großen lustigen Augen ansehen, einen nackten Fuß auf den anderen stellen und uns berühren. Die Leute geben uns ihre Adresse und sagen, daß wir ihnen unbedingt schreiben müssen.

»Goodbye! Goodbye!« rufen sie uns winkend hinterher. Dann gehen sie zurück an ihre Maschinen. Die Geschichte kann man glauben oder nicht – sie ist wahr.

Heute wird die Landschaft hügelig. Sobald die Straße bergauf führt und wir in die kleinen Gänge schalten, geht es kurz darauf schon wieder bergab und umgekehrt. Mir wäre eine konstante Steigung oder ein konstantes Gefälle lieber, aber wir können es uns nicht aussuchen. Wir haben jetzt unsere Kondition so weit gesteigert, daß wir eine – 100 Kilometer – Tagesetappe ohne Probleme schaffen. Das gibt uns Luft, um miteinander zu sprechen und die Umgebung anzuschauen. Wenn ich allein fahre, denke ich nach und singe vor mich hin, mal laut, mal leise, was mir gerade einfällt. Das hilft mir, den ganzen Tag auf dem Sattel zu sitzen, und verkürzt die Zeit. Allmählich haben wir auch herausgefunden, wie unser Gepäck am besten auf unseren Bikes aufgeteilt wird. Ich verstaue einiges auf dem Gepäckträger am Vorderrad und in die Seitentaschen. Das erleichtert die Fahrt erheblich.

Einmal führt die Straße über eine kurvenreiche Trasse hinunter zum Sancha-He-Fluß, in ein enges Tal mit steilen Felswänden und Flanken. Ganz unten befindet sich eine gewaltige Baustelle. Es herrscht Lärm wie in der Schmiede eines Stahlwerks. Kräne quietschen, Eisen dröhnt, Schweißbrenner zischen. 8000 Arbeiter sind mit dem Bau einer 171 Meter hohen Staumauer beschäftigt. In ein paar Wochen soll der Komplex fertig sein. Daneben entstand ein ganz neues Arbeiterdorf mit modernen Wohnblöcken, in denen die Bauarbeiter-Familien leben. Durch die Investition der Regierung wird den Leuten in diesem abgelegenen Gebiet sicherlich geholfen. Lastwagen donnern an uns vorbei. Es sind neue Isuzu Lastwagen aus Japan, weiß glänzend, und auf ihren Seitenwänden steht in schwarzen Druckbuchstaben: Guyjang Transport Company. Wir finden sofort eine Unterkunft. Die Frau im Büro spricht erstaunlich gut englisch und bringt uns gleich in das gewünschte Zimmer. Kaum habe ich mich niedergesetzt und mein Gesicht gewaschen, als sie mit ihrem Boß wiederkommt.

»Aus welchem Land sind sie?« möchte er wissen.

»Westdeutschland«, antworte ich.

»Ah, wie schön«, sagt er, »wir hatten hier vor vier Wochen erst deutsche Ingenieure, die unsere Baustelle besichtigten und uns technischen Rat gaben.«

»Soo? Schade, daß wir nicht früher gekommen sind, da wären bestimmt ein paar Biere fällig gewesen«, meint Gebe.

Das nimmt er sofort wörtlich. Er bringt uns in den Speiseraum und serviert uns zum Festessen Bier. Wie lange hatten wir schon kein kühles Bier mehr getrunken. Es schmeckt hervorragend, und es bleibt an diesem Abend nicht bei einer Flasche. Anschließend stellt er uns sogar ein größeres Zimmer mit westlicher Toilette zur Verfügung.

Am nächsten Morgen um zehn sind wir wieder dort, wo wir uns seit den letzten vier Wochen befinden, auf der offenen Straße: starrende Gesichter, Fahrradglockengebimmel, plärrende Lautsprecher empfangen uns. Nach einer langen Steigung, die uns aus dem Flußtal herausführt, erreichen wir ein Dorf, in dem die Frauen lange schwarze Kleider mit wunderschönen gestreiften Mustern, einen gleichfarbigen Hut und sogar Schmuck um den Hals tragen. Doch sie sind so zurückhaltend und scheu, daß sie vor mir davonrennen, als ich ein Foto von ihnen machen möchte. Auf der anderen Hangseite, etwa fünf Kilometer entfernt, erkennen wir Bauerndörfer und einzelne Häuser, die über keine Straße zu erreichen sind. Die Einwohner leben von den Erträgen ihrer Felder und erhalten wichtige Nahrungsmittel wie Salz oder Öl vom Staat oder durch Tauschgeschäfte mit Kaufleuten. Neben Zigarettentabak stellen sie auch ihren eigenen Schnaps her, mit dem wir am kommenden Abend zum ersten Mal Bekanntschaft schließen. In einem Eßsaal führt uns ein Mann vor, wie wir ihm zu trinken haben, nämlich in einem Zug. Da das Glas klein ist und uns alle zuschauen, wollen wir keine Spielverderber sein und setzen an. Mit zwei Schlücken kippe ich den Inhalt hinunter. Es wirkt wie ein Schlag auf meinen Hinterkopf. Ich ringe nach Luft und bekomme einen Hustenanfall.

»Verdammt, was ist das?« schimpfe ich. Wie immer in solchen Situationen, beginnen die Chinesen, schadenfroh zu lachen, und krächzen, daß es gleich an den kahlen Raumwänden schallt. Wenn ich schimpfe, brüllen sie umso mehr. Ich komme mir vor wie ein verspotteter Idiot. Gebe, dem das Getränk weniger ausgemacht hat, klopft mir auf den Rücken, um meinen Husten zu lindern. Dann gehen wir ins Zimmer. Als ich gerade Tagebuch schreibe, erlöscht um neun Uhr das vom Generator angetriebene Licht. Schweine grunzen im Stall unter unserem Zimmer, und es ist nervtötend zu hören, wie sich die Tiere die ganz Nacht um den Fraß streiten. Durch die Balken hindurch sehe ich, wie sie sich gegenseitig in die Ohren und in den Schwanz beißen. In dieser Nacht schließe ich noch weitere tierische Bekanntschaft. Mitten im Schlaf wache ich durch ein Geräusch auf, das sich anhört, als würde jemand mit den Fingernägeln an einer Tafel kratzen, und etwas zupft mich an den Haaren. Als ich meine Augen aufschlage, läuft mir sofort eiskalter Schauer über den Rücken. Eine Ratte von der Größe einer kleinen Katze flitzt über mein Bett und verschwindet als Schatten zwischen ein paar Brettern. Zehn Minuten später kratzt es wieder. Das Tier gibt keine Ruhe und schabt immer wieder irgendwo. Ich sammle ein paar Steine zusammen und häufe sie neben dem Bett am Boden auf. Sobald ich die Ratte höre, werfe ich einen Stein in ihre Richtung, dann ist es eine Weile still. Nur wenige Stunden habe ich Ruhe. Am Morgen ist mein Mund ausgetrocknet, der Körper feucht vom Schweiß, und mein Kopf benebelt. Von all den Vorkommnissen der letzten Nacht hat Gebe nichts gehört.

»Ein üppiges Mahl macht müde«, meint er am Morgen auf meine Klagen.

Wir gehen gemeinsam zum Frühstücken, doch heute schmeckt mir das Essen überhaupt nicht. An einem zähen Fleischstück könnte ich mir die Zähne ausbeißen, es riecht eigenartig und hat einen greulichen Nachgeschmack, der mich zum Erbrechen reizt. Ich denke mir, daß das alles nur Einbildung ist, mein fehlender Appetit wahrscheinlich von der schlechten Nacht kommt, aber Gebe geht es genauso.

Lustlos kaut er rhythmisch vor sich hin, seine Augen auf den Tisch gerichtet.
»Sag mal, hast du eine Ahnung, was wir eigentlich essen?« frage ich ihn.
»Keineswegs. Man muß aber etwas runterbringen. Das Radeln und die Leute kosten Energie, da mußt du schon etwas im Magen haben, das beruhigt die Nerven«, erklärt mir Gebe.
Ich frage den Koch, um was für ein Fleisch es sich handelt. Aber der zeigt nur auf die Straße. Ich verstehe überhaupt nichts. Wir kauen nachdenklich weiter, doch als vor dem Haus ein schnüffelnder, dürrer Hund vorbeiläuft und aus einer Pfütze Wasser aufleckt, quiekt der Wirt auf. Er zeigt auf das Tier, auf mein Essen und umfaßt seinen eigenen Fuß.
»Hundehaxen!«
Ich lasse fassungslos Schüssel und Eßstäbchen fallen. Was sich in meiner zarten Reisschale befindet, ist chinesisches Hundegoulasch in Pepperonisoße. Gebe kullern fast die Augen aus den Höhlen und abrupt hört er auf zu kauen. Der Wirt sieht das und kommt herbei. Er möchte uns klarmachen, daß es gut sei, Hundefleisch zu essen.
»Im Winter essen wir nur Hundefleisch, es ist gut gegen Erkältung«, berichtet er.
»Zzzu bau lau, zzzu bau lau«, antworten wir. Wir sind voll, randvoll. Eilig packen wir, legen einen Geldschein auf den Tisch und fahren weiter.
»In diesem Land lernst du nie aus«, seufzt Gebe vor sich hin und wiederholt diesen Spruch den ganzen Tag über.
Niedliche Haustiere gibt es in China nicht. Um Hungersnöte zu überstehen, haben die Chinesen seit altersher nach immer neuen Nahrungsmitteln gesucht. Alles, was sich bewegt, wird gegessen: Schnecken, Schlangen, Katzen, Käfer, Frösche und Hunde. Die Chinesen scheinen selbst die ganze Prärie, soweit sie vorhanden ist, leerzuessen, denn bisher sahen wir nicht ein einziges Reh, keinen Hasen oder ein anderes wildes Tier, und selbst Vögel sind sehr selten.

VERHAFTUNG DURCH DIE VOLKSARMEE

Dort, wo am Tag weniger als zehn Lastwagen an uns vorbeifahren, wo wir seit zwei Wochen keinen Ausländer mehr trafen und wo sich die Bauern ihren eigenen Zigarettentabak ziehen und Schnaps brennen, tauchen plötzlich Soldaten auf. Sie kommen aber nicht, um uns teure Tickets wie in Wuzhou und Mengshan zu verkaufen. O nein! 25 Kilometer vor Bijie tauchen sie auf einem Motorrad mit Seitenwagen auf, in zwei Jeeps, die schlitzäugigen Köpfe an das Steuer gedrückt, mit aufheulenden Motoren und Sirene. Nur Minuten vorher radelte ich noch an einem Kind vorbei, das mit einem riesigen Strohhut auf einem Wasserbüffel saß. Gebe ist der erste, der die Geräusche hört, und er läßt einen Schrei los. Der Krach wird immer lauter, und dann stehen die Militärfahrzeuge neben uns. Vor Bestürzung werfe ich meine Fahrradflasche weg, aus der ich gerade trinke. Die Soldaten von der Volksarmee, auch PLA genannt (Peoples Liberation Army), tragen grüne Uniformen und gleichfarbige Filzmützen. Unter der Begleitung von etwa 15 Soldaten gelangen wir zur nächsten Kaserne.
»Was wollen die?« fragt mich Gebe ratlos.
Es dauert eine Zeit, bis ich innerlich wieder etwas Ruhe finde, um zu reden. Klebriger Schweiß läuft mir über die Stirn und über die Brust.
»Ich hab' keine Ahnung«, sage ich zu Gebe. Ich bin zu müde, zu erschöpft, um darüber nachzudenken.
Mit vier anderen Soldaten werden wir samt Fahrrad und Gepäck in ein Zimmer geführt, das hinter uns abgeschlossen wird.
»Sind sie jetzt wild geworden?« fragt Gebe.

China ist ein kompliziertes Land. Ich werde diese Menschen nie verstehen. Zuerst tranken wir gemeinsam Bier, die Menschen halfen uns beim Aufladen unserer Rucksäcke auf das Fahrrad, und hier nimmt eine Truppe von 15 Leuten uns fest. Wir werden nie erfahren, warum. Es kann sein, daß sich hier in der Nähe ein Truppenübungsplatz befindet, ein Militärflughafen oder ein Testgelände – ich weiß es nicht. Irgend einen Grund muß es ja geben.
Wir haben uns gerade hingesetzt, da grollt eine tiefe Stimme:
»Passport!«
Gebe und ich ziehen unsere Pässe aus der Deckeltasche der Rucksäcke heraus und legen sie dem Offizier auf den Tisch. Er öffnet sie und studiert Seite für Seite. Während er die Pässe einem anderen zeigt, mustert ein Soldat unser Gepäck. Dabei tastet er oberflächlich die Außenwände der Rucksäcke ab und stößt auf etwas Hartes.-
»Bitte aufmachen«, fordert uns der Offizier auf.
»Oh meine Güte«, seufze ich, »die Kamera.«
Ich hole alles heraus und zeige es ihm. Meine verschwitzte Kleidung, die Fotoausrüstung. Vorsichtig nimmt er die Kamera in die Hand. Er betrachtet den Apparat von allen Seiten und gibt ihn dann in die Runde, damit ihn alle sehen.
»Huch! Oh!« stöhnt jeder.
Sie spielen daran herum und blicken mit Stielaugen durch den Sucher. Aber das wird bald langweilig, und so suchen sie weiter. Gebes Walkman und mein Radio sind die nächsten Objekte. Jedes Ding ist es wert, ausprobiert zu werden. Ich weiß nach einer Weile überhaupt nicht mehr, was das alles soll. Handelt es sich um eine Ausstellung westlicher Konsumartikel oder um ein Verhör? Ein Soldat setzt sich neben mich aufs Bett, um den Walkman anzulegen. Mit den Händen in der Tasche geht dann der Offizier zum Fenster, zündet sich eine Zigarette an und sagt:
»Sie haben keine Genehmigung – das ist nicht gut.«
Gebe versucht, ihm zu erklären, was wir in China wollen. Zum Schluß fährt er fort: »An der Grenze von Hongkong nach Kanton gab es überhaupt keine Schwierigkeiten. Wir bekamen unseren Einreisestempel, und wir haben das Zollformular für die Fahrräder.«
Der Mann winkt mit der Hand ab. »Kanton ist etwas anderes«, erklärt er, »hier ist Guizhou.«

Wieder unterhält er sich mit den anderen. Eines verstehen die Soldaten perfekt: um den heißen Brei herumzureden, anstatt direkt auf den Punkt zu kommen. Zwei Stunden sitzen wir jetzt schon im Raum. Ich bin hundemüde – nichts geht mir jetzt mehr auf den Wecker als das Geschrei des Offiziers. Ich stehe auf und verdeutliche ihm unsere Absichten: »Wir kamen nach China, um Land und Leute zu sehen. Städte wie Kanton und Guilin, chinesische Landschaften, andere Sitten und Gebräuche, das ist alles, woran wir Interesse haben; glauben Sie vielleicht, die westlichen Geheimdienste senden ihre Agenten per Fahrrad durch China?«

»Hmmm«, brummt er, »bitte setzen Sie sich und trinken Sie eine Tasse Tee.«

»Halten die uns für Trottel?« fragt mich Gebe.

Ein anderer Beamter kommt herbei und sieht sich die Pässe durch. Der zweite blättert in seinen Akten herum. Die Prozedur wiederholt sich.

»Hören Sie bitte«, sage ich, »wir sind hungrig und wollen essen, wir sind müde und wollen schlafen – schlaaafen, verstehen Sie das, nicht? Mein Körper und mein Kopf sind am Ende. Der Mann blickt mich an, als wolle er antworten: ›na und, was wollen Sie damit sagen?‹

Eine weitere Stunde vergeht so, dann verkündet der Offizier:

»Sie werden vorerst warten, da wir den Fall beim PSB untersuchen müssen.«

Das PSB ist das öffentliche Sicherheitsbüro. Dort wird geklärt, ob ein Gebiet für Ausländer zugänglich oder gesperrt ist. Noch vor ein paar Jahren vor dieser Tour waren nur 130 Orte in China zugänglich, meist an der Ostküste, einige Städte im Mittelteil und nur wenige Ziele im Westen des Landes. Und häufig waren diese abgelegenen Provinzen nur mit dem Flugzeug erreichbar. Die Zahl der genehmigten Reiseziele erhöhte sich auf 200, und zu der Zeit, zu der wir die Tour unternahmen, waren es ungefähr 280. Die Zahl steigt und fällt wie ein Thermometer und hängt vom aktuellen politischen Klima ab. Gibt es zum Beispiel Studentenunruhen in Shanghai, wird die Stadt sofort für Touristen gesperrt.

Der Beamte knallt die Türe hinter sich zu und verschwindet. Ich bin wie gelähmt. Der Raum stinkt nach Rauch, dazu ist es stickig und sehr schwül. Ich lege mich auf ein Bett und spüre ein eigenartiges

Gefühl. In den letzten Wochen hatte ich Durchfall und verbrannte noch zusätzlich viel Energie durch die zurückliegenden nervenaufreibenden Tage. Ich fühle mich leer und ausgetrocknet.
»Gebe«, sage ich.
»Ja?«
»Ich fühle mich seltsam.«
»Ich auch.«
Wir beide befinden uns in einem Tief. Die Stimmung ist am Nullpunkt, die Nachricht des Beamten klingt wie eine Hiobsbotschaft. Soll sie jetzt das Ende bedeuten? Wir wollen einfach nicht mittendrin die Tour unterbrechen. Da fehlt doch noch ein ganz wichtiger Teil, auf den ich so lange gewartet habe – Tibet. In unserer Lage auf grünes Licht vom PSB zu warten, ist sinnlos. Solche Angelegenheiten dauern oft mehrere Wochen. Sie werden staatlich kontrolliert und geprüft. Das Ganze läuft unter sozialistischen Bedingungen, wird zentral von Peking aus geregelt. Und dort mahlen die Mühlen langsam. Wenn diese Genehmigungen erstmals verlangt werden, kommen wir aus dem Papierkrieg nicht mehr heraus. Im Moment haben wir unser einfaches Touristenvisum, und so soll es auch bleiben.
»Wir müssen weiter«, sagen wir beide gleichzeitig. Gebe und ich entschließen uns, heute nacht hier abzuhauen, wenigstens wollen wir es probieren. Ob sie uns am nächsten Tag folgen werden, wissen wir nicht. Wenn wir jedoch die Karte genau studieren, wissen wir, daß wir einen Vorteil haben: Nach der Stadt Bijie gabelt sich die Straße in vier Richtungen, so daß wir im Falle einer Verfolgung eine Chance haben zu entkommen. Außerdem haben wir jetzt, nach einem Monat Aufenthalt im Land, ein wenig Gespür dafür, daß die Angelegenheit mehr ein chinesisches Drama ohne jeden Zusammenhang ist, begreiflich nur als Abwechslung für den langweiligen Alltag. Oder will man uns den Anblick von schmucklosen Häusern und erbärmlichen Hütten verwehren? Von Aufforderung oder Befehlen von oben kann keine Rede sein. Die Leute wissen ja selber nicht, wie sie die Angelegenheit handhaben sollen und wo es langgeht.
Wir essen an diesem Abend üppig und sehen uns dann auf dem Kasernenhof etwas um. Um nicht zu auffällig vorzugehen, schieben wir die Räder vor das Haus und putzen sie. Niemand schenkt uns besondere Aufmerksamkeit. Ein Lastwagen verläßt die Kaserne. Das

Tor am Eingang hat außer einem Riegel, der mit einer Hand geöffnet werden kann, kein Schloß. Da wir keinen Wecker haben, warte ich im Halbschlaf, bis es vier Uhr morgens ist. Dann schieben wir im Schein einiger Laternen unsere Räder über den Kasernenhof auf die Straße. Leise tippeln wir zum Kasernentor. Nichts rührt sich. Aus manchen Gebäuden dringt das Schnarchen von schlafenden Leuten. Wir gehen langsam, bis wir ein Stück von der Kaserne entfernt sind. Dann schwingen wir uns auf die Räder und fahren los. Niemand folgt uns. Nur allmählich gewöhnen sich meine Augen an die dunkle Nacht. Nach 25 Kilometern, bei Anbruch des Tages, kommen wir durch die Stadt Bijie und wählen die Straße nach Norden in die Provinz Sichuan.

Unsere Fahrt führt durch eine Mittelgebirgslandschaft, deren Hänge bis zu 500 Meter Höhe als Reisterrassen bewirtschaftet werden. Graue Wolken ziehen über die Täler und Berge von Guizhou. Der Regen kommt in kurzen Schauern, stark und heftig. Die Straße verwandelt sich in einen Schlammpfad. Schon in Kürze sind wir und unser Gepäck durchnäßt. Die Gelenke fühlen sich steif an und schmerzen. Wir wurden bisher vom Regen weitgehend verschont, aber uns bleibt im Moment nichts anderes übrig, als weiterzuradeln. Der Weg steigt noch etwas an und führt, einen mäanderförmigen Fluß entlang, durch die grünen Felder der Bauern. Ihre Häuser kleben an den steilen Hängen. Barfuß springen die Kinder im Morast umher. Am zweiten Tag sind wir der Provinzgrenze zu Sichuan nahe. Pausenlos regnet es. Für die hier lebenden Chinesen ist das ganz normal. Niemand von ihnen blickt nach oben oder schützt sich gar mit einem Hut oder Schirm. Abends wringen wir unsere Kleidung aus und versuchen, sie über Nacht zu trocknen. Aber in allen Räumen herrscht Feuchtigkeit. Im Schlaf versinke ich im Sumpf oder sehe Bilder vom letzten Radeltag.

Am Morgen hat der Niederschlag immer noch nicht aufgehört. Der Anblick ist zermürbend. Als ich beim Frühstück sitze und auf die nasse Straße spähe, kommen mir Gedanken, ob die Flucht vom Armeestützpunkt und jetzt das Radeln im Regen nicht absurd sind und gar an Masochismus grenzen. Die Stimmung ist immer noch am Nullpunkt. Ohne miteinander zu sprechen, begeben wir uns auf die Straße. Ein dummes Wort hätte genügt, um unseren heutigen Tages-

plan aufzugeben und die restlichen Stunden im Bett zu verbringen. Die ›geprüfte Wasserundurchlässigkeit‹ meiner Jacke schwindet mit jedem Kilometer mehr. Bis zur Haut bin ich durchnäßt. Jetzt fährt auch noch ein Lastwagen vorbei und hüllt uns in eine graue Dieselwolke. Meine Geduld ist am Ende. Aber schon nach wenigen Stunden erleben wir eine Überraschung. Wir haben in Xuyong, das genau an der Grenze zu Sichuan liegt, unseren ersten Plattfuß und wissen nicht, ob wir uns jetzt, nach 1400 Kilometern, freuen oder ärgern sollen. Die Reparatur ist für eine Stunde eine willkommene Abwechslung. Als wir gerade am Straßenrand sitzen, um den Schlauch zu flicken, hält ein Toyota Minibus an. Ein freundlicher junger Chinese steigt aus und fragt uns in perfektem Englisch, ob er uns ein Stück mitnehmen kann. Uns kommt das gerade recht. Wir werfen unsere Räder in den Gepäckraum und steigen ein. Gleich nach der Abfahrt überreicht er uns seine Visitenkarte. Der Mann steuert seinen Minibus durch die kurvigen Straßen, während er sich mit uns unterhält. Er heißt Li-Zhan und arbeitet für eine Import-Export-Firma.
»Du sprichst ein sehr gutes Englisch«, lobe ich ihn.
»Ach, das tun schon einige hier«, antwortet er.
»Regnet es hier immer so?«
»Ihr seid für Guizhou im falschen Monat unterwegs. Jetzt herrscht hier Regenzeit.«
Li betreibt den Handel. »Ich kaufe billig und verkaufe teuer«, erklärt er. »Wer heute in China Englisch sprechen kann, sichert sich seine Existenz«, fährt er fort. Als wir in Luzhou ankommen, bucht Li uns in Sekundenschnelle ein Hotelzimmer, das pro Person acht Yuan kostet. Das erscheint uns nach den letzten Tagen, in denen wir ein bis zwei Yuan bezahlten, astronomisch hoch. »Seht euch das Zimmer mal an«, meint Li auf unsere Proteste und verabschiedet sich händeschüttelnd. Als ich den Raum sehe, bin ich beeindruckt. Das Zimmer ist makellos und sauber. Ich denke mir, daß es nach langer Zeit wieder mal gut tut, in einem sauberen Bett zu schlafen. Ich verbringe eine ganze Stunde unter der Dusche und schrubbe meinen Körper. Das Wasser ist heiß, ein besonderer Luxus in China. Aber in diesen Tagen passieren noch mehrere merkwürdige Dinge. Ich stehe unter der Dusche, als mich Gebe ruft: »Andi, komm her, mach schon!«
Ich ziehe mir meine Slipper an und gehe aus dem Bad. Gebe deutet

auf den Fernseher, und wen sehe ich dort: Bundeskanzler Helmut Kohl. Er macht einen offiziellen Chinabesuch, und wie wir an den Bildern erkennen können, ist er heute in der tibetischen Hauptstadt Lhasa.

In dieser Nacht rassle ich wie ein Bär und habe einen wahrlich traumhaften Schlaf. Uns umgibt erholsame Ruhe, niemand klopft an die Tür, nirgendwo hören wir Trompetengeschmetter. Am Morgen fühle ich mich wie neu geboren. Der Duft von herrlich duftenden Speisen dringt in unser Zimmer. Gemütlich gehen wir zum Frühstükken und setzen uns an einen Tisch mit geblümter Tischdecke. Ich habe an diesem Morgen eine unheimliche Lust auf etwas Koffeeinhaltiges und hoffe, daß es das in diesem Hotel gibt.

»Eine Coke, bitte«, order ich beim Personal.

Die Frau sieht mich verwirrt an und antwortet nicht. Ich denke, daß es vielleicht hilft, wenn ich das Wort buchstabiere:

»Nur eine Coke«, sage ich, »C-o-k-e.«

Die Frau winkt ab und sagt, daß sie jemand anderen bringen wird. Ein Mann kommt herbei. »Ja, Mister Coke?«

Solche Sachen passieren immer wieder. Gleich neben den Tischen stehen Schilder, mit chinesischen Schriftzeichen beschrieben. Ich rufe nochmals die Frau und frage, was darauf steht. Sie übersetzt mir und sagt: »Kameraden, willkommen in diesem Hotel. Spuckt nicht überall hin!«

DIE BEIDEN GESICHTER CHINAS

Gegen Mittag verlassen wir das Hotel und fahren weiter. Nach einem halben Kilometer überqueren wir den Yangtze; ein Symbol Chinas. Nach dem Amazonas und dem Nil ist der Yangtze mit 6300 Kilometern der drittgrößte Fluß der Erde, kein anderer Fluß aber berührt so dichte Bevölkerungsgebiete wie dieser. Er ist für Millionen Chinesen Lebensader und Inbegriff der Heimat. Der Yangtze entspringt in Nordosttibet, fließt hier durch die Provinz Sichuan und später durch die flachen Ebenen im Osten des Landes, bevor er in das Chinesische Meer mündet. In den tosenden Schluchten in Ostsichuan heißt er Jinshan, der Fluß des Goldenen Sandes: In der 15 Kilometer langen Tigerschlucht wurde nämlich Gold auf den Sandbänken gefunden. Der Yangtze trägt mehrere Namen, für die Chinesen ist es ganz einfach ›der Fluß‹ schlechthin, er ist so wichtig wie der tägliche Reis. Manche Leute verbringen ihr ganzes Leben auf diesem Strom, in Hausbooten, auf Dschunken oder Lastkähnen. Als wir den Fluß überqueren, herrscht Hochbetrieb, vollgeladene Kähne durchschneiden das Wasser. Manche besitzen ein großes, weißes Segel, um noch die leichtesten Winde auszunutzen, andere tuckern mit rauchenden Dieselmotoren vorbei. Die Sportlichen auf den Flößen rudern oder stoßen eine lange Bambusstange in den Grund, um weiterzukommen, die Älteren lassen sich treiben. Das Wasser hat die gelbe Farbe eines Baggersees. 400000 Tonnen Schlamm führt der Fluß jährlich mit sich; da Schlammpartikel an ruhigeren Stellen auf den Boden absinken, muß die Fahrrinne ständig ausgebaggert werden.

Hinter Luzhou wird es grün, der Himmel in Sichuan ist wieder wolkenlos. Satte Sonnenstrahlen scheinen mir auf die Schulter. Der Sommer in China ist heiß, aber schön. In der Ebene, im Gemüseland, stehen sehr lange Reihen von blaßgrünen Kohlköpfen, kleinen Blumenkohlen und roten Paprikas, später Obstgärten mit bunten Pfirsichbäumen. Die Früchte sind schwer, und die Äste biegen sich unter ihrer Last, so daß sie mit Stöcken gestützt werden müssen. Sichuan, lange Zeit als ›königlicher Himmel‹ bezeichnet, besitzt einen der fruchtbarsten Böden Chinas. Von tropischen Früchten, wie Nektarinen und Pfirsichen, bis hin zu pausbäckigen Äpfeln und süßen Birnen wächst hier fast alles. Die Provinz wirkt wie ein riesiges Becken, das ringsum von Bergen eingeschlossen ist. Das Bild wechselt häufig: grasende Ochsen und Ziegen, dann ein großes Feld voller Pepperonis als wichtige Zutat für die heimische Küche. Goldfarbene Weizen- und Reisfelder warten darauf, abgeerntet zu werden. Dazwischen fließen kleine Bäche zur Bewässerung der Äcker. Verantwortlich für diese Fruchtbarkeit sind Männer und Frauen mit Wissen und Können. Sie arbeiten sorgfältig und mit großer Ausdauer, um die Ernte zu optimieren und den »Feinden« Widerstand zu leisten. 1968 begann eine Kampagne gegen die vier natürlichen Feinde: Moskitos, Blattläuse, Spatzen und Ratten, wobei letzere jedoch nicht ganz ausgerottet werden konnten. Das Klima ist als subtropisch zu bezeichnen: viel Sonne, nachts nicht zu kalt, die Luft trocken.
Immer wieder trifft man auf kahlgeschorene Hügel und leere Präriеflächen, auf denen nur noch die abgesägten Holzstämme, die wie aufgestellte Korken erscheinen, zu sehen sind. Es ist ein gespenstisches Bild. Lastwagen, aus deren Auspuffrohren schwarzer Dunst schwebt, knattern an uns vorbei und bringen große Holzstämme zu den örtlichen Fabriken. Durch den wachsenden Bedarf an Baustoffen, Papier und Verpackungsmaterial werden Chinas Wälder bis zum Kahlschlag rigoros abgerodet. Zwischen 1978 und 1987 schrumpfte die Waldfläche in China um 20 Prozent. Sollte die Entwicklung wie bisher verlaufen, so ist abzusehen, daß China im Jahr 2000 keinen natürlichen Wald mehr hat. Wie wir erst später erfahren, war der Baumbestand in dem Wald, durch den wir anfangs zwischen Zhaoqing und Wuzhou fuhren, schon zu einem Drittel reduziert. Sehr rare Teak-Holzarten werden nach Japan verkauft. In der Renmin-Bao

Zeitung (Peoples Daily) lese ich, daß im Regenwald des Xishuangbanna-Gebietes seit ein paar Jahren nur noch etwa 90 Nebeltage zu verzeichnen sind, während es in früheren Zeiten 180 waren. Die zensierte Zeitung geht aber nicht auf landesspezifische Ursachen ein, sondern macht das Weltklima und das Ozonloch über der Antarktis dafür verantwortlich. Die Abrodung in den betroffenen Gebieten führt darüber hinaus auch zur Grundwassersenkung. An heißen Sommertagen muß die Stadt Chengdu Wasser aus dem Yangtze entnehmen, da die Versorgung sonst nicht mehr sichergestellt werden kann. Seit 1979 hat die chinesische Regierung eine große Anzahl von Fabriken und Industriezweigen auf das Land zurückverlegt. Die letzte Sorge der hier ansässigen Bevölkerung gilt der Umweltverschmutzung. In dieser Zeit ging auch der Spruch der Partei durch aller Munde: »Es ist herrlich, reich zu sein, wenn man das durch seine eigene, harte Arbeit schafft.«

Wie man dieses Ziel erreicht, ist egal. Die Chinesen wollen den Fortschritt um jeden Preis. Slogans, die in den Städten auf riesigen Plakaten zu sehen sind, verkünden, daß China bis zur Jahrhundertwende wirtschaftlich an der Weltspitze stehen will. Man stelle sich aber nur vor, daß China einmal den Fortschritt bekommt, wie wir ihn haben – eine Milliarde Menschen mit Autos, Autobahnen und Einfamilienhäusern, und das Umweltchaos wäre perfekt. Zuzutrauen ist der Regierung alles. Die Chinesen haben keine Ehrfurcht vor der Natur. Und wenn sich wegen dieser Entwicklung doch einmal jemand Sorgen machen sollte, so behält er sie für sich. Die Menschen leben zurückgezogen, leben in sich selber, aus Angst vor Repressalien und aus einer fast krankhaften Konsumsucht. Die Vergangenheit hilft, die Gegenwart zu verstehen. »Big brother is watching you – der große Bruder sieht uns zu.« Der große Bruder ist in dem Fall die CCP, die Kommunistische Partei Chinas mit ihren Funktionären. Sie reicht wie eine Decke über das ganze Land; ihre Nähte und Fransen erstrecken sich über die entlegensten Ortschaften, um die Manipulation der Menschen aufrecht erhalten zu können. Ein System der Bespitzelung und Denunziation. Sicherlich, Mao ließ Bettler veschwinden, eine ganze Generation wuchs ohne Hungersnot auf und lernte lesen und schreiben. Aber was ist mit den kostbaren Zeugnissen der chinesischen Kultur, wo sind die phantasievollen Kostüme und Kleidungen,

wo die uralten Bräuche und Feste der Vergangenheit? Farben traten schon im alten China hinter den Formen in ihrer Bedeutung zurück. Bekannt waren vor allem die chinesischen Kalligraphenmeister, die chinesische Schriftzeichen immer schöner und phantasievoller gestalteten. Heute bestehen die Schriftzeichen aus geraden Balken anstelle von schwungvollen Kurven. Als der Venezianer Marco Polo als erster Europäer das Mittlere Königreich, wie es damals genannt wurde, besuchte und bei seiner Heimkehr die unvorstellbaren Schätze und das dortige Kunsthandwerk beschrieb, hielt man ihn für einen Phantasten. Chinas Geschichte kann lückenlos 4000 Jahre zurückverfolgt werden. Die wenigen Tempel, die nach Maos Kulturrevolution zwischen 1965 und 1976 übrigblieben, sind heute stumme Zeugnisse und Sehenswürdigkeiten einer längst vergangenen Zeit.
Die Chinesen haben seit der kommunistischen Machtergreifung gelernt, Gefühle und Ansichten zu verbergen. Beim Sprechen kneifen sie ihre Lippen zusammen, ihre Sprache enthält versteckte und vieldeutige Hinweise. Es mangelt ihnen an Sicherheit und Selbstbewußtsein, und das drückt sich auch in ihrer Sprache aus. Es gibt zum Beispiel kein Wort für ›Halt den Mund‹. Die Chinesen sagen stattdessen ›du bist zu stark hörbar‹.
So sitzen wir am Abend wieder mit einem jungen Chinesen zusammen, der zwar englisch spricht, doch seine Meinung nicht klar äußert: »Ich habe gehört, daß... Unter Umständen werde ich vielleicht... Die Leute sagen, daß...« Das ›Selbst‹ ist völlig bedeutungslos in China, was man auch an der Kleidung und am Wohnstil feststellen kann. Während der letzten fünf Wochen trafen wir bisher nur zwei Menschen, die aus dem Schattentheater ihrer gespielten Masken heraustraten und sich mit uns ungezwungen unterhielten. Das war Wang in Wuzhou, der uns über die falschen Tickets aufklärte, und der quirlige Li, der uns im Kleinbus, mitnahm. Ein weiterer Faktor ist jeden Tag dieser Lärm in den Ortschaften und Städten. Die dröhnenden Lautsprecher sägen an den Nerven. Man muß kein Chinafeind oder -kritiker sein, um dieses Geplärre zu verabscheuen. Zum Glück aber haben wir die Fahrräder. Sie erwiesen sich bisher stärker als unsere Psyche. Das Fahrrad ist so etwas wie ein Flüchtlingsschiff, auf das wir am Morgen steigen, mit dem wir ins Freie radeln und am Abend irgendwo als Gestrandete landen.

Ende Juli erreichen wir die Stadt Chengdu, Herz und Hirn der Provinz Sichuan, für uns die letzte große Stadt, bevor es nach Tibet geht. Wie immer suchen wir in der Stadt die billigeren Hotels auf und finden gleich neben dem Nanhe-Fluß, ungefähr einen Kilometer vom Stadtzentrum, den Black Coffee Shop. Der Name ist widersinnig, da es dort überhaupt keinen Kaffee gibt. Nur das Wort black (schwarz) trifft zu, denn durch diesen Irrgarten, der einst Bunker war und zu einer billigen Übernachtungsstätte umfunktioniert wurde, führen unzählige dunkle Gänge und Räume. Der Eingang sieht aus wie der einer U-Bahn-Station, doch sobald man die Treppen hinuntergeht, hängen längliche verzierte Spiegel an der Wand. Zusammen mit Francois, einem französischen Globetrotter, teilen wir uns ein Dreibettzimmer. Anschließend unternehmen wir mit dem Fahrrad einen Stadtbummel und entdecken einige neue Seiten Chinas. Künstler verkaufen auf der Straße Tuschezeichnungen und schwarz-weiß Fotografien, Studenten bevölkern die Parkbänke und lesen Bücher. Wir lernen einen jungen Mann kennen, der das merkwürdig betonte Deutsch eines Chinesen spricht. Es hört sich an, als würde eine Deutsch-Lernkassette rückwärts abgespielt. In Chengdu gibt es Verkaufsläden, die ausländische Waren anbieten, und Restaurants in allen Preisklassen. Auf großen handgemalten Plakaten wird Werbung für Familienplanung sowie für Autos, wie, zum Beispiel für den in China hergestellten VW-Santana, betrieben.
Nach der ersten Nacht im Gästehaus hämmert es morgens schon um sechs Uhr gegen die Tür.
»Herr Francois, bitte bezahlen Sie für die letzte Nacht, Herr Francois...!«
Anscheinend hat der Franzose die letzte Nacht noch nicht bezahlt, aber das ist noch lange kein Grund, um diese Zeit gegen die Türe zu klopfen. Der Schreihals gibt nicht auf, bis Francois wütend wird. Ohne sich etwas anzuziehen, springt er aus seinem Schlafsack, öffnet die Türe und schreit die Frau an:
»Ich möchte schlafen, verschwinde!«
Für einen Moment kehrt Stille ein, bis die Chinesin sich die Augen wegen der Nacktheit Francois' zuhält und jammernd davonrennt. Der Vorfall wird im ganzen Gästehaus bekannt, und immer, wenn jemand an Francois vorbeiläuft, schaut er demonstrativ weg. Francois scheint

das wenig auszumachen. Vielmehr ist er damit beschäftigt, seinen zweiten Trip in die Mongolei vorzubereiten. Er vergrößert die Kartenbestände und verlängert sein Visum. Doch dieser Black Coffee Shop ist alles andere als heilig. Der Schutzkeller, gegen die einst feindlichen Russen, hat sich in einen Vergnügungsbunker verwandelt. Jeden Abend laufen hier Parties und Trinkgelage der Chinesen ab, Ablaßventile für die innerlich glühenden Chinesen. Ist die Hemmschwelle dann nach genügend Alkohol überwunden, lassen sie ihren Gefühlen freien Lauf. Hier, 20 Meter unter der Straße, entfernt vom hellen Tageslicht und den scharfen Augen von Beobachtern, kann China eine weitere »Errungenschaft« vorweisen: die Prostitution. Nach 40jähriger Pause hat sie wieder Fuß gefaßt und blüht wie in vorkommunistischer Zeit. Ich gehe zurück auf die Straße. Was sehe ich hier? Eine Gruppe Frauen läuft Hand in Hand im Schlenkergang, ein paar Soldaten unternehmen Arm in Arm einen Spaziergang und spucken wie auf Kommando an die rechte Hausmauer. Zwei Welten liegen nur Schritte voneinander entfernt. Ich gehe 300 Meter zum Injang-Hotel, wo sich auf dem Parkplatz das Zentrum des Schwarzmarktes befindet und Händler Porno-Videos aus Hongkong verkaufen, um Lücken in der Planwirtschaft zu schließen. Die Polizei scheint beide Augen zuzudrücken, denn dieses Spektakel ist unübersehbar.
Langsam bekomme ich Zweifel, ob das Geld, das ich in Restaurants und Hotels ausgebe, nicht in die Hand eines einflußreichen Funktionärs gerät. Daß China dringend ausländische Devisen benötigt und auf den Tourismus setzt, verstehe ich und bin bereit, dafür zu bezahlen, aber jetzt werde ich unsicher. Die einst klassenlose Gesellschaft, wenn sie es überhaupt jemals war, hat sich zu einer korrupten Vetternwirtschaft entwickelt.

Mehr denn je ist China ein Land mit zwei Gesichtern. Das reale Leben hat mit den knalligen Spruchbandweisheiten der Partei nichts mehr gemeinsam. Auch in China gibt es Arme und Reiche, Kluge und Dummköpfe; aber wenn die Unterschiede zu groß werden, dann wird es wohl einen Aufstand geben. (1789 ereignete sich die französische Revolution. Sollte es 1989 eine erfolgreiche chinesische Revolution geben? Nicht ganz, die Aufstände in Peking auf dem Tijnamen-Platz, dem Platz des ›Himmlischen Friedens‹, wurden blutig niedergeschlagen.)

Wie Francois bemühen auch wir uns sicherheitshalber um eine Visumverlängerung. Zwar haben wir noch für sechs Wochen Aufenthaltsgenehmigung auf unserem Hongkonger Visum, doch wir wissen nicht, wie lange es noch dauern wird, bis wir, Lhasa erreichen werden. Im Regierungsgebäude in Chengdu füllen wir die erforderlichen Formulare aus und beantworten die Frage nach dem Grund des Antrags mit ›Besichtigung von Sehenswürdigkeiten und Museen‹. Niemals würden wir eine Verlängerung bekommen, wenn wir eine ›Radtour nach Tibet‹ als wirklichen Grund, angeben würden. Wir ruhen uns aus und füllen in Chengdu nochmals unsere Bäuche. Dabei klappern wir ein Restaurant nach dem anderen ab, denn die Küche von Sichuan ist wieder einmal ausgezeichnet. Meist mit Ginger und Knoblauch scharf gewürzt, werden die exotischsten Gerichte zubereitet. Bei einem Essen jedoch muß ich passen. Es heißt ›Kampf zwischen Drachen und Tiger‹ und besteht aus Schlangen- und Katzenfleisch.
Neben den Einwohnern, die nur auf die Touristen zugehen, um »Hallo, wie geht es Ihnen? Woher kommen Sie? Schönes Wetter heute...« zu sagen und damit ihre Englischkenntnisse zu testen, gibt es nur wenige Menschen, die mehr Mut zeigen und ihre Steifheit überwinden. So treffen wir in einer Teebude auf Diao, die uns anspricht und uns dadurch auffällt, daß sie die englischsprachige Zeitung »China Post« liest. Diao ist Englischlehrerin an der städtischen Uni, sieht aber eher wie eine Popsängerin aus Hongkong aus. Sie trägt Stöckelschuhe, je nach Lust und Laune Jeans oder Röcke und eine Modebrille aus Hongkong. Sie zeigt uns am nächsten Tag die Stadt und führt uns zu interessanten Plätzen. Chengdu hat neben dem Schwarzmarkt und einer übergroßen Mao-Statue, die mit der rechten Hand nach Süden zeigt und für die Stadt wirklich nur noch Denkmal ist, einen Automarkt mit gebrauchten Fahrzeugen und veröffentlicht mehrere Zeitungen, was den Ehrgeiz dieser Gegend und ihrer Menschen verdeutlicht. Hier wurde 1904 auch der Reformist und ehemalige Staatschef Deng Xiaoping geboren. Die städtische Universität, so sagt Diao, erreichen so viele Bewerbungen, daß nur vier Prozent der Studienplatzanwärter angenommen werden können.
Vom Lärm auf der Hauptstraße unberührt, üben an diesem Morgen die Arbeiter auf dem Gelände ihrer Fabrik das Schattenboxen, Taichicuan, chinesische Morgengymnastik. Diao sagt, daß diese tägli-

chen Morgenübungen freiwillig sind; fast jeder aber, ob alt oder jung, nimmt an dem Programm teil. Überhaupt ist das chinesiche Gesundheitsbewußtsein sehr ausgeprägt, wenn man von der Anzahl der Raucher absieht und an das Krankenversicherungssystem keine westlichen Maßstäbe anlegt. Gebe war einmal in Luzhou beim Arzt, wo er eine Medizin gegen Ausschlag bekam. Vier Ärzte kümmerten sich ohne Wartezeit um ihn. Dabei untersuchten die Ärzte nicht nur die Haut, sondern maßen auch den Puls, leuchteten ihm in die Ohren und checkten den ganzen Körper von oben bis unten durch. Ausländer genießen hierbei keine Sonderbehandlung. Gebe bekam eine gelbe Flüssigkeit zum Einreiben. Der Ausschlag war nach zwei Tagen wieder weg.
Wir erzählen Diao von unseren Erlebnissen und Vorkommnissen der letzten Wochen. Ausführlich erklärt sie uns die offenen Fragen und hakt dann beim Thema Verhaftung nochmals ein. Sie sagt, daß sich das Verwaltungsgebiet der Armeestützpunkte nur auf bestimmte, zugewiesene Landbezirke erstrecke. Aus diesem Grund hätten uns die Soldaten nicht verfolgt, da wir nach der Stadt Bijie einen anderen Bezirk betraten. Diao fragt uns dann, ob sie ein paar Tage mit uns radeln könne, da sie Sommerurlaub habe. Ich hege zuerst meine Bedenken und erkläre ihr, daß wir während der Fahrt in einfachen Gästehäusern schlafen und das Essen viel bescheidener sei, als hier in Chengdu. Doch sie erklärt, das mache ihr nichts aus; und so kommt es, daß wir erstmalig zu dritt unterwegs sind.

AUF DER TEESTRASSE ZUM HIMALAYA

Am 27. Juli 1987 verlassen wir gemeinsam Chengdu und nehmen die Straße direkt nach Westen in Richtung Kangding. Wir brauchen uns jetzt nicht nach dem Weg zu erkundigen oder in der Karte nachzusehen. Diao klärt alles in Sekundenschnelle. Sie hat neben ihrer kleinen Umhängetasche ihre Zeichenplatte mitgenommen. Für einen Stadtmenschen müssen diese Reisfelder eine schreckliche Einöde sein, denke ich mir, aber dem ist durchaus nicht so. Manchmal stoppt Diao neben einem Bach oder an einem Acker, malt für eine Stunde auf ihrer Zeichenplatte und schenkt uns dann das Bild. Danach fahren wir weiter. Zu dritt unterhalten wir uns, erzählen uns Witze und blödeln auf den Fahrrädern herum. An einem Wasserfall treffen wir zufällig auf ein chinesisches Fernsehteam, das uns ein Stück begleitet und filmt. Am Abend finden wir mit Diaos Hilfe auf Anhieb ein Gästehaus, bekommen das Richtige zu essen und finden wohltuende Ruhe im Zimmer, ein wirklicher Urlaubstag. Am nächsten Morgen klopfen wir an ihr Zimmer und wecken sie. Ein wenig zerknautscht, doch heiteren Gemüts kommt sie zum Frühstück.
»Ich habe gut geschlafen. War Lärm auf der Straße? Er hat mich nicht gestört. Frühstück? Mir genügt eine Tasse Tee und eine Schale Reis.«
Wir fahren weiter. Ich bin wieder verzaubert von dem Anblick der chinesichen Landschaft. Noch ist die Umgebung flach und voller Reisfelder, die in der Sonne funkeln. Darin stehen einzelne Hütten, die mit Stroh gedeckt sind. An einem Wasserhahn, in der Mitte des

Dorfes, holen sich Frauen in großen Kübeln Wasser und tragen es in ihre Häuser. In einer dichten Schar kreuzen Enten die Straße und verschwinden hinter einem Bambushain. Mittags legen wir eine Pause in einem Teehaus ein. Dort beginnt schon nach kurzer Zeit ein Streit zwischen zwei Chinesen. Einer wackelt dabei auf seinem Stuhl hin und her wie ein zorniges Kind. Endlich haben wir die Möglichkeit zu erfahren, worum es bei diesem mündlichen Schlagabtausch geht, und fragen Diao.

»Was glaubt ihr?« gibt sie die Frage zurück.

Wir überlegen. »Stimmt etwas mit dem Tee nicht.«

»Nein.«

»Geht es vielleicht um die Bezahlung?«

»Nein.«

»Ist es eine Familienangelegenheit?«

»Nein. Strengt mal eure Köpfe ein bißchen an! Ihr seid doch nun schon lange genug in China«, sagt sie.

»Die Ernte?«

»Schon näher.«

»Das Wetter?«

»Erraten!«

Es geht um das liebe Wetter. Wir hätten eben gleich auf chinesische Denkweise umschalten sollen. Einer der beiden mutmaßt, daß es morgen schlechtes Wetter geben wird, der andere, der jetzt noch heftiger auf seinem Stuhl wackelt, ist absolut anderer Meinung und zankt sich deshalb mit seinem »Freund«. Die beiden hätten besser in einen Sandkasten gepaßt.

Nach einer Stunde setzen wir unsere Fahrt fort. Je weiter wir uns von Chengdu entfernen, desto mehr spüren wir die Spannung bei Diao. Kommen wir in ein Dorf oder an ein paar Häusern vorbei, so rufen die Einheimischen ihr zu: »Was machst du? Hast du jede Moral verloren? Wo sind deine Eltern?« Für die Landbevölkerung ist es höchst ungewöhnlich, eine Chinesin zu sehen, die zusammen mit Ausländern auf dem Fahrrad unterwegs ist. Dabei versucht Diao, Kontakte zwischen den Einheimischen und uns zu knüpfen. Sie stellt uns bei anderen Familien vor, erzählt, wo wir herkommen, wie sie uns kennengelernt hat, und daß sie ein paar Tage ihres Sommerurlaubs mit uns verbringen will. Nicht wir, Diao selbst steht im Kreuz-

Unterwegs mit der Chinesin Dia von Chengdu nach Yaan.

feuer der Anfeindungen. Beim abendlichen Spaziergang im Dunkeln, ansonsten hätte das Dorf Alarm geschlagen, beginnt sie zu weinen, und sie weint sich die Seele aus dem Leib. Diao, für uns der normalste Mensch mit einem grundsoliden Charakter und enormen Englischkenntnissen, eckt in ihrer Heimat überall an und hat Schwierigkeiten. Sie ist 25 Jahre jung, hatte aber noch nie einen Freund. »Liebe«, sagt sie, »wird erst akzeptiert, wenn man verheiratet ist, ansonsten landet man im Gefängnis.«
Jetzt denke ich wieder an das Bordell in Chengdu, andererseits an Diao, deren Gefühle hier in China zu einem Gefängnisaufenthalt führen könnten.
Die Möglichkeit, sich ein Bild von China zu machen, gleicht einem Puzzlespiel; über fehlende Teile muß man hinwegsehen, da sich sonst nie ein Bild ergibt. Das Land ist voller Rätsel und hat Märchen nötig, damit es einem gefallen kann. Diese Reise hat für mich vor allem den Vorteil, daß ich ganz persönlich einen Eindruck von dem Land bekommen kann. Nach sechs Wochen spüre ich jetzt, daß ich es

verlassen muß. Es gibt Länder auf dieser Erde, über die man besser Bücher lesen sollte, als selbst dorthinzufahren. China ist wohl eines davon. Man könnte glauben, die Politiker in Peking entwerfen ihre Gesetze beim Schwatzen und Händefuchteln im Teehaus, da all ihre parteipolitischen Programme, sei es die gegen die »vier natürlichen Feinde«, oder gegen die »sechs gesellschaftlichen Sünden«: (mittelalterlicher Frauenhandel, vor allem auf dem Land noch gang und gäbe, Prostituion, Pornographie, Glücksspiele, Drogenhandel und Aberglauben) ohne spürbaren Erfolg bleiben. Die Kampagnen bestehen nur auf dem Papier; die Mißstände konnten damit nicht ausgerottet werden. Was heute in China vor allem zählt, ist Geld. Neun von zehn Spitzenfunktionären der Regierung haben, laut Aussagen von chinesischen Intellektuellen, ein Bankkonto in der Schweiz.
Als ich am Morgen die Augen aufschlage, geht die Sonne als roter Feuerball am aschgrauen Himmel auf. Auf der Straße, sehe ich die ersten Passanten mit Gemüse zum Marktplatz laufen. Gleich um sieben nimmt Diao den Bus zurück nach Chengdu. Wir hatten eine schöne Zeit zu dritt, und es hat Spaß gemacht, zusammen mit ihr unterwegs zu sein, aber wir können ihre Entscheidung umzukehren gut verstehen. Sie verabschiedet sich mit einer für Chinesen ungewohnten Herzlichkeit, umarmt uns verlegen und wünscht uns alles Gute für die Reise.
»Besucht mal wieder Chengdu!« lädt sie uns ein, als sie im Bus verschwindet.
Die Morgenröte im Rücken fahren wir langsam los. In Wellen fluten die ersten Sonnenstrahlen über die Felder hinunter zum Bach, wo es noch dunkel ist. Morgens, wenn noch kein Lüftlein weht, herrscht eine seltsame Stimmung über den Feldern. Die Töne von Insekten und Gesänge von Vögeln haben eine eigenartige Schärfe, jeder Laut ist gut hörbar. Man glaubt, das Gras wachsen zu hören. Je höher aber die Sonne steigt, desto ruhiger werden die Bewohner der Reisfelder. Und heute steigt sie kräftig an. Schon nach kurzer Zeit folgt eine trockene Hitze. Um zehn ist es schon singend heiß, der Himmel trocken und weiß wie Gips. Die Hitze des chinesischen Sommers trifft uns noch einmal in ihrer vollen Stärke. Gegen Mittag halten wir am Straßenrand kurz an, um ein Stück Maisbrot und einen Becher Tee zu uns zu nehmen. Mein Körper ist tropfnaß, mein Schlund schmerzt

Wir nähern uns dem Himalaya. Im Yaan-Tal nahe der gleichnamigen Stadt wird es hügelig.

von der heißen Luft. Immer wieder wische ich mir die salzigen Schweißtropfen mit meinem Trikot aus den Augen, die unangenehm brennen. Durch die Sonnenstrahlen erhitzt sich das Sattelleder so stark, daß ich mich beim Hinaufsetzen fast verbrenne. Ich lege mir ein Unterhemd auf den Sattel. Das hilft. Nur einmal bekommen wir an einem Brunnen, wo ein Mann seinen Lastwagen wäscht und uns einen Eimer kaltes Wasser über den Kopf schüttet, eine Erfrischung. In der zweiten Tageshälfte wird das flache Gelände schroffer. Hinter der Stadt Yaan biegen wir in ein Tal ein und folgen dem Yaan-Fluß. Rechteckige, grün-braune Felder klammern sich an die steilen Hänge, auf denen Tee wächst. Der fruchtbare Boden, das heiße Klima und die vielen Regenfälle, die in der Monsunzeit über die Himalayakette nach Osten bis hierher reichen, machen dieses Gebiet ideal für den Teeanbau. Im Gegensatz zum Grüntee in Südchina handelt es sich hier um dunklere Pflanzen, die Teeblätter sind gröber und die Adern dicker. Die Blätter und Äste werden von den Bauern getrocknet und zu den Teeverarbeitungshäusern in Yaan gebracht. Dort werden sie im Rohzustand nach Qualität geordnet, über heißem Wasser gedämpft und feucht zu ziegelsteinförmigen Blöcken gepreßt. Die 15 bis 20 Pfund schweren Brocken werden zum Schluß in offenen Schobern getrocknet. Die Chinesen trinken diesen Tee aber nicht; er ist ihnen geschmacklich zu stark, da er einen hohen Anteil an anregendem Tein enthält. Seit Jahrhunderten transportierten Yaks (tibetische Grunzochsen), Maultiere, Pferde und Träger diesen Tee nach Tibet, heute geschieht dies mit Lastwagen. Daher der Name dieser Straße: die Teestraße.

Der Weg steigt an, die Fahrt wird anstrengender. Weiter oben tauchen kleine Wälder auf. Der Wind streicht durch die Bäume, daß das Laub zu rasseln beginnt. In der Luft liegt jetzt ein beständiges Summen. Ich frage mich, ob das Geräusch von unsichtbaren Insektenschwärmen kommt oder vom Rauschen des tieferliegenden Ya-Flusses. Viele der Häuser in diesem Tal sind aus Holz gebaut und liegen harmonisch in Senken. Eine einladende Landschaft tut sich vor uns auf. Man könnte glauben, nicht in China, sondern irgendwo im oberen Rheintal unterwegs zu sein. Es geht gleichbleibend leicht bergauf. Lange hatten wir keine solche Steigung mehr. Aber das ist mir jetzt gerade recht, denn endlich nähern wir uns den Bergen. Ein kurzer Blickkontakt zu Gebe genügt, um zu wissen, daß es ihm genauso geht. Ohne viel zu sprechen, fahren wir bergauf. Übermutig trete ich in die Pedale und versuche, dabei locker auszusehen, aber irgendwie muß ich mich jetzt innerlich wieder aufbauen. Ich blicke in den tiefen Wald und hinauf zum blauen Himmel, bekomme ungeheure Lust, anzuhalten und den Waldgeräuschen zu lauschen. Kaum ein Laut dringt an mein Ohr, nur ab und zu etwas Vogelgezwitscher. Später sinkt die Sonne hinter die Bergkämme und wirft lange Schatten. An einer Teebude füllen wir nochmals unsere Flaschen auf und radeln weiter in den Abend hinein. Auf der rechten Seite zieht sich ein Holzzaun an der Straße entlang. Seit fünf Stunden geht es jetzt schon bergauf. Dann berührt die Sonne den gezackten Horizont, und alles wird wieder rot. Ein paar Wolken schieben sich ins Tal. Nur Minuten später beginnt es zu dämmern, und die Sonne hinterläßt einen kleinen hellen Schein am Himmel. Bisher konnten wir noch kein Dorf entdecken, aber für den Notfall haben wir ja unsere Schlafsäcke

und Matten bei uns. Im schwachen Licht meiner Taschenlampe bahne ich den Weg durch die Dämmerung. Unten im Tal ist es bereits stockdunkel.
Nachts zu radeln ist unangenehm, da man Bodenwellen und herumliegende Steine kaum oder erst zu spät erkennt. Gebes keuchender Atem dringt durch die Nacht.
»Da wird schon was kommen«, versuche ich ihn aufzumuntern.
»Ist mir egal, bei mir ist alles in Ordnung.«
Die Abendstunden gehen dahin, und es ist gegen zehn, als wir in einer Kurve auf ein beleuchtetes Haus stoßen. Davor stehen sieben Lastwagen – ein LKW-Stop. Das Haus gleicht einer Baracke und steht kurz vor dem Zerfall. Das macht uns jetzt nichts aus. Wir beziehen Quartier und sammeln ein paar Matratzen. In der Gemeinschaftsküche nehmen wir uns gekochten Reis mit Gemüse aus den Töpfen und beginnen zu essen, als wir einen lauten Aufschrei hören. Gebe rennt vor das Haus und ruft mich. Ich folge ihm und sehe, wie zwischen zwei Lastwagen gerade ein Schwein an eine Latte, die quer über die Ladefläche der beiden LKWs gelegt ist, geschlachtet wird. Jemand bringt Wasser vom Brunnen, schüttet es über das rohe Fleisch und streicht dann mit seiner Hand darüber, um es zu säubern.
»Wir müssen wieder besser aufpassen«, mahnt Gebe und kaut auf seinem Reis weiter.
»Was meinst du genau?« frage ich ihn.
»Das Essen, das Wasser. Wir kommen hier in Gegenden, da zählt die Hygiene noch nicht. Ich meine, wir sollten uns jetzt nicht infizieren oder Durchfall bekommen, das geht an unsere Kräfte.«
»Ja, verstehe. Das Wasser im Brunnen kommt zwar vom Berg herunter, aber man weiß ja nie, wer dort oben wohnt und es verschmutzt. Wir sollten Mikropur-Tabletten für das Trinkwasser verwenden. Sicher ist sicher.«
Wir gehen zurück ins Zimmer und legen uns schlafen. Wie froh bin ich jetzt doch über meinen Schlafsack. Er ist zwar nicht mehr der sauberste, aber hier liege ich wenigstens in meiner eigenen Stoffhülle auf einer Isoliermatte, welch geniale Erfindung. Man könnte sie auch als Matratze bezeichnen, die nur wenige Gramm wiegt und mich von unten wärmt. Draußen vor dem Haus lärmen die Chinesen immer noch beim Schlachten. Andere hängen mit gebeugten Oberkörpern

unter der Motorhaube eines Lastwagens, um ihn zu reparieren. Gebe zündet sich eine Zigarette an und beginnt, im Tagebuch zu schmökern.
»Heute vor sechs Wochen sind wir in Hongkong gestartet.«
»Was für sechs Wochen«, erwidere ich, »dieses Land ist mir immer noch fremd. Ich bin genauso weit wie vorher. Laß uns schlafen. Gute Nacht!«
»Gute Nacht!«
31. Juli 1987. Kurz nach dem Aufstehen wird der Tag feierlich eröffnet: Gebes Geburtstag. Gleich zum Frühstück knacken wir zwei Flaschen Bier und stoßen auf seinen dreiunszwanzigsten Geburtstag an. Dabei belassen wir es vorerst, denn vor uns liegt eine Steigung von über 1500 Höhenmetern. Wir radeln los, schon nach kurzer Zeit wird die Straße steiler. Ich schalte in meinen kleinsten Gang und versuche, gleichmäßig zu treten. Mit zunehmender Höhe sinkt die Temperatur stetig. Dunstige weiße Wolken bedecken den Himmel. Links und rechts der Straße ragen riesige Bäume in den Himmel. Der Weg wird noch steiler. Ich keuche, strecke meine Zunge heraus und verlege mein Gewicht von einem Bein auf das andere. »Durchhalten, nur durchhalten, du schaffst es«, rede ich mir ein. Nur eine kurze Rast, um auszuruhen, dann fahren wir weiter. Nach 30 Kilometern erreichen wir die Baumgrenze und kurz darauf in einer Mulde die Paßhöhe. Der Übergang, Erh Loh Shan, 3500 Meter hoch gelegen. Kalter Wind bläst über die ausgesetzte Gratkante, aber etwas Frisches, Prickelndes liegt jetzt in der Luft. Nach dem stickigen Sichuan-Becken glaube ich den Sauerstoff förmlich zu spüren. Ich ziehe mir eine Jacke über und setze zur Abfahrt an. Nach fünf Minuten verlangsamt Gebe vor mir sein Tempo und bleibt mitten auf der Straße stehen. Gebannt blickt er hinauf zum Himmel. Ein Lastwagen hupt hinter ihm. Gebe fährt zum Straßenrand, parkt dort und sieht wieder zum Himmel hoch.
»Was ist los?« will ich wissen.
»Die Wolken. Diese weißen Wolken. Ich glaube einfach nicht, daß das alles Wolken sind. Schau mal, weit dort oben. Was siehst du? Kannst du etwas erkennen?«
Gebes Stimme klingt aufgeregt. Ununterbrochen späht er zum Himmel hinauf. Ich folge seinem Blick und gehe sorgfältig die einzelnen

Gebes Geburtstag am 31. Juli.

Wolken ab. Auch ich übersehe es fast, aber da ragt inmitten zweier Wolken eine weiße Schneespitze empor.
Mein Herz schlägt mir bis zum Hals. »Das ist Wahnsinn«, sage ich, »wir müssen verrückt sein!«
Ich weiß, daß der Mount Everest der höchste Berg der Erde ist, aber dieser Berg sieht so hoch aus, als ob er die Sterne berühren wolle. Gebe küßt mich auf die Backe, rennt die Straße auf und ab und umarmt vor Begeisterung einen vorbeilaufenden Chinesen. Wir legen uns die Hände gegenseitig um die Schulter und singen: »Wir sind im Himalaya-düd-düd, wir sind im Himalaya....« Niemand hätte das auf ein Tonbandgerät aufnehmen dürfen, aber für uns waren unsere Begeisterungsrufe wie ein Auftritt im Woodstock-Konzert.
»Das ist dein Geburtstagsgeschenk!«
Schon nach kurzer Zeit schieben sich wieder Wolken vor die Spitze. Gebe holt die Karte heraus und sieht nach. Der Berg heißt Gongga Shan (auf tibetisch: Minya Konka) und ist mit einer Höhe von 7560 Metern ausgewiesen. Am Fuße des Berges können wir menschliche Siedlungen erkennen. Das Grün der Vegetation reicht weit hinauf und geht direkt in die weißen Gletscher über.

Wir schwingen uns auf die Räder und rollen, ohne in die Pedale zu treten, im Leerlauf bergab. Unten im Tal schäumt der Tung-Gebirgsfluß, stehen Reihen von Bäumen und liegen terrassenförmig angelegte Kornfelder. Dünne Nebelschwaden ziehen am Hang entlang. In jeder Kurve verringere ich meine Geschwindigkeit. Auf halber Paßhöhe verkaufen Bauern an einer Straßengabelung Obst und Gemüse. Wir sehen große, frische Äpfel und erstehen gleich ein halbes Dutzend. Was für eine herrliche Erfrischung! Auf ausgebreiteten Matten sehen wir schwarze, leuchtende Auberginen, goldgelbe Maiskolben und Rettiche, so dick wie Zaunpfähle. Das Angebot ist unvergleichlich. Beim Gedanken an das Abendessen läuft mir das Wasser im Mund zusammen. Wir fahren weiter, vorbei an Walnußbäumen, deren Zweige über die halbe Straße hängen. Wo sind wir nur plötzlich? Erst jetzt nehme ich die schönen Bauernhäuser am Straßenrand und an den steilen Hängen wahr. Darauf habe ich sechs Wochen warten müssen. Es handelt sich um Häuser mit klassischen Fassaden, mit Wänden aus schwerem Holz, gestrichen mit Ölfarbe, und mit den typisch geschwungenen Dächern und spitzwinkligen Giebeln, wie sie in anderen Teilen Südostasiens oft anzutreffen sind. Im Innern finden sich richtige Holzböden und große Öfen. Das Dorf ist schweigsam und ruhig, der Anblick ehrfurchtgebietend. Endlich – wir haben Shangri La erreicht.
»Sieh doch nur, wie schnell sich der Nebel dort den Hang hinaufbewegt!«
Gebe antwortet nicht. Er ist immer noch in Erinnerung versunken und scheint leise in sich hineinzulachen. Diagonal queren wir auf der Straße einen Hang bergab. Der vorbeiziehende Wind wird mit jedem Kilometer wieder wärmer. Am Ende der Abfahrt befindet sich im Talgrund das Dorf Luding, in dem wir direkt vor das Gästehaus rollen. Aus unserem Traum von einer hölzernen Pension wird nichts. Diese Unterkünfte sind einfach unverkennbar und meist das einzige mehrstöckige Gebäude im ganzen Dorf, das aus Beton errichtet und geschmacklos blau oder gelb angestrichen ist. Wir wollen uns heute aber die gute Stimmung nicht verderben lassen, schmeißen das Gepäck auf das Zimmer und gehen zum Essen. Es gibt gebratene Auberginen und Zucchinis. Wie wir erfahren, werden die Walnüsse der Umgebung zu Öl gepreßt, das zum Kochen verwendet wird. Der

Wirt, um die fünfzig, ist sehr freundlich. Etwas früher als üblich schließt er seinen Laden ab und legt Musik auf. Gebe spendiert ein paar Biere. Bei Kerzenlicht sitzen wir beisammen, da wieder einmal der Strom ausgefallen ist.
»Mann, jetzt bist du 23!« proste ich Gebe zu.
»Ja, Prost, Ganpei«, und er hebt das Glas.
Ein Soldat, der scheinbar Wache schiebt, hört die Musik von draußen und klopft an das Fenster. Der Wirt öffnet, aber die Party wird nicht unterbrochen, sondern nur eine weitere Person einbezogen. Es wird ein lustiger Abend, bis lange in die Nacht hinein sitzen wir beisammen und genießen das Bier. Der Soldat verbringt die Nacht auf einer Holzbank im Gasthaus.
Anderntags stehen wir in aller Frühe auf. Die Berge um Luding sind dicht vernebelt, doch mein Kopf ist klar, was nach einem chinesischen Bier selten ist.
Luding liegt im Talgrund direkt am Tung-Fluß, über den eine historische Hängebrücke zum anderen Ufer führt. Hinter der Brücke, die einst die einzige Überquerungsmöglichkeit darstellte, befand sich noch vor der Kulturrevolution das erste tibetische Kloster der Teestraße. Hier erhielten die Leute der Karawanenzüge und Pilger ihren ersten Segen für den langen, gefährlichen Weg nach Lhasa. Heute steht es nicht mehr. Eine kleine Aushebung und herumliegende Steinbrocken sind die letzten Reste dieser buddhistischen Stätte. Die Dorfbewohner von Luding verkaufen am Straßenrand alle erdenklichen Gemüsesorten. Sogar die Frauen rufen uns hier zu, und jedesmal wenn sie winken, kichern sie gleichzeitig. Als ich mir ein paar Äpfel kaufe, hält eine Verkäuferin mir einen schwarzen Schirm als Sonnenschutz über. Jeder im Dorf ist freundlich und voller Heiterkeit, bis auf einen englischsprechenden, gewieften Chinesen, der uns einlädt, die Wetterstation von Luding zu besichtigen, bei der er arbeitet. Da sich das für uns interessant anhört, begleiten wir ihn zu dem Wetterhäuschen, das zwei Kilometer außerhalb von Luding liegt. Wie versprochen zeigt er uns die Geräte, aber nur wenige Minuten, dann lockt er uns in seinen Wohnraum und beginnt, über seine Zukunft und seine Träume zu sprechen. Er warnt uns vor den Tibetern, die lange Messer bei sich hätten und gefährliche, diebische Leute seien. Den Vogel schießt der »Clown« ab, als er mitteilt, daß er

eine Amerikanerin heiraten wolle. Dabei wirkt er nicht einmal provozierend.
»Abwarten und Tee trinken«, rät ihm Gebe, mit dem Fahrrad verschwindend.
Nach einem Rundgang durch das Dorf kehren wir wieder zur selben Gaststätte zurück. Während der Wirt kocht und vor sich hinsingt, blickt Gebe auf einen Wandkalender. Dann stößt er einen Freudenschrei aus und klatscht die Hände über dem Kopf zusammen.
»Hokuspokus, simsalabim«, singt er, »ich hab heute schon wieder Geburtstag.«
»Wovon redest du, gestern war doch dein Tag.«
»Nein, nein!« sagt Gebe, »heute ist nicht der erste, der Wirt hat jeden Tag mit einem Bleistift abgehakt und heute ist der 31. Juli.«
»Wir müssen langsam ganz verrückt sein, ich hab doch Tagebuch geschrieben«, entgegnete ich.
»Das macht nichts. Dann feiern wir eben heute ein zweites Mal. Fantastisch«, meint Gebe.
Stirnrunzelnd sieht uns der Wirt an.
»Noch einmal das gleiche Essen«, ruft Gebe ihm zu.
Nach dem Frühstuck unterhalten wir uns. Wir könnten heute auf der Teestraße weiterfahren, aber der Gongga Shan vom Vortag spukt noch so in unseren Köpfen um, daß wir heute einen Tagesausflug mit dem Fahrrad zur Südseite des Berges unternehmen. Flußabwärts am Tung-Fluß entlang fahren wir zur Ortschaft Moshio und von dort in ein Seitental nach Westen, einen steilen Pfad hinauf. Wir kommen dabei an einer Sägerei vorbei, in der zwei Männer ein großes Sägeblatt durch einen Stamm treiben und Bretter heraussägen. Der Junge führt die Handsäge; bei jedem Zug kommen strähnige Muskeln zum Vorschein und spannen sich die Sehnen. Für einen Chinesen ist er ein wahrer Riese.

Sägewerksarbeiter.

Nachdem wir unsere Räder über eine schräge Geröllhalde getragen haben, verengt sich die Straße zu einem schmalen Pfad. Vorbei an Leuten, die schwere Lasten von Mais und Getreide ins Tal tragen, fahren wir bergan und stoßen am Ende des Tales auf das Dorf Haligou. Normalerweise müßten die Gletscher des Gongga Shan bis nahe zu dieser Ortschaft reichen, aber das Wetter ist heute so schlecht und neblig, daß wir nicht mal über die Waldgrenze hinaus blicken können. Dafür sehen wir etwas anderes Ungewöhnliches: eine Kirche, die erste, die wir in China entdecken. Jetzt fehlt nur noch das Glockenläuten. Aber die Kirche ist zu einem Lagerhaus umfunktioniert. Ich weiß, daß es im Nordosten Chinas Christen gibt, aber von dieser Gegend war mir das nicht bekannt.
Wir müssen weiter, denn wir haben einen langen Weg vor uns. Nachdem wir noch ca. 20 Kilometer am Fluß entlanggefahren sind, verschwindet die Straße in einem Seitental. Schnell ändert sich jetzt die Vegetation. Das grüne Tal steht im Kontrast zu dem silbern schimmernden Gebirgsfluß und den Felswänden weiter oben. Nach ein paar Zick-Zack-Kurven verschwindet die Straße in einem engen Tal. Weiter geht die Fahrt am Bach entlang.
»Nach Sichuan zu reisen«, so meint Li Bai, ein Poet aus der Tang Dynastie, »ist ebenso riskant, wie den Himmel erklimmen zu wollen.«
Mitten an einem Berghang erreichen wir die Ortschaft Kangding, die früher von ausländischen Forschern als ›Wild-West-Stadt‹ bezeichnet wurde. Asiatische Handelsleute aus allen Landesteilen suchten sie auf. Der Ort war Handelsmittelpunkt zunächst für Chinesen und Tibeter, aber Geschäftsleute kamen auch bis aus dem benachbarten Nepal, Sikkim und Indien, um Waren zu tauschen oder zu kaufen. Turkestanen brachten Seide, Tibeter lieferten Wolle aus Amdo (Nordosttibet), Kupfer aus Dêgê und Gold aus Lhasa. Die Chinesen wiederum verkauften Tee und Tabak und spekulierten über die Stoffpreise in Lhasa. Kangding, auch Tatsienlu genannt, war ein Handelszentrum in Asien. Zwischen den zwei ›Verbotenen Städten‹ Peking und Lhasa existierte früher sogar eine Postverbindung. Durch ein ausgeklügeltes System von Trägern, Boten, Läufern und Pferdestaffeln, die Tag und Nacht unterwegs waren und sich immer wieder abwechselten, dauerte der Transport manchmal nur 20 Tage. Mit

Ausnahme der Luftpost können selbst heute die Chinesen diese Zeitspanne kaum unterbieten.
Als wir die Stadt erkunden, stoßen wir auf enge Gassen und viele Läden. Auf dem Marktplatz von Kangding haben wir unseren ersten Kontakt mit Tibetern. Mit ihren bronzefarbigen scharfkantigen Gesichtern, dichtem Haar und dem umgehängten Schafspelz sehen sie aus wie Urmenschen. Eine ihrer Schulterseiten ist meist nackt. Um den Körper zu durchlüften, oder wenn es mittags zu heiß wird, lassen sie einfach eine Schulterseite aus dem Ärmel hängen. Darunter verbirgt sich ein sehniger, muskulöser Körper, der von der Sonne braungebrannt und dessen Haut durch die trockene Höhenluft etwas rissig ist. Und es stimmt, was uns Wang aus Luding erzählte, sie tragen einen langen geschmückten Säbel bei sich, der quer durch den Gürtel gesteckt ist. Fast hätte ich es übersehen, daß mir ein Tibeter an der Ecke eines Gemüsestandes unter seinem dicken Mantel eine Münze entgegenstreckte. Ich fahre zurück. Er dreht die fünfmarkstückgroße Münze um, blickt sich sicherheitshalber nochmals um und macht dann mit der anderen Hand eine Geldbewegung. Wir sind verblüfft. Er schlägt einen Tausch vor, und wie der das Geschäft abwickeln will, ist professionell und gewieft zugleich.
»Nein danke«, winke ich ab. Der Tibeter lacht und schreitet weiter.
Kangding ist voll mit Lastwagen, die hier eine Pause einlegen. Am frühen Morgen läßt jeder seinen Karren warmlaufen. Blauer Dunst hängt über der Stadt. Durch den Lärm geweckt, sind wir nach wenigen Minuten aufmarschbereit. Der Himmel hat sich bezogen, und dicke Nebelschwaden ziehen an den Berghängen entlang. Wir fahren über die Baumgrenze hinaus. Eine alpine Flora mit latschenartigen Stäuchern und Wiesen liegt vor uns. Eine Holzhütte steht neben der Straße. An einer Außenwand lehnt ein dünner Baummast, an dem eine weiße Fahne hängt, eine tibetische Gebetsfahne. Sie werden uns von nun an auf dem Weg nach Tibet begleiten. Es beginnt leicht zu regnen, und nach ein paar Stunden bin ich bis auf das Unterhemd durchnäßt. Eigentlich ist es mehr ein Nieseln, das aus den wattebauschartigen Nebelschwaden kommt. Wir fahren an Tibetern vorbei, die große, zottige Yaks, auch tibetische Grunzochsen genannt, ins Tal treiben. Die langen Bauchhaare der Tiere hängen bis zum Boden hinunter. Die Besitzer werden die Tiere auf dem Markt-

In vielen Windungen zieht sich der erste Paß empor.

platz von Kangding verkaufen, wo ihnen Chinesen einen guten Preis für das Fleisch bezahlen. Die Yaks schnauben, beim Ausatmen tritt weißer Dunst aus ihren Nüstern.

»Tashi Delek«, ruft ein Tibeter und hebt eine Hand zum Gruß. Wir grüßen zurück. Wie ich erst jetzt bemerke, geht auch unser Atem in weißen Dunst über. Es wird fast mit jedem Kilometer kälter. Vor zwei Tagen waren wir noch in der brütenden Hitze des Sichuan-Beckens, und jezt erleben wir diese Kälte. Die Landschaft wird immer kahler.

»Andi, der Winter fängt an zu leben«, meint Gebe.

Die Straße führt weiter bergauf. Die Fahrt vom Vortag sitzt mir noch in den Knochen. Ich spüre jeden Muskel. Nur langsam komme ich voran, dabei schaue ich auf den sich in Zeitlupe drehenden Vorderreifen. Der Paß hat eine gleichmäßige Steigung. Seit ein paar Stunden schon fahre ich nur im ersten Gang. Ein hölzernes Schild am Straßenrand klärt uns darüber auf, daß wir die 4000-Meter-Grenze überschritten haben. Immer wieder vermute ich hinter jeder Ecke oder Gratkante die Paßhöhe, aber die Steigung scheint kein Ende zu nehmen.

»Nächste Etappenstation: das Dach der Welt!« meldet sich Gebe wieder und sagt das wie ein Schaffner im Zug. Ohne seine lustigen Kommentare wäre die Fahrt doppelt so anstrengend.
Es ist unglaublich, wie sich die Perspektive auf einmal verschiebt. Was aussieht wie eine Strecke von nur wenigen Minuten wird zur Angelegenheit von Stunden. Die Anstrengung ist zermürbend. Ich keuche wegen der dünnen Luft. Noch einmal, haben wir die Möglichkeit, an einem Lastwagenstop heißes Wasser nachzuschenken. Wenn wir uns erst mal an die Höhe gewöhnen, wird es schon besser werden. Wir erreichen die Paßhöhe. Gebetssteine sind hier von Tibetern als Opfergabe an Götter aufeinandergeschichtet. Zwischen ihnen ragen Äste heraus, an denen unzählige tibetische Gebetsfahnen befestigt sind. Auf jeder von ihnen steht ein Gebet, das mit dem Wind in die Ferne zu den Menschen getragen werden soll.
Vom höchsten Punkt führt die Straße, entgegen unseren Erwartungen, kaum bergab. Ein Grasland liegt vor uns, soweit das Auge reicht. Die Männer sitzen barfüßig im Gras, in den scharf geschnittenen Gesichtern mit den kräftigen Kinnladen ist die Haut wie gegerbt von der kalten Höhensonne. Sie wachen bei einem Becher Tee über die Yaks und Schafe.
Die kleinen tibetischen Dörfer, durch die wir kommen, bestehen meist nur aus wenigen Häusern. In weitem Umkreis liegen blühende Weizen- und Gerstenfelder. Die Gegend ist herrlich. Mit Handpflugen, die von einem Yak gezogen werden, graben Bauern die Furchen in ihre Felder. Dabei singen und pfeifen sie voller Lebensfreude vor sich hin. Mir kommt es vor, als sei ich in eine andere Welt versetzt. Mir wird klar, daß westlich von Tatsienlu das tibetische Hochland beginnt. Die Städte enden hier, und es ist aus mit dem milden Klima.

GÖTTLICHE BERGE UND NOMADENLEBEN

Trotz ihrer Kürze waren die ersten Eindrücke von Tibet für uns von großer Bedeutung. Wir hatten das Bedürfnis, tiefer und weiter in dieses Land einzudringen und es zu erforschen, ein Gefühl, das mich heute noch begleitet.

Doch zuerst kommt es ganz anders. Nach ein paar Tagen erreichen wir die chinesisch-tibetische Grenze und treffen zum zweiten Mal auf den Yangtze-Fluß, diesmal in seinem Ursprungsgebiet. Die Grenze ist durch eine Brücke über den Fluß markiert. Aus einem Seitental kommend, fahren wir nur wenige Meter den Fluß entlang. Etwa 500 Meter, dann biegen wir nach rechts auf die Betonbrücke zu. Gebe fährt vor mir, leicht zur Seite versetzt. Wir gelangen nach einer Rechtskurve auf die Brücke, die mit Bohlen belegt ist. Wie eine Mauer stehen plötzlich acht Soldaten vor uns; dann höre ich Hunde bellen. In mir steigt Angst auf, für einen Moment bricht Panik aus. Gebe bremst ab, und ich fahre fast auf ihn auf. Wieder höre ich die Hunde bellen, gleichzeitig ertönt Gelächter. Drüben aus dem Wachtturm kommen noch mehr Soldaten herausgelaufen, direkt auf uns zu. Ich halte meinen Paß hier, den ein Grenzsoldat durchblättert. Nachdenklich prüft er das chinesische Visum. Nach etwa fünf Minuten, inzwischen hat jeder einmal einen Blick in den Paß geworfen sagt einer zu uns: »You cannot travel beyond here!« (Hier könnt ihr nicht weiterreisen!)

»Was?«

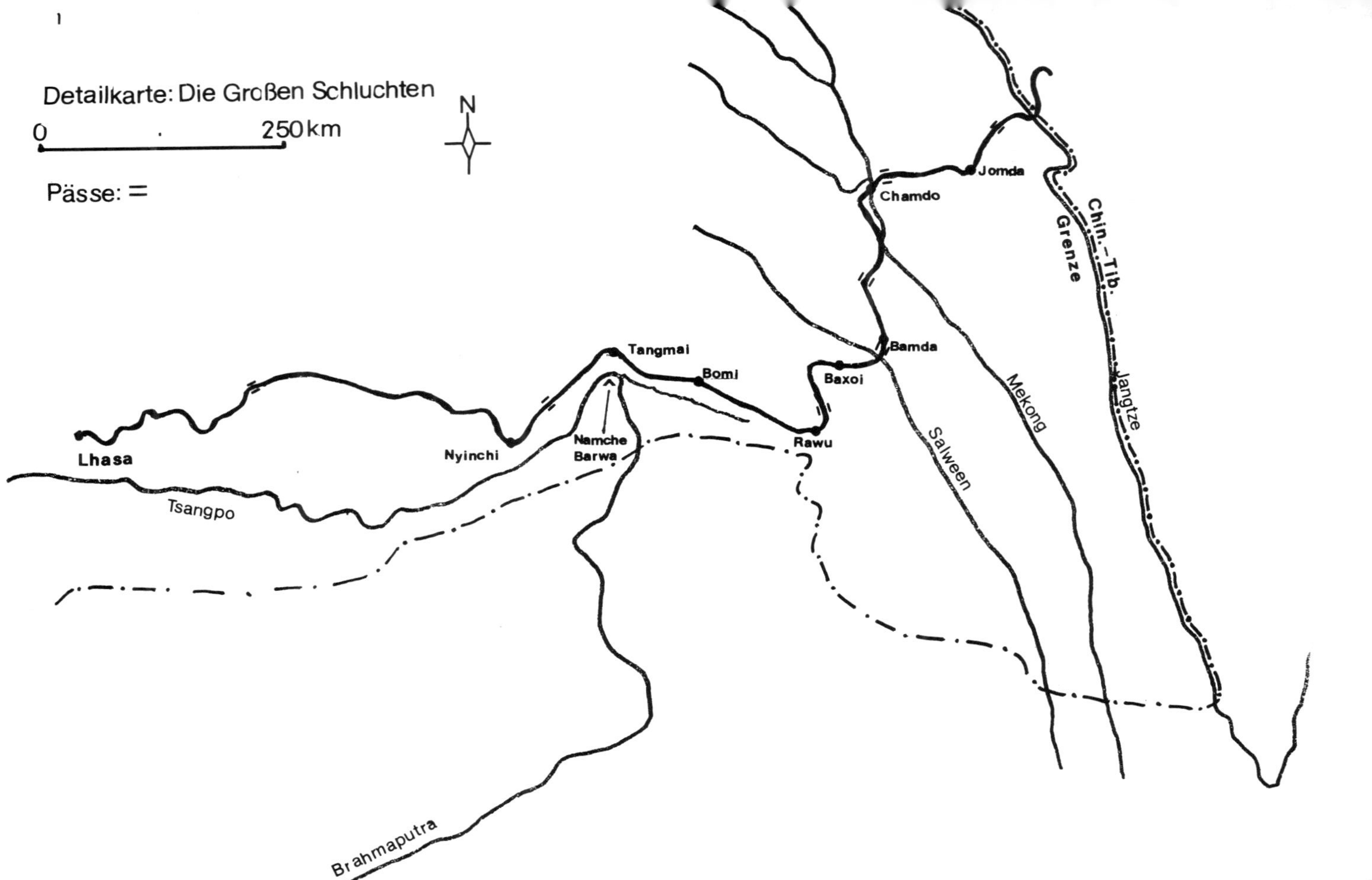
Detailkarte: Die Großen Schluchten
0
250 km
N
Pässe: =
Chin.-Tib.
Grenze
Jangtze
Mekong
Salween
Jomda
Chamdo
Bamda
Baxoi
Rawu
Bomi
Tangmai
Namche
Barwa
Nyinchi
Lhasa
Tsangpo
Brahmaputra

Die bewachte Grenzbrücke über den Yangtze zwischen China (rechts) und Tibet (links).

»You cannot travel beyond here!«
»Aber warum denn, was soll denn das?«
Die Leute schauen uns an, antworten aber nicht mehr. Ein kräftiger Chinese tritt hervor. Er lächelt, legt sein Gewehr an und zielt auf das andere Flußufer, wo er einen Vogel abfeuert. Entsetzt zucke ich zusammen.
»Die sind irre«, sagt Gebe.
Wir gehen ein Stück zurück, um einen Blick in die Karte zu werfen. Es existiert zwar noch eine andere Straße nach Tibet, doch die führt von Sichuan zuerst nach Nordwestchina zu der Stadt Golmud und dann durch wüstenähnliches Gebiet nach Tibet. Außerdem wäre diese Alternative ein riesiger Umweg. Für uns gibt es keine andere Strecke, als diese hier.
»Ich weiß etwas«, frohlockt Gebe und hebt sein Fahrrad vom Boden auf. Noch einmal gehen wir zum Fluß. Diesmal aber bis kurz vor das Ende des Seitentals, außer Sichtweite der Brücke. Wir entdecken

einen Weg der nach links abzweigt, und am Hang entlanglaufend flußabwärts führt. An der Stelle, an der die Brücke über den Fluß gespannt ist, machen wir halt. Ich sehe, wie die Straße nach der Brücke scharf nach links abbiegt, also flußabwärts, und nach etwa 500 Metern wieder in ein Seitental nach rechts verschwindet. Ich schaue zum Fluß hinunter, aber außer der eisigen Kälte ist es auch wegen der Fahrräder unmöglich, hinüberzuschwimmen. Weiter unten sind die Ufer enger beieinander. Wir halten Ausschau, nach einer geeigneten Stelle. Wir müssen hinüber; Aber wie? Wir überlegen fieberhaft. Holz liegt herum, und kleine Seilstücke haben wir auch. Wir könnten uns also ein kleines Floß bauen. Nach etwa fünf Kilometern fließt das Wasser mit einer sanften Strömung dahin. In Anbetracht dessen, daß wir mindestens zwei Tage zum Bau eines kleinen Floßes brauchen, richten wir neben dem Fluß unter Bäumen ein angenehmes Plätzchen ein. Gebe fängt an, dünne Stämme zu sammeln, während ich versuche, all unsere Seile zusammenzubinden. Neben ein paar dicken Ästen finden wir auch dünne Stämme, die wir mit einem kleinen Fuchsschwanz durchsägen. Plötzlich erscheint ein Tibeter auf einem Pferd. Er reitet die schmale Straße entlang und bleibt dann stehen, um uns verwundert zuzusehen. Er ist ganz allein. Er weiß wohl, was wir vorhaben, denn die herumliegenden Baumstämme und Seile verraten alles. Er bindet sein Pferd an einem Baum fest und kommt zu uns gelaufen. Stumm blickt der Tibeter auf den Fluß. Als seine Augen zu uns gleiten, beginnt er zu grinsen und macht mit beiden Händen eine rudernde Bewegung. Danach zeigt er mit dem Zeigefinger auf sich und mit dem gleichen Finger zum Berg hinauf. Er macht das so gut und auffällig, daß wir sofort wissen, was er meint. Er hat ein kleines Boot, das ein Stück am Berg oben bei seinem Haus liegt. Ist das eine Freude! Gemeinsam machen wir uns auf den Weg zu seiner Behausung und begutachten das Boot, oder besser gesagt die überdimensionale Nußschale aus Holzstäben und Yakhaut.
»Und das soll uns über den Fluß bringen?« zweifelt Gebe.
Aber uns bleibt keine andere Wahl, wir müssen es wagen. Es ist jetzt ungefähr sieben Uhr abends, als wir mit dem Boot unten am Fluß ankommen. Ich setze mich auf einen Halbteil. »Bist du bereit?« fragt mich Gebe. Ich bin mir nicht sicher. Das Gepäck, das Fahrrad, die Kamera, all das wäre im Fall einer Kenterung weg. Vorsorglich habe

Bange Minuten vor dem Übersetzen mit dem Boot aus Yakhaut.

ich mir meine belichteten Filme, meinen Reisepaß und mein Geld in eine Plastiktüte gewickelt und diese um den Bauch gebunden. Der Tibeter versucht mir zu erklären, wie ich mich im Boot verhalten soll, dann stößt er sich ab. Sofort werden wir stromabwärts mitgerissen. Mit tiefen Ruderschlägen treibt der Tibeter das Boot vorwärts. Im stärksten Strömungsteil des Flusses dreht sich das Boot, beginnt zu schaukeln, und gleichzeitig, schwappt Wasser ins Innere. Durch geschickte Handhabung mit dem Paddel bringt der kräftige Tibeter das Boot wieder in die Richtung der Wellenlinien. Wir werden wahrscheinlich einen halben Kilometer weiter unten die andere Uferseite erreichen, was aber nicht von großer Bedeutung ist, wenn wir dort nur heil ankommen. Bevor das Boot aber im starken Strömungsteil noch mehr abdreht, drückt sich unser Helfer wieder ab, korrigiert das Gleichgewicht und reißt das Boot aus dieser gefährlichen Stelle. Nach endlos erscheinenden Sekunden sind wir auf der tibetischen Seite. Ich könnte schreien vor Glück, doch wir müssen uns jetzt ruhig verhalten. Der Tibeter läuft am Ufer flußaufwärts, paddelt alleine zurück um das gleiche mit Gebe zu unternehmen. Auch bei ihm geht alles gut. Das Ganze dauert keine halbe Stunde. Triumphierend umarmen wir uns beide und bedanken uns überschwänglich bei unserem Steuermann. Wir beginnen sofort, die sechs Kilometer zur Straßenabzweigung, nahe der Brücke, zurückzulaufen. Zuerst zieht ein Steilhang etwa 100 Meter zu einem geneigteren Gelände empor. Da unser Gepäck so schwer ist, müssen wir mehrmals gehen, um Fahrrad und Zubehör nach oben zu transportieren. Als es dunkel wird, sind wir endlich am Steilhang angelangt. Unsere Befürchtung, daß es nachts regnen wird und wir deswegen fast nichts mehr erkennen können, tritt ein. Die Taschenlampe anzumachen, halten wir für zu gefährlich. Es wohnen hier fast nur tibetische Bauern, aber wenn sie zwei fremde Menschen in einer regnerischen Nacht umherlaufen sehen würden, hielten sie das sicherlich für außergewöhnlich und würden das ganze Dorf aufwecken. Ohne eine Pause einzulegen, laufen wir weiter. Wir müssen vor Anbruch des Tages bei der Grenzbrücke ankommen, um ungesehen in dem Seitental zu verschwinden. Nach einer Weile verliert sich der Pfad in einer Wiese. Das kann wohl kaum der Weg sein, den wir uns am Vortag vom anderen Ufer aus eingeprägt haben. Denn wir waren uns beide ganz sicher, daß er immer am Fluß entlangführte. Plötzlich trete ich mit meinem rechten Fuß ins Leere. Ich gerate aus dem Gleichgewicht, mache einen Satz vorwärts und schlage mit dem Kreuz auf der Wiese auf.

»Andi, Andi!« ruft Gebe aufgeregt. Schnell ist er zur Stelle. Er faßt mich am Arm und hilft mir. Ich richte mich auf und bewege alle meine Glieder. Es ist zum Glück nichts passiert. Wie sich herausstellt, bin ich in der Dunkelheit einen zwei Meter hohen Absatz hinuntergestürzt. Vor lauter Schreck möchte ich zuerst nicht mehr weitergehen. Unaufhörlich regnet es. Gebe und ich jammern über die durchnäßte Kleidung, wir frieren erbärmlich. Ich höre meinen Freund mit den Zähnen klappern. Gebe sucht im näheren Umkreis nach dem Weg, der aber nirgendwo zu erkennen ist. Erst jetzt merken wir, daß wir uns verlaufen haben.

»Ich bin für hierbleiben und biwakieren,« sage ich, denn der Schreck sitzt mir noch in den Knochen.

Aber die Zeit drängt, und uns beiden wird klar, daß wir hier nicht die Nacht verbringen können. Trotzdem versuchen wir zurückzufinden, zu der Stelle, an der wir den Pfad verloren haben. Zu unserer Freude

gelingts uns dies auch, und wir atmen erleichtert auf. Die Sicht ist zwar gleich Null, trotzdem tasten wir uns weiter. Gebe und ich passen jetzt konzentriert auf, damit wir keine Abzweigung mehr verfehlen, aber selbst bei genauem Hinblicken ist der Weg kaum zu erkennen. Auf gut Glück also tappen wir durch die Finsternis. Ich muß aufpassen, mit den Füßen nicht an Steinen hängenzubleiben, denn nur langsam gewöhnen sich meine Augen an die Dunkelheit. An einem Rinnsaal füllen wir unsere Wasserflaschen auf, um unseren Durst zu stillen. Da wir nur wenige Meter neben dem Fluß laufen, übertönt dieser mit seinem Rauschen und Gurgeln jedes andere Nebengeräusch. Es ist mir auf irgendeine Art unheimlich, zumal der Fluß an der einen Stelle angenehm ruhig dahinstömt, kurze Zeit später aber wieder unter lautem Getöse über Steine rauscht. Wir können uns daher auch kaum eine Vorstellung machen, ob jemand anders in der Nähe ist, oder ob uns jemand sieht.
Dann erreichen wir die Straße. Wir merken es erst, als wir etwa 600 Meter flußaufwärts die Brücke mit dem Wachtposten erkennen. Darin sehe ich einen kleinen glimmenden Punkt, wahrscheinlich eine brennende Kerze oder Petroleumlampe.
»Hoffentlich hört und riecht uns kein Hund«, flüstert Gebe.
Die Straße biegt jetzt in das Seitental nach Westen ab. Wir schieben unsere Fahrräder, bis wir außer Sichtweite sind. Noch ist es Nacht, aber das Grau des Tages beginnt langsam durchzuschimmern. Jetzt ist es endlich soweit: Wir schwingen uns auf die Räder und fahren los. Die Straße beginnt bald steil anzusteigen, und langsam macht sich bei uns eine große Müdigkeit bemerkbar. Wir haben seit 24 Stunden keine ruhige Minute gehabt und zehren jetzt von unseren letzten Kräften. Gebe meint, um von niemandem entdeckt zu werden, sollten wir noch ein paar Kilometer weiterfahren, ehe wir eine Pause einlegen. In vielen Krümmungen schlängelt sich die Straße durch die Schlucht, deren Wände links und rechts immer steiler werden. Weiter hinten öffnet sie sich und wird zu einem engen Tal. Es ist beeindrukkend, wie einer Klamm plötzlich ein Tal mit Bäumen und Sträuchern entspringt. Je länger wir uns in der Natur aufhalten, desto intensiver spüren wir die Gewalt solcher Gebirgslandschaften und die Ehrfurcht davor.
»Wir sind jetzt seit drei Stunden mit dem Fahrrad unterwegs und das

bergauf, das macht ungefähr 30 Kilometer,« rechne ich mir im Kopf zusammen, als ich unvermutet ein Motorgeräusch vernehme. Rasch biegen wir von der Straße ab und verstecken uns, als wäre es vorher so ausgemacht, hinter einem großen Strauch. Kurz darauf fährt ein blauer Lastwagen vorbei. Wahrscheinlich ist es kein Militärfahrzeug, aber noch wollen wir sicher gehen und halten es für ratsam, uns zu verbergen. Wir nutzen jetzt die Gelegenheit für eine Pause und entfachen ein kleines Feuer, um eine warme Suppe darauf zu kochen. Wir hängen all unsere nassen Kleidungsstücke an einen Baum, um später wieder etwas zum Umziehen zu haben. Derweil lege ich mich in meinen Schlafsack und studiere die chinesische Karte. An zwei schwarzen, parallelen Strichen erkenne ich, daß uns ein Paß bevorsteht. Danach ist wieder ein schwarzer Punkt eingezeichnet, also eine Ortschaften vorhanden.
»Bis dahin müssen wir es schaffen, ungesehen voranzukommen«, bemerke ich zu Gebe, der sich seine Hände über dem Feuer erwärmt. Genüßlich schlürfen wir die warme Suppe, während wir die Lage besprechen. Da wir uns noch sehr nahe an der chinesisch–tibetischen Grenze befinden, halten wir es beide für richtig, noch unbemerkt zu bleiben. Wenn wir erst mal tiefer im Landesinnern sind, kann uns so schnell keiner mehr rausschmeißen.
Gegen Mittag zeigt sich die Sonne endlich wieder, und wir beschließen weiterzuradeln. Das grüne Tal wird jetzt noch breiter und gibt den Blick auf die Umgebung frei. Hinter uns ragen graue Kalkberge mit beträchtlichen Wänden in die Höhe. Ich denke jetzt schon wieder ans Klettern. Für die Tibeter aber sind die Berge der Sitz der Götter, die man mit Ehrfurcht von unten betrachtet und ungestört läßt, und dabei möchten es auch wir belassen. Unter den Kalkfelsen wachsen zahlreichen Latschen und Kiefernbäume. Sonst ist die ganze Gegend voll mit grünen Wiesen, auf denen Pferde und Schafe grasen. Ich komme mir vor wie in den heimischen Alpen. Mit genügend Verpflegung wäre es paradiesisch, hier zu radeln. Da wir aber unbemerkt vorankommen wollen und kaum noch Essensvorräte besitzen, haben wir ein mulmiges Gefühl. Langsam und stetig steigt die Straße an. Je höher wir kommen, desto kälter wird es. Das merken wir erst beim Rasten, da uns die Bewegung beim Radeln sehr warm hält. Wenigstens herrscht auf dieser Straße so gut wie kein Verkehr. Einem

Zwischen dem Yangtze- und dem Mekong-Fluß erstreckt sich eine grüne Weiden- und Berglandschaft wie in den heimischen Alpen.

zweiten Lkw, den wir rechtzeitig von weit oben kommen sahen, wichen wir aus und versteckten uns hinter einem Felsbrocken. Und jetzt treffen wir auf einen Tibeter, der eine Yakherde zu Tal treibt. Wir halten es hierbei für unnötig, uns zu verbergen. Dies bestätigt sich auch, als der Nomade lächelnd, und eine Hand zum Gruß erhoben, an uns vorbeiläuft.

»Vielleicht machen wir uns auch nur was vor?« bemerkt Gebe.

Wenn wir so nebeneinander fahren, irgendein Metallteil quietscht oder ein Gepäckstück wackelt, frage ich mich manchmal, wie lange die Fahrräder noch solch extremen Belastungen gewachsen sind. Gerade bei diesen Paßstraßen, wo pausenlos hart in das Pedal getreten wird, ist das Fahrrad an der Leistungsgrenze.

In wenigen, aber langgezogenen Windungen nähern wir uns am Abend der Paßhöhe. Ein Pfad, der den Spuren nach von den Nomaden benützt wird, kreuzt die Straße. Die letzten Kilometer führen geradeaus auf einen Sattel zu. Die Steigung beträgt vielleicht sechs oder sieben Prozent. Leichter Rückenwind beflügelt uns. Als

wir auf der 4200 Meter hohen Paßhöhe sind, sehen wir im Westen, wie die Sonne am Horizont verschwindet. Hier rasten wir ein paar Minuten und wechseln die verschwitzte Kleidung. Leider können wir uns nicht allzulange oben aufhalten, da die Dämmerung hereinbricht. Mütze aufsetzen, Handschuhe und winddichten Überanorak darüberziehen. Noch einmal überprüfe ich die Bremsen sowie das Gepäck auf festen Sitz. Wie immer bei einer Abfahrt, fährt Gebe voraus. Nicht weil es so ausgemacht ist, sondern weil er anderer Natur ist. In Haarnadelkurven und Serpentinen geht es bergab. Am ersten Haus, an dem wir vorbeifahren, rennt mir gleich ein Hund nach. Ich steige vom Fahrrad ab und nehme einen Stein in die Hand, daraufhin läuft er weg. Wir müssen uns beeilen, so tief wie möglich zu kommen, da unsere leichten Schlafsäcke der Kälte auf diesen Höhen nicht gewachsen sind. Bis Einbruch der Dunkelheit fahren wir auf der Paßstraße ca. 35 Kilometer bergab und machen an einem Bachlauf halt, ehe wir überhaupt nichts mehr sehen. Dann sind wir übermüde und haben einen riesigen Hunger. Unsere letzte Mahlzeit liegt neun Stunden zurück. Gebe bereitet in unserem Kochtopf etwas Tsampa mit Wasser zu. Das schmeckt zwar ohne Zugabe von Buttertee nicht gut, aber das spielt jetzt keine Rolle mehr, Hauptsache wir haben etwas im Bauch. Tsampa ist die Hauptnahrung der Tibeter. Es besteht aus geröstetem Gerstenmehl, das unter Zugabe von Buttertee zu Kugeln geformt und gegessen wird. Wir bekamen das Tsampa von dem Tibeter mit dem Yakhautboot als Proviant mit auf den Weg.
»Du hast heute nacht ganz schön gesägt,« stellt Gebe am Morgen fest. Schweren Schrittes trete ich ins Pedal, nur langsam komme ich heute in Fahrt. Zuerst glaube ich, daß es bergauf geht, doch als ich zum Bach schaue und diesen bergab fließen sehe, bin ich erschrokken. Mein einziger Gedanke ist, heute die Ortschaft Jomda zu erreichen. Wenn ich unserer Karte vertrauen kann, dürfte es bis dahin nur noch 30 Kilometer sein. Nach etwa einer Stunde nähern wir uns einem kleinen Wald, der auf der rechten Seite am Hang hinaufführt. Weiter oben sehe ich lange, zackige Bergketten, die sich scharf gegen den blauen Himmel abheben. Links von uns trifft eine enge Schlucht auf unser Tal, das sich vor uns öffnet. Die Fahrt geht nun längs des mäanderförmigen Baches, dessen klares Wasser selbst an tiefen Stellen den Blick auf den Grund freigibt. Als wir mitten im Walde einen

Begegnung mit einem tibetischen Reiter auf einer Hochfläche nach dem Yangtse-Fluß.

kleinen Wasserfall über einen Felsvorsprung herunterstürzen sehen, kann uns niemand mehr an einem frischen Bad hindern. Ich stelle mich direkt unter den Wasserstrahl und lasse mich von ihm wachrütteln. Aber, die Sonne scheint und die Luft ist infolgedessen angenehm mild. Gebe jauchzt vor Freude, während er seinen Kopf immer wieder unter das Wasser hält.

Fröhlich schwingt er sich wieder aufs Fahrrad und fährt voraus. Ein Bauer, der bei seiner Feldarbeit ist, singt lebensfroh vor sich hin. Als wir an ihm vorbeiradeln, richtet er einen erstaunten Blick auf uns zu, ohne jedoch mit dem Singen aufzuhören. Lediglich etwas leiser und tiefer wird sein Ton, doch als wir ihn auf tibetisch grüßen, singt er wieder wie vorher.

»Nur noch ein paar Kilometer«, ruft Gebe von einer Kuppe aus und blickt über eine weite Wiese. Er erkennt die Ortschaft Jomda, wo wir mit einem sättigenden Essen den Abend einleiten und endlich wieder mal in einem Bett die Nacht verbringen.

Zwei Tagesreisen vom Yangtze-Fluß entfernt, treffen wir auf einen

großen Nomadenstamm. Wir halten an, um Tsampa und Butter zu kaufen. Mehr als zehn Zelte sind über den Hang verteilt. Aus jedem dringt Rauch. Kinder spielen mit den Geißen auf der Wiese, die Älteren reiten umher und halten ihre Herden beisammen. Ein paar Nomaden kommen auf uns zu. Die Leute zeigen sich interessiert an unserern Fahrrädern und probieren sie aus. Dann schlägt uns einer einen Handel vor. »Ein Pferd gegen zwei Fahrräder.«
Für uns kommt das überraschend. Wir denken darüber nach, doch mit einem Pferd können wir nicht viel anfangen.
»Zwei Pferde – zwei Fahrräder«, verhandelt Gebe.
Unter den Nomaden bricht eine Debatte aus, bis ein Tibeter mit einem schwarzen Gaul angaloppiert kommt und vor uns hält. Wir kennen uns mit Pferden nicht gut aus, aber dieses hier ist kurz vor dem Verhungern. Die Beine sind dünn wie Streichhölzer, am Bauch kann man jede Rippe einzeln zählen.
»Der Gaul hält uns nie aus«, meint Gebe, »aber wir sollten ihn wenigstens zu reiten versuchen.«
Jemand überreicht mir die Zügel, ich soll der erste sein. Schnell schwinge ich mich hinauf. Erst jetzt bemerke ich, daß ich gar keinen Sattel unter meinem Hintern habe. Die Tibeter treten zur Seite. Ich warte, was passieren wird, doch der Gaul bewegt sich nicht vom Fleck. Selbst die Sporen helfen nichts. Ein Nomade kommt von hinten heran, holt mit der Hand aus und klatscht dem Pferd auf den Hintern. »Jiahhh«, schreit er, und der Gaul springt los.
»Woahh!« Ich habe keine Kontrolle über das Pferd. Wie beim Rodeo hüpfe ich auf dem Rücken des Pferdes herum. Dann biegt es von der Straße ab und läuft den steilen Hang zum Bach hinunter.
»Halt, halt«, schreie ich, doch das Pferd versteht kein Deutsch. Es bäumt sich auf, mir rutscht der Hut ins Gesicht und im selben Moment fliege ich in einem Satz runter. Ich stehe wieder auf, mein Steißbein schmerzt. Das Pferd steht am Bach, um Wasser zu trinken, von drüben her höre ich lautes Gelächter, das schon fast dem Wiehern der Pferde gleicht. Ich stehe auf und humple zurück. Jetzt brüllt der Nomadenstamm, und alle zerplatzen fast vor Lachen. Selbst die alten Frauen halten sich die Hände vor den Bauch. Einer fängt das Pferd ein und möchte zusammen mit mir nochmals reiten. Ich winke ab, was jeder versteht. Gebe springt ein und klammert sich

Handel mit Nomaden: Wir probieren ihr Pferd, während ein Khampa unser Mountain-Bike testet.

an den Vordermann an. Zu zweit führt uns der Khampa-Nomade stolz vor, was für Kunststücke er beherrscht. Er reitet den steilen Hang hinauf, dreht das Pferd auf der Stelle, trabt und springt dann herunter.

Ich kann kaum hinsehen. Ich sitze am Boden und stöhne vor Schmerzen. Aber jedesmal, wenn ich »auhh« sage, fangen die Nomaden wieder an zu lachen. Gebe ist begeistert von seinem Ausritt, den Handel mit dem Pferd schlagen wir jedoch ab, da der Besitz eines jeden Nomaden ein Pferd ist. Später lerne ich das Sprichwort der Khampas kennen und verstehe, warum die Leute unaufhörlich lachten: ›Ein Pferd, das seinen Mann nicht bergauf reiten kann, ist kein Pferd, und ein Mann, der sein Pferd bergab reitet, ist kein Mann.‹

In Begleitung der Nomaden fahren wir etwa zehn Kilometer weiter, dann taucht neben der Straße eine kleine Zeltstadt auf. Etwa 15 weißbetuchte Zelte sind kreisförmig aufgebaut. Auf einer kleinen Anhöhe steht ein größeres, leeres Zelt, daneben grasen friedlich die Yaks. Wir werden ins Zeltinnere gezogen, wo ich mich in eine Ecke

Die uns begleitenden Tibeter wollen öfter mal eine Rast einlegen. Dabei tauschen wir unsere Mützen gegen ihre Hüte.

Unsere tibetischen Freunde, die uns ein Stück mit dem Fahrrad begleiten.

Mit großer Gastfreundschaft empfangen uns die Nomaden in ihren Zelten; hier ein Khampa mit einer Flasche Gerstenschnaps.

Auch die Nomadenkinder sind wie die Erwachsenen in einen Fellmantel gehüllt.

Spielende Kinder im Nomadendorf.

In 108 Zöpfe geflochten und mit ihrem ganzen Schmuck trägt diese Tibeterin ihr Haar.

»Saturday Night Fever« im Nomadenzelt.

setze. Eine Gruppe wettergebräunter, breitschultriger Nomaden umgibt uns. Ihre Haut wirkt ledern, wenn man sie berührt. Ihre Gesichter sind scharf geschnitten und gleichen denen von Indianern. Die Nomaden haben sich ihre Haare in rote Zöpfe gewickelt. Ein halbnacktes Baby wird von seiner Mutter gestillt, eine alte Frau spinnt auf einer Holzspindel Schafwolle zu einem Faden. Ich sitze da und bin fassungslos. Zum Zeichen ihres Stolzes tragen die Khampas immer einen geschmückten Säbel bei sich, an den ich mich immer noch nicht ganz gewöhnt habe. Selbst der Dalai Lama war 1955, als er noch in Lhasa lebte, nach Aufforderung der Chinesen nicht in der Lage, den Khampas ihre Waffen wegzunehmen. Diese Leute sind von alters her mit Pferd und Waffe verwachsen, und ein Prozeß, der in wenigen Monaten abläuft, kann die Sitten der Nomaden nicht ändern.

Die unmittelbare Hitze des Feuers wärmt uns angenehm. Darüber hängt ein schwarzer Topf, in dem heißes Wasser dampft. Die Zeltwand ist von aufsteigendem Rauch geschwärzt. Eine Frau schenkt mir unentwegt den berüchtigten tibetischen Buttertee ein, der mir sehr gut schmeckt, und lacht mich mit ihren vergoldeten Zähnen an. Eine andere Frau hat gerade frischen Yoghurt zubereitet und gibt mir reichlich davon. Wir schauen einander an, bis ein Nomade zu sprechen beginnt. Er hat eine klare, schöne Stimme. Mit Händen und Füßen unterhalten wir uns. Von Zeit zu Zeit nimmt Dolma, so heißt unser Gesprächspartner eine Prise Schnupftabak, zieht ihn genüßlich in die Nase, um dann ins Feuer zu rotzen, daß es zischt. Als ein Kind mein kleines Radio entdeckt, werden alle neugierig. Ich schalte es ein und drehe am Knopf für die Senderwahl, bis Musik daraus erklingt, worauf die Tibeter mit den Händen winken. Ich verstehe zuerst ihre Absicht nicht, aber dann wird mir klar, was sie wollen: tanzen. Gebe und ich drehen unsere Runden. Die Nomaden blicken zunächst verdutzt drein, dann aber lächeln sie und feuern uns an. Ich fordere die Khampas auf zu tanzen, und ohne Hemmungen beginnen sie. Sie drehen ihre Hüften und Arme, bis ihre Zöpfe durch die Luft wirbeln.

»Japu du, Japu du«, klatschen wir beifallrufend. Dolma holt ein Gerstenbier heraus, füllt damit sein Glas und trinkt es in einem Zug hinunter.

Gemeinsam unternehmen wir mit den Nomaden einen Ausritt.

Auf die Frage nach dem Wohin antworten wir: »Lhasa« und zeigen ihnen Bilder von den heiligen Tempeln der Stadt. Die Nomaden beginnen, vor Freude ausgelassen zu toben, und ich habe Angst, daß sie dabei das Zelt abbrechen. Ich reiche ihnen Bilder des Dalai Lama, ihrer Heiligkeit, dem Gottkönig. Es folgt ein Ritual, das sich noch oft ereignet und mich immer wieder tief rührt. Die Tibeter nehmen den Filzhut ab und heben das Bild vorsichtig mit beiden Händen über den Kopf. Dabei verbeugen sie sich betend und pressen den Kopf zu Boden. Meine Angst vor diesen Menschen weicht nun endgültig tiefer Ehrfurcht.
Frühmorgens weckt mich ein Geräusch vor dem Zelt.
»chr – huuu, chr – huuu, chr – huuuu – tschi, tschi.«
Ich stehe auf. Vor dem Zelt grast eine Yakherde. Eines davon niest mehrfach und hustet dann sogar. Ich frage Dolma, ob sein Yak krank sei.
»Oh nein«, sagt er, »die Yaks sprechen nur.«
Dolma ist voller Ideen. Er holt wieder das Radio. Seine Augen funkeln und leuchten. »Dancing, dancing« verlangt er. Das hat ihm scheinbar gefallen. Wieder tanzt er. Doch dann, kurze Zeit später, hält er inne, und mir wird klar, warum hier ein so großes Zeltlager

entstanden ist. Zusammen mit anderen Khampas besteigt er ein Pferd und reitet die Straße wenige Kilometer nach Westen. Dann kommen sie in einer Gruppe angaloppiert. Zuerst die Ponys mit den Kindern, dann die starken Pferde mit den älteren Nomaden.Jeder ist geschmückt. Später reiht sich sogar eine ganze Horde aneinander. Eine Szene, wie einem Indianerfilm entsprungen, läuft vor unseren Augen ab. Eine Frau winkt mir zu. Ich muß jetzt aufstehen. Ein hoher Mönch aus dem tibetischen Exil in Indien bereist dieses Gebiet und wird hier in wenigen Momenten an der Straße vorbeifahren. Die letzten Meter bis zum Festzelt wird er von der Pferdeeskorte begleitet. Und jetzt kommt er auch schon. Alle winken, lachen und jubeln dem Mönch zu. In dem leerstehenden großen Zelt auf dem Hügel wird er seinen Gottesdienst halten. Von weither sind die Leute zu diesem Treffen herbeigepilgert. Aus dem Festzelt dringt Musik, es ist Zeit für uns zu gehen. Obwohl die tibetische Begleitung des Mönches sagt, daß wir bleiben und sogar fotografieren können, wollen wir das Fest nicht stören und packen unser Zeug. Dolma schenkt uns einen Sack mit Tsampa und gibt uns dazu eine Kanne voll Tschang mit. Die Gastfreundschaft dieser Menschen ist unendlich. Wir verabschieden uns. Jeder möchte uns die Hand schütteln, dabei zerquetscht mir Dolma fast die Hand.

Ein langer Paß steht uns bevor. Im ersten Gang mühen wir uns die Serpentinen hinauf. Gut, daß wir nicht die gesamte Paßstraße übersehen können. Der Anblick wäre angesichts der gewaltigen Höhe sicher niederschmetternd. Eine Hufeisenkurve nach der anderen folgt der ersten. Anfangs ist noch Kraft in den Beinen, doch gegen Mittag legen wir öfter eine Pause ein. Die Muskeln erschlaffen, und ich quäle mich von der linken auf die rechte Hinterseite, da mein Steißbein vom Pferdesturz her noch schmerzt. Immer wieder habe ich das Gefühl, nach der nächsten Kurve die Paßhöhe zu erreichen. Aber nach jeder Kehre kommt eine neue. Beim Luftholen bilde ich mir ein, daß meine Lungen zusammenschrumpfen. Aber die ermüdenden Pedaltritte sind noch nicht zu Ende. Ich fahre langsam und beuge mich dabei über den Lenker. Später erreichen wir einen Höhenzug, dem die Straße folgt. Die Spurrillen der Lastwagen erfordern Aufmerksamkeit und verlangsamen unser Tempo. Es ist schon später Nachmittag, aber wir sind immer noch auf der Gratkante. Ein

Das ganze Nomadendorf rückt aus, um einem hohen Lama entgegenzureiten.

Schauer, der über uns niedergeht, verdunkelt die Umgebung. Die Luft sättigt sich mit Elektrizität. Ich habe Angst vor Gewittern im Gebirge. Und dann flammt ohne jegliche Vorwarnung ein Blitz durch die Wolken, der die ganze Umgebung ausleuchtet. Vor mir schlägt er ein, dünn wie ein Laserstrahl. Der Boden scheint zu zittern. Wie von einem Schlag getroffen, schmeißt mich eine Böe vom Sattel. Heftiger Donnerschlag mit schrecklichem Krachen erfüllt den Kamm. Im gleichen Moment peitschen Hagelkörner nieder und zerplatzen auf dem Boden, als hämmerten sie Nägel in den Grund.

»Teufel, ich sehe nichts mehr!«

»Gebe!« brülle ich aus aller Kraft. Keine Antwort.

Ein zweiter Blitz erhellt den Horizont, diesmal weiter entfernt. Ich knie nieder und verschränke meine Arme über dem Kopf. Das Donnern gleicht einer Explosion. Die Luft riecht nach Ozon und Eisen. Für Minuten wirkt die Umgebung wie ein Inferno. Der Wind ändert ständig die Richtung. Mein Gepäck droht weggerissen zu werden. Ich lehne mich über das Fahrrad und halte mit meinen Armen das Notwendigste fest. Ich sehe keinen Meter weit.

»Mein Gott, hat die Natur hier Kräfte!«

Längst habe ich schon das Zeitgefühl verloren, aber nach ungefähr 15 Minuten hört es auf zu hageln. Die kleinen Rinnsäle verwandeln sich zu sintflutartigen Bächen. Gebe kommt mit seinem Fahrrad angelaufen. Von seiner Kleidung tropft das Wasser wie von einer Traufe.

»Allmächtiger Gott, gut dich zu sehen«, gebe ich meiner Erleichterung Ausdruck.

Als das letzte Grollen der Donner vorüber ist, tasten wir uns voran. Im Schein unserer Taschenlampen bahnen wir uns unseren Weg. Es ist schon spätabends, als wir rechts neben der Straße einen Holzschuppen entdecken. Wenigstens haben wir heute nacht ein Dach über dem Kopf. Wir sammeln uns ein paar Holzlatten und legen darüber unsere Matten. Gebe versucht heißes Wasser zu kochen, doch der Wind läßt den Esbitkocher wieder wie ein Streichholz erlöschen. Unser Biwaksack und die Plastikfolie sind jetzt von großem Nutzen, da sie den kalten Wind vom Schlafsack abhalten. Am nächsten Morgen gleicht die Straße einem Schlammkanal. Wir quälen uns durch die rutschigen Rillen der Lastwagenräder. Wie Betrunkene schlittern wir umher, mal links, mal rechts der Spur. Ich stopfe alles aus den Seitentaschen

Die Straße verwandelt sich nach einem Regenschauer in einen Schlammpfad.

in den Rucksack und schnalle ihn auf meinen Rücken. Das ist zwar anstrengender, doch so fährt es sich besser. Der Dreck setzt sich in der Schaltung, auf der Kette und in den Lagern ab. Überall knackst und reibt es. In einer Pfütze sinke ich bis zur Achsennabe ein. Dann wieder ein Geröllfeld, das sich durch einen Erdrutsch gebildet hat. Wir kommen nur schwer voran. Gebe hält an und holt seine Karte heraus. Zum wiederholten Male studieren wir darin die Umgebung. Es ist schon nachmittags, wir müßten längst nach Chamdo hinunterfahren. Mit einem Bindfaden aus dem Nähzeug wird auf der Karte Maß genommen. Resultat: Unser Routenverlauf hat mit dem chinesischen Straßenatlas nichts mehr gemein. Die vorgegebenen Kilometerangaben haben wir längst bewältigt. Dort wo wir uns im Moment nach Karte befinden, ist Tibets drittgrößte Stadt Chamdo als schwarzer Punkt eingezeichnet. Um uns liegt jedoch eine einsame, unbewohnte Bergwelt. In dieser jungfräulichen Gegend ist eine Landkarte ein unbeschriebenes Blatt.
»Wo ist nur die nächste Ortschaft?« Gebe beginnen Bauchschmerzen zu plagen. Mit beiden Händen umfaßt er seinen Unterleib.

»Am Morgen hat es angefangen, aber jetzt werden die Schmerzen immer stärker.«
Wir fahren weiter. Nebel hüllt uns ein, und es weht eine steife Brise. Nur schwach sind die Umrisse der Umgebung zu erkennen. Wieder beginnt das Wetter sein Spiel mit uns zu treiben. Ich kann nur wenige Meter sehen, und der Gedanke an einen abrupten steilen Abgrund flößt mir Angst ein. Von einer düsteren Nebelschwade kommen wir in die andere. Seit zwei Tagen haben wir schon kein Dorf mehr gesehen. Ich habe das Gefühl, im Kreis zu fahren.
»Wir sind Kilometer entfernt von menschlichen Behausungen, weitab, irgendwo in der Wildnis von Tibet!« sagt Gebe.
Ganz allein sind wir nicht. Ein kleiner, rotkehlchenähnlicher Vogel fliegt plötzlich vor uns her und pfeift Sekunden später aus dem Nebel heraus.
»Was machst du denn hier?« frage ich.
Das Vogelgezwitscher belebt mein Gemüt und treibt mich weiter. Gebe aber fällt zurück, immer weiter. Ich halte an, um auf ihn zu warten. Da kommt er, im Kampf mit seinen Pedalen. Ich laufe ihm entgegen. Er fährt so langsam, daß ich neben ihm hergehen kann. Es bereitet mir Sorgen, ihn so zu sehen. Er ist von Haus aus ein zäher Bursche, stämmig und nicht so schnell kleinzukriegen. Aber jetzt torkelt er nur noch gekrümmt vor sich hin und kann sich kaum auf dem Sattel halten.
»Junge, was ist los?«
»Ich brauche eine Pause, ich kann nicht mehr.«
Ich gebe ihm eine Flasche zu trinken. Kleine Schweißbäche fließen ihm über die Stirn, aber seine Haut fühlt sich kühl an. Sein Gesicht ist nur noch ein fahler, grauer Fleck.
»Ich habe einen Knoten im Bauch.«
Gebe lehnt sich an sein Fahrrad und läßt seinen Kopf hängen. Ich bereite ihm einen Mineraldrink und reiche ihm etwas zu essen.
»Es kann jetzt nicht mehr weit sein«, muntere ich ihn auf.
Wir versuchen weiterzufahren. Langsam aber stetig kommen wir voran und lenken unsere Räder durch die Rillen. Wellenförmig führt die Straße immer noch am Grat entlang. Wir erreichen eine kleine V-förmige Senke. Es geht nochmals bergauf, und dann, noch bevor wir sie sehen, hören wir die Gebetsfahnen flattern. Eine sanfte, runde

Kuppe bildet den höchsten Punkt. Das ist die Paßhöhe. Wir trinken das restliche Wasser aus. Eigentlich bräuchten wir jetzt viel mehr, um unseren Wasserverlust auszugleichen. Kurz hellt es auf, dann nähern sich wieder Wolken, hohe, schwere Wolken, Regenköpfe.

»Wir verschwinden lieber hier«, sag ich zu Gebe.

Durch einen dichten Vorhang gleiten wir bergab. Unheimlich dieser Nebel. Der wacklige Gebe hält sich dicht hinter mir und orientiert sich an meinem Hinterreifen. Es geht jetzt nur abwärts. Da taucht ein Mensch auf, ein Nomade, der schweren Schrittes eine Herde Yaks zu Tal treibt.

»Tashi Delek«, begrüße ich ihn und nehme meinen Hut ab.

»Tashi Delek«, kommt es feierlich retour, und es klingt so, als ob er den Gruß singen würde. Auch er hat wahrscheinlich seit Tagen niemanden mehr getroffen.

»Chamdo?« frage ich ihn.

»Ooh«, antwortet er mir und zeigt mit seiner Hand zum Tal hinunter. Die wegekundigen Nomaden kennen ihre Gegend wie ihre Westentasche. Wir rollen weiter. Gebe ist hinter mir und spricht kein Wort. Auf halber Paßhöhe lichtet sich der Nebel. Unten im Tal erkennen wir Chamdo. Eine riesige Strecke von 180 Kilometer lag zwischen Jomda und dieser Stadt. Ein tibetisches Sprichtwort besagt: »In Tibet ist es manchmal Hunderte von Meilen von einer Seele zur nächsten.« Ein Lastwagen brettert vorbei. Die Ladung scheppert unter der Abdeckplane, und in Kurven lehnt er sich weit nach außen. Geh ihnen aus dem Weg oder stirb! Manche sind dabei auf der steilen Paßstraße buchstäblich auf der Strecke geblieben. In den Senken liegen die Wracks, wo sie nach unzähligen Purzelbäumen zum Stillstand kamen. Darunter befinden sich sogar Jeeps. Die Lastwagen werden ihrem Aussehen nach auch Krokodile genannt,andere heißen Drachen. Sie sind hoffnungslos überladen und technisch total veraltet. Bei uns wären sie reif für das Automobilmuseum. Während der Paßfahrten müssen die Fahrer den Vergaser den verschiedenen Höhenzonen anpassen und den Motor mit der Kurbel andrehen. Trotzdem wundere ich mich immer wieder, wie diese Wagen die extreme Höhe noch bewältigen. Die mutigen Lenker sind oft Khampas, die wie blind durch die Gegend rattern. Das ist eine Tätigkeit, die zu diesen wilden Leuten paßt. In Arbeitslagern, in die sie unter

Mao gesteckt wurden, verloren sie ihre Würde.

Die restlichen 20 Kilometer bringen wir im Rollen hinter uns. Meine Nase ist vom Wind gereizt und läuft. Ich muß immer wieder auf Gebe warten, dessen Fahrt mühsam und unsicher wirkt. Am späten Abend erreichen wir Chamdo. Wir legen uns gleich schlafen Am nächsten Morgen fühlt sich Gebe so krank wie noch nie zuvor. Er stolpert auf die Toilette und legt sich zurück ins Bett, aber alle zehn Minuten springt er wieder hinaus. Eine Weile lassen die Schmerzen nach, dann folgen neue, heftige Attacken. Seine Zunge brennt, sein After schmerzt, sein Stuhlgang ist blutig. Er stöhnt und wimmert. Zusammengekauert liegt er da, unfähig, an etwas anderes zu denken als an die Darmkrämpfe und den Durchfall. Nachdem sein Magen völlig leer ist, fällt er in Schlaf. Ich ziehe mir meine Jacke an, um mich in der Stadt etwas umzusehen. Vielleicht kann ich sogar eine geeignete Medizin für Gebe finden. Ich lasse mein Fahrrad in der Unterkunft und nehme die breite Straße zur Stadtmitte.

DIE GROSSEN SCHLUCHTEN

Tibets drittgrößte Stadt Chamdo liegt auf 3200 Höhenmeter, könnte aber genauso eine Provinzstadt irgendwo in China sein. Häßliche Wellblechbaracken ziehen sich durch die ganze Stadt. Jedes zweite Gebäude ist entweder ein Armeebau oder ein Lastwagenstop. Auf den Höfen liegen überall »Eingeweide« von Lastwagen herum. Die anderen Gebäude reihen sich zu Betonwohnvierteln, dicht an dicht erstellt. Selbst im weiten Tibet hocken die Chinesen eng aufeinander, was sich auch auf ihre Lebensweise auswirkt. Wie eh und je sitzen sie mit ihren Mao Jacken im Teehaus und schwatzen sich den Mund wund. Ohrenbetäubende Hetzkampagnen scheppern aus den zahllosen Lautsprecher an den Hauswänden. Sie sind ein Teil des chinesischen Stadtbildes und gehören zusammen wie Pech und Schwefel. Hier unter der Masse fühlen sich die Han-Chinesen wohl, ständige Tuchfühlung mit dem Nachbarn ist wichtig. Die plärrenden Lautsprechern werden als angenehm empfunden. Lärm heißt Gesellschaft, und Gesellschaft bedeutet Sicherheit, gerade in dieser einsamen Gegend. Die Han-Chinesen schaffen sich hier ihre eigene Welt, so wie auch in nordamerikanischen Großstädten, wo ganze Chinatowns entstehen. Mit den Menschen draußen, oben auf den Pässen, wollen sie nichts zu tun haben. Vor allem jetzt fällt mir das auf, da ich in China selbst die Besiedlungsdichte, aufgrund der hohen Bevölkerungzahl, noch als normal angesehen habe. Von den rauchenden Schornsteinen der Kohleöfen, der Dieselmotoren der Lastwagen und

Mit altertümlichen und gefährlichen Maschinen wird in Chamdo das letzte Holz der Umgebung zersägt.

Vollgeladener Lastwagen, der wegen seiner Bauart in China »Krokodil« genannt wird.

deren Staubfahnen färben sich die Häuserfassaden grauschwarz und sind alles andere als Augenweiden. Holz zum Verfeuern gibt es um Chamdo seit ein paar Jahren schon nicht mehr. Den merkwürdigen Stadtkern bilden ein bunt angepinseltes Einkaufshaus und ein paar Verkaufsstände daneben auf der Straße. Kaum sichtbar in dieser Öde ist das kleine Kloster auf einer Anhöhe, das wie ein unbesuchtes Museum daliegt.

Dabei war Chamdo einst eine blühende Stadt. Des Tibeters Leidenschaft ist das Reisen, z. B. zu den heiligen Städten, Pilgerfahrten zum Mount Kailash. Die Mönche begaben sich auf Lehrwanderungen zu anderen Klöstern, Bauern brachten ihre Erträge zum Markt, und Nomaden waren damit beschäftigt, mit allem möglichem zu handeln, Waren zu tauschen und weiterzuziehen. Eine dieser Städte war Chamdo. Früher lebte auch der Golon Lama hier. Der Golon Lama stand zusammen mit dem Panchen Lama gleich an zweiter Stelle nach dem Dalai Lama und ließ in Kham seine eigenen Befehle ausführen. Dr. A. Shelton, der noch vor dem chinesischen Einmarsch Osttibet besuchte, beschrieb 1921 die wunderschönen Kunstswerke und den handgeschmiedeten Metallschmuck dieser Stadt.

Das exotische Chamdo, über das Dr. A. Shelton und später Joseph F. Rock im Jahre 1928 berichtete, existiert heute nicht mehr. Geschrei und die Propaganda beherrschen das Stadtbild. Das Bild von

Chamdo ist schon äußerlich durch wuchtige Betonbauten geprägt. Tibets drittgrößte Stadt ist innerhalb von 30 Jahren zu einer Kfz-Stätte und einem Militärstandort verkommen; kein Wunder, daß die Chinesen nicht wollen, daß das ein Ausländer sieht.
Gebe liegt da wie ein Gespenst. Durch seine Krankheit sind wir gezwungen, vorerst in Chamdo zu bleiben. Am zweiten Tag kommt frühmorgens, ohne anzuklopfen, der Stubendienst in das Zimmer unserer Unterkunft. Ohne Rücksichtnahme verrichten sie lärmend ihre Arbeit. Eine anscheinend schwangere Frau ist für den Abfall verantwortlich, ihre Kollegin kehrt unter den Betten den Staub hervor. Dann wechselt die Schicht, und Soldaten kommen herein. Sie blicken uns an und verlangen unsere Pässe zur Einsicht. Gebe liegt splitternackt im Schlafsack, und ich habe keine Lust aufzustehen. Wir vereinbaren einen Ort, um uns dort später zu treffen. Eine Fahrradtour durch China und Tibet wäre keine ohne diese Einschübe. Mühsam bewegt sich Gebe nachmittags zum vereinbarten Treffpunkt. Dort warten wir zuerst vor verschlossenen Türen, bis die Beamten kommen. Während des Verhörs muß Gebe zweimal auf die Toilette hetzen. Die Beamten schütteln ärgerlich den Kopf, aber ein humorvoller Nomade, der auf einer Bank im Gang sitzt, lacht sich krumm. Ein Lehrer von der örtlichen Schule hilft bei der Übersetzung und sagt, daß wir zwei Möglichkeiten haben: zurück nach Chengdu mit einem Lastwagen oder Weiterfahrt durch Tibet auf eigene Gefahr. Wir entscheiden uns für das letztere. Zum Glück sind die Beamten hier weniger bissig als in China und haben dagegen nichts einzuwenden. Gebe fragt dann die Soldaten, ob sie nicht eine Medizin gegen seinen Durchfall hätten. Einer kramt dann in einer Schublade und gibt Gebe ein Gläschen, das mit gelben Tabletten gefüllt ist.
»Dreimal am Tag«, empfiehlt der Lehrer Gebe.
Mit heißem Tee schluckt er die Tabletten von nun an wie verordnet. Schon nach der ersten Nacht fühlt er sich besser. Am nächsten Morgen ist in sein blasses Gesicht etwas Farbe zurückgekehrt. Abends entwickelt er bereits Appetit und schaufelt genüßlich gekochten Reis in seinen Mund.
»Das ist ja die reinste Wunderpille«, freut er sich.
Wir bleiben fünf Tage in Chamdo, bis wir beide in der Lage sind, die Stadt zu verlassen.

Den Mekong entlang fahren wir flußabwärts. Immer noch klammern sich einzelne Regenwolken an die hohen Berge, aber blaue Himmelsfetzen dringen durch den weißen Vorhang. Die Strecke ist ein holpriger Kurs. Der Kies der Straße knallt unter meinen Reifen wie Popcorn. Ein paar Lastwagen donnern stadtauswärts. Sie wirbeln Staub auf, der sich an der ganzen Kleidung festsetzt. Nach ungefähr 50 Kilometern verläßt die Straße den Talgrund und führt im Zickzack bergauf in ein Nebental, immer einem Bach entlang. Ich lege den Opagang ein und versuche gleichmäßig zu treten. Mein Gesicht beginnt zu dampfen, und die Gläser meiner Sonnenbrille beschlagen sich. Weiter oben macht sich jeder Höhenmeter bemerkbar. Gepflegte Gerstenfelder liegen terrassenförmig an den Hängen. Wasser, das sich am Hang zu einem kleinen Rinnsal angesammelt hat, bewässert die Äcker. Grasbüschel, Latschen und endlose Wiesen breiten sich auf dem Plateau aus.
Gebe ist jetzt wieder in bester Verfassung, und der Anblick solcher Landschaften versetzt uns in Hochstimmung. Nach Überquerung eines Baches beziehen wir Quartier in einem Straßenarbeitercamp. Die einzigen Bewohner dieses Hauses sind eine Tibeterin und ihr Kind. Nach Chamdo tut es gut, an einem solch ruhigen Ort die Nacht zu verbringen.
Der neue Tag ist wie der vergangene. Das Wetter hält jetzt. Der blaue Himmel ist hell, strahlend und blendend. Trotz des eisigen Windes brennt die Sonne mittags erbarmungslos nieder. So ein tibetischer Filzhut ist eine tolle Sache. Er beschattet das Gesicht bis zum Kinn, man kann aus ihm Wasser trinken, und er hilft beim Luftzufächeln am Lagerfeuer.
Es dauert lange, bis wir das Plateau erreicht haben. Tagelang folgen wir dem lebendigen Wasser bis zu seinem Ursprung. Dort gelangen wir dann über die Paßhöhe. Es geht jetzt nur wenig bergab. Die umliegenden Berge sind in der Gipfelnähe neuschneebedeckt, und das Grün des Grases leuchtet dadurch im Kontrast noch stärker. Das Wasser im Bach spiegelt die Umgebung makellos und hängt die sich darin reflektierenden Berge kopfüber nach unten. Es ist kristallklar, fast am Punkt der Unsichtbarkeit, so als ob ein Pool mit kaltem, flüssigem Eis gefüllt worden wäre. Der breite Fluß lehnt sich weg und verschwindet am dunkelblauen Horizont. Große Geier wirbeln durch

Nach dem engen Mekongtal breiten sich vor uns Wiesen, Wälder und weiche Hügel aus.

die Lüfte. Die wenigen Wolken vor der Sonne, die an den Rändern leuchten, werden von dem Feuerball verzehrt wie ein Stück brennendes Papier. Ein grünes, abgeschliffenes Hochland, glattpoliert und ohne Haltepunkt fürs Auge, liegt zu unseren Füßen. Wir fahren auf den Knochen der Erde. Ich fühle mich gut, gleichzeitig bin ich erregt, als ob ich irgendetwas berührt hätte. Der Weg verschwindet hinter uns. Wir halten am Straßenrand und hängen unsere Füße in den Bach. Später springen wir für Sekunden ins kalte Wasser, um uns zu waschen. Ich hole mir Sand vom Bachgrund und reibe mir damit den Schmutz vom Leib. Dann setzen wir unsere Fahrt durch diese einsame, unberührte Wildnis fort. Das Fahrradfahren wird jetzt zur Lust. Mit jedem Tag in Tibet gewöhnen wir uns mehr an die Höhen. Ich habe Zeit, mich umzuschauen, und fahre mit einer Geschwindigkeit, bei der ich das Gefühl habe, die Umgebung hautnah zu spüren. Ferner ist das Fahrrad ein sanftes Fortbewegungsmittel, das weder Yaks noch Maultiere aufschreckt. Es ist sehr ruhig, bis auf den unregelmäßigen Verkehr. Stundenlang fahren wir, ohne daß wir auf ein Fahrzeug stoßen. Wenn sich aber etwas nähert, so fegt gleich ein ganzer Zug vorbei. Armeekonvois, bestehend aus 20 bis 30 Lastwagen. Einmal kommt an diesem Tag sogar ein Chinese dahergeradelt, grünbetucht in Mao-Anzug und mit umgehängter Flinte. Es ist sehr selten, daß man hier auf einzelne Chinesen trifft. Wir nähern uns ihm und halten direkt vor seinem Rad. Auf dem Gepäckträger seines Fahrrades liegt, ich kann es nicht genau erkennen, ein Luchs oder gar ein Schneelöwe. Was für eine Schande! Es ist kein Wunder, daß wir bisher noch nicht ein einziges Reh oder Kiang sahen. Dabei war Tibet einst voll mit Tieren.

»Großer zoologischer Garten«, schrieb Joseph Rock F. im Jahr 1930 über Osttibet. »Überall, wo ich hinblickte, sah ich wilde Tiere grasen.« Auch Heinrich Harrer begegnete auf seiner Flucht aus einem britischen Gefängnis in Indien in Tibet Horden von Gazellen an den Flüssen, dem tibetischen blauen Schaf in den jähen Berghängen, asiatischen Braunbären und den elegant springenden Kiangs, einer speziellen Art von Mulis. Harrer wörtlich: »Für mich sind diese ungezähmten, schönen Tiere ein Sinnbild der Freiheit.«

Liest man diese Berichte, könnte man glauben, daß es eine zweite, hochgelegene Serengeti gibt. Hinter uns liegen 1500 Kilometer über das tibetische Plateau, und wir haben noch keines dieser Tiere entdeckt. Dafür sehen wir jetzt ein totes Raubtier, das der Chinese wegschleppt. Für das Fell erzielt der Jäger in China auf dem Schwarzmarkt einen stattlichen Preis. Geschäftsleute aus Hongkong werden ihm dafür sogar ein ganzes Jahresgehalt zahlen. Nur wenig später tut sich vor uns ein geteerter Militärflughafen auf, mitten auf dem Hochplateau. Hubschrauber und Armeeflugzeuge benützen ihn als Zwischenlandeplatz und tanken hier auf dem Weg von oder nach Lhasa auf.

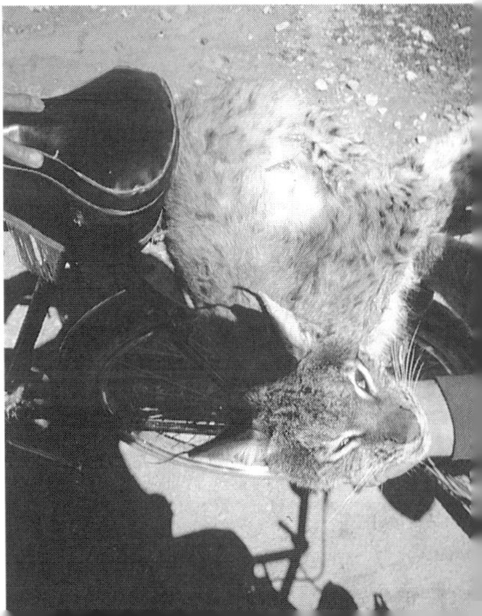

Hochgebirgsraubkatze – ein selten gewordener Anblick, und wenn, dann tot auf dem Gepäckträger eines chinesischen Jägers.

Wir erreichen die Ortschaft Bamda, die auf 4400 Höhenmetern liegt, und finden in einem einfachen Armeelager Unterkunft. Wie knusprige Pfannkuchen sehen die Hügel in der goldenen Abendsonne aus. Hier trifft die Yunnanstraße, aus Südwestchina kommend, auf unsere Sichuanroute und führt als einzige Straße weiter nach Lhasa. Vor dem Haus versammeln sich Khampa-Nomaden mit ihren Familien und blicken uns stumm an, als wollten sie sagen: ›Was wollt ihr denn hier mit den Rädern?‹ Jetzt glaube ich, nach so langer Fahrt endlich in Form zu sein, doch da täusche ich mich schwer. Als ich nämlich ein Rennen mit einem Tibeter auf dem Fahrrad veranstalte, verliere ich. Anfangs bin ich noch vorn, doch dann geht mir die Luft aus, und der Tibeter spurtet noch locker durch, um dann im Ziel lächelnd auf mich zu warten. In den Khampas steckt eine ungeheure Kraft. Man sieht es ihnen äußerlich durch die auffallende Größe schon an, doch dahinter verbirgt sich eine noch viel größere Energie. Die Natur formte diese Menschenrasse. Nur sehr wenig ist über den Ursprung der Osttibeter bekannt. Die jahrhundertelange Isolierung des Landes nach außen spielt dabei sicherlich eine Rolle. Die Khampas waren einst gefürchtete Räuber. Man liest immer wieder, daß sie im alten Tibet vor allem in den großen Schluchten mit ihren idealen Versteckmöglichkeiten Überfälle auf Karawanen durchführten, und selbst bei der mächtigen chinesischen Armee klang das Wort ›Khampa‹ wie ein Warnruf. Als die Chinesen von Osten her nach Tibet einfielen, versuchten die Khampas tapfer ihre Grenzen zu verteidigen und beschützten später, im Jahre 1959, den Dalai Lama auf der Flucht nach Indien.
Am nächsten Tag führt unser Weg weiter bergauf. Endlos scheint sich die Straße durch Kham, ›das Land der großen Welligkeit‹, wie es die Tibeter nennen, zu winden. In einer Scharte kommen wir über einen Paß. Wir ziehen uns warme Sachen an und beginnen mit der Abfahrt. Dabei erreichen wir eine felsige Kante, nein geradezu ein Absprungbrett, von wo aus wir fast senkrecht ins Tal schauen. Von nun an prägt eine unbeschreibliche Wildheit unsere Route. Hier vereinigen sich die Landschaftsformen der amerikanischen Nationalparks mit den Bergen des Himalaya und tropischen Tälern. Ich schaue hinunter.
»Mein Gott ist das ein Abgrund!« Ich war schon viele Male beim Felsklettern, doch durch diese Mauer hier führt sogar eine Straße. Haarnadelkurve folgt auf Haarnadelkurve. Wie ein Korkenzieher

windet sie sich Abgrund entgegen. Dabei versucht sie, Knoten in sich selber zu legen. Zahlreiche Kurven zeugen von den Schwierigkeiten beim Bau dieser Straße, die trotz der nahezu unmöglichen Befahrbarkeit ein Meisterwerk ist.

»Halt dich gut fest«, mahnt Gebe, gibt mir das Daumen-Hoch-Zeichen und startet. Ich möchte ihm noch hinterherrufen, doch er hört mich nicht mehr. Eine pulvrige braune Wolke steigt auf, dann sehe ich nichts mehr von ihm. Ich fahre langsam hinunter und lege mein schweres Fahrrad vorsichtig in die Kurven. Nach ein paar Kilometern tut sich wieder eine neue Schlucht vor uns auf und gewährt Einsicht bis zum Fluß. Ganz weit unten erscheinen grüne Flecken von Weideland und goldbraune Gerstenfelder, die mit der vegetationslosen Schlucht scharf kontrastieren. Wir fahren weiter. Mit 25 Kilogramm Gepäck donnern wir über den Geröllpfad. Eine plötzliche Bodenwelle. Für einen Moment befinden wir uns in der Luft. Das Fahrrad quietscht und knackst überall. Dabei schlägt es mir fast den Lenker aus der Hand. Eine Wahnsinnsstrecke. Die Fahrt wird zum Tanz auf zwei Rädern. Und dann zerreißt es Gebes Vorderreifen. Die Felgen seiner Räder glühen. An ihnen könnte man jetzt eine Zigarette anzünden, so heißgebremst sind sie. Wir flicken und erkennen, daß er schon recht abgefahren ist. Der einst profilierte Reifen ist zu einem Slick verkommen.

»Der Mantel sieht nicht gut aus«, sage ich zu Gebe, »du solltest aufpassen.«

»Ach was, ist mir schnuppe,« erwiderte Gebe, »fahren wir, bis es ihn zerreißt.«

Wir gurten unser Gepäck fester an. Dazu verwenden wir unsere Bandschlingen. Gebe vergißt sich selber und taucht in den Geschwindigkeitsrausch des Tibet-Highways ein. Er wuchtet seinen Karren über die Bodenwellen, bis die Fetzen fliegen und spielt Speedy Bikezales. Das Fahrrad quietscht und ächzt. Unter mir sehe ich ihn. Und dann kracht's, und gleich darauf nochmal. Beim letzten Mal knallt's gleich zweimal.

»Peng-üüüüü-Peng.«

Jetzt ist er hin. Schlauch und Mantel, beides geplatzt.

»Verdammt! Wieder ein Platten. Schon wieder ein verdammter Platten«, flucht Gebe und kniet vor seinem Rad nieder.

Dunkelblau leuchtet der Namche Barwa im letzten Abendlicht.

Mittels einem gespannten Drahtseil überqueren wir den Brahmaputra.

Das Wasser ist kristallklar und spiegelt die Berge kopfüber wider.

Schluchten wie hier beim Salween-Fluß sind kennzeichnend für Tibet, fruchtbares Land gibt es nur in Flußnähe.

Endlich sind wir oben auf dem Paß. Gemeinsam teilen wir die letzten Schlücke aus der Wasserflasche und schütteln uns die Hände. (Foto: G. Holzer)

Gebe gibt das »Daumen-Hoch«-Zeichen und fährt los. Nach tagelangem, mühevollen Aufstieg steht uns eine Abfahrt mit über 70 Spitzkehren bevor.

Der Blick auf den Potala ist einer der faszinierendsten Ansichten in Lhasa.

Im kargen Hochland finden nur noch Schafe und Yaks ihre spärliche Mahlzeit. (Foto: G. Holzer)

Alles versinkt im Schnee. Das Yak ist das einzige Verkehrsmittel, das unter diesen Witterungsbedingungen noch eine Chance hat. Im Bildhintergrund der Mount Everest.

Detail eines Wandgemäldes im Potala.

Andächtig trinkt ein tibetischer Pilger Tee.

»Diese Reifen, das ist zum Verrücktwerden. Das sind keine Reifen, das sind Gummiüberzieher. Na warte, wenn ich aus Tibet zurück bin, werde ich mich bei der Firma Goodyear beklagen, die werden von mir hören.«

Gebe ist fuchsteufelswild. Wer so ungestüm durch die Gegend kurvt, muß dafür büßen. Gebe dreht sein Fahrrad um auf den Sattel. Jetzt kann er mit der Reparatur beginnen. Ich bin von der Abfahrt her noch so aus dem Häuschen, daß ich zum Straßenrand gehe, um über den steilen Abhang hinabzusehen. Das ist die wildeste Gegend, die ich je sah. Kühn windet sich die Straße ins Tal, ein furchterregender Anblick. Ein steifer Aufwind fegt mich an und bläst mir die Haare nach oben wie ein Fön. Hinter mir höre ich das Geräusch von Metallenem. Gebe repariert, während er leise vor sich hin spricht. Aber Not macht erfinderisch und läßt auch ihn neue Ideen entwikkeln. Gebe holt sein kleines Nähkästchen heraus und schneidet sich mit der Schere am Taschenmesser ein ovales, handgroßes Stück aus seiner ledernen Geldtasche. Dann befestigt er es an der Seitenwand des Mantels, dort, wo das Loch ist. Er näht die eine Hälfte des Flickens an der Außenwand des Mantels an, stülpt die andere Hälfte nach innen, um diese dort anzuheften. Das klappt hervorragend, und doppelt genäht hält es besser. Wir versuchen weiterzufahren. Gebe hat Vertrauen in seine Reparatur und fährt nur wenig langsamer.

Bis unten zählen wir ganze 75 Haarnadelkurven. Vor jeder müssen wir abbremsen, die Geschwindigkeit verlangsamen und konzentriert einbiegen. Und das 75mal. Ich wundere mich, daß mir nicht schwindlig ist. Nach dieser Abfahrt erreichen wir den Talgrund, einen grandiosen Cañon. Wir sind von der eisigen Paßhöhe in einem Tag hinuntergeradelt zu den bewässerten Matten in plus 30 Grad. Die längsten Flüsse der Welt strömen in Osttibet, nur wenige hundert Kilometer parallel voneinander entfernt, dem Pazifik zu, und das ist wohl einmalig. Noch nie haben mich eine Landschaft und die darin lebenden Menschen innerlich so mitgerissen. Zu beiden Seiten ragen bunte Steinwände kerzengerade empor. Gleich einem Stapel aufeinandergeschichteter Bretter, liegt hier teilweise Gesteinsschicht auf Gesteinsschicht. Die durch Klüftungen gelenkte Verwitterung und die schneidende Kraft des Wassers schufen diesen Erdgraben, der an den Grand Canyon in Amerika denken läßt. Schwefelgelb leuchtet hier

der Salween. Der Fluß ist wie der Mekong ein bedeutender Strom, der seine Wasser nach Burma hinabrollt. Ohne Tibets Wasserreichtum wären die südlich angrenzenden Länder wahrscheinlich Wüsten. Wie Schwalbennester kleben verstreute Häuser mit grünen Feldern an Hangstellen. Wir taufen es das Tal der Götter. Die Straße ist gefährlich. Ich möchte hier nicht unterwegs sein, wenn es stark regnet, denn die Felswände sind bröselig und große Sandsteine, die darin stecken, würden im Regen aufweichen. Die erdrückende Tiefe dieses Erdgrabens läßt uns kaum verweilen. Nur wenige Kilometer verläuft die Straße am Fluß entlang. Dann verlassen wir über eine Brücke, die mit einem Armeeposten besetzt ist, das Tal und gelangen in eine enge Klamm. Ein paar Soldaten reparieren hier die Telegrafenmasten, von denen Drähte herunterhängen. Andere räumen die verschüttete Straße. Sie tragen weiße Gesichtsmasken aus Stoff gegen den Staub, die ihnen zugleich das letzte Quentchen Individuum nehmen. Es geht leicht bergauf, aber bei uns ist heute die Luft schon raus. Ganz langsam bummeln wir in einem angenehmen Rhythmus weiter. Ein Greifvogel taucht aus einer Wolke hervor, schnellt den Hang hinauf und verschwindet über dem Abgrund. Über uns folgt ein zweiter, der sich spiralförmig nach oben windet. Nur wenig später sehen wir einen ganzen Schwarm von Geiern, die sich über einen gerissenen Esel hermachen. Er wird von den Vögeln enthäutet und das Fleisch zerstückelt. Die Schwächeren warten, vom Hunger gequält am Himmel kreisend, auf das, was übrigbleibt. Der Esel liegt direkt neben der Straße, und wir kommen beim Vorbeifahren verdammt nah an die Vögel heran, die um ihren Besitz fürchten.
»Wir wollen nur hier hindurch, sonst nichts,« sage ich vor mich hin.
Genau das lassen sie zu. Dann stößt ein Vogel einen scharfen Schrei aus und fliegt direkt auf mich zu.
»Achtung! Sieh doch, dort rechts!« schreit Gebe.
»Die Luftpumpe, schnell, zieh die Luftpumpe!« bitte ich Gebe.
Ich sehe den Vogel kommen und bleibe stehen. Mit großen Flügelschlägen streicht er heran, stürzt auf mich zu – und dreht über meinem Hut ab. Es ist ein Riesenexemplar, der ein Reh reißen könnte.
»Zurück! Andi, bist du wahnsinnig, zurück!« schreit Gebe.
Der Vogel kommt wieder. Aber er warnt mich diesmal nur vor.

Die Schlucht des Salween ist gewaltig, Felswände ragen senkrecht in die Höhe.

Imponierend dreht der König einen Kreis. Gebe ruft nochmals aus weiter Entfernung. Ich setze mich aufs Fahrrad und fahre weiter. Der Schock war es, der mich unbeweglich gemacht hatte.

Das einzige Gebäude, bei dem wir am Abend in dieser Gegend vorbeikommen, wird zwangsläufig zu unserer Unterkunft. Ein freundlicher Chinese wohnt in dem Haus. An einem offenen Feuer wärmen wir uns an dem kalten Abend auf und kochen in Gebes Topf weißen Reis. Wir essen, trinken und schlafen. Der nächste Tag bringt uns langsam wieder höher. Am frühen Morgen ist die Straße hartgefroren. Die Steine weichen jetzt nicht mehr den Reifen, sondern umgekehrt. Es rüttelt und schüttelt. Später kommen wir über einen Bergsattel aus den ewigen Schattenseiten heraus. Es empfängt uns eine jungfräuliche Welt auf diesen Höhen. Kein Mensch begegnet uns, kein Geräusch dringt an unsere Ohren. Aber es wird nie langweilig. Es ist spannend, stundenlang in den Himmel zu schauen oder sich an der Struktur des Plateaus zu erfreuen.

Die Straße beschreibt eine Biegung nach Süden. Wir treffen auf einen

Chinesen, der seit acht Jahren durch China radelt. Sein Kopf reicht mir gerade bis zur Brust, und seine Körpergröße zwingt ihn, auf der mittleren Stange seines Rads zu sitzen. Wang hängt sich an uns dran und möchte mit uns fahren. Beim Treten rutscht er von der linken auf die rechte Seite. Allein beim Hinblicken tut es mir zwischen den Beinen weh. Die Straße führt leicht bergauf über einen Paß zu einem herrlichen, dunkelgrünen Gebirgssee. Erst als wir an diesem Abend anhalten, erkenne ich, daß der Chinese nicht einmal richtig laufen kann. Er hinkt infolge eines Beinschadens, den er sich bei der Arbeit in der Fabrik zugezogen hat.
Am nächsten Morgen fahren wir weiter. Von dem See in Rawu führt ein Bach, der durch seitliche Zuflüsse von Gletschern stetig größer wird, in ein enges Tal. Po Tsangpo wird er genannt. Nebenfluß des großen Bruders Tsangpo. Ich überhole ein paar Tibeter, die einen Handkarren vor sich her schieben. Mir fällt jetzt auf, daß die Gegend ärmer erscheint als zwischen Yangtze und Mekong. Dort ritten die Menschen noch Pferde oder hatten wenigstens Maultiere. Sicherlich läßt die felsige Gegend hier nur geringere Ernteerträge zu als die grünen Weiden in Osttibet.
Dann taucht vor unseren Augen ein riesiges Armeecamp auf, nackt und öde. Diese Häuser sind unbeschreiblich. An der Ostseite erstreckt sich eine Betonwand, an der Süd- und an der Westseite ebenso, und die Nordseite ist auch so erstellt, nur mit dem Unterschied, daß sie von ein paar Fenstern, die mit Gittern abgesichert sind, abgedeckt wird. Die Kaserne ist umgeben von einem Stacheldrahtzaun. Auf dem Hof davor herrscht das Leben von Ölfäßern und Abfällen, ein Berg von Schrott. Kühlergitter von Lastwagen liegen herum, Reifen, Achsen. Drüben, auf der anderen Straßenseite, steht ein Telegrafenhäuschen und eine Radarstation. 2000 Soldaten sollen hier in Bamda stationiert sein. Das Gebiet gehört zu den zwischen China und Indien strittigen Gebieten. Wir befinden uns in Grenznähe zum ungeliebten Nachbarn Indien. Im Herbst 1962 stießen chinesische Truppen von hier nach Indien vor. Von zwei Punkten griffen sie das Nachbarland an. In Zayü nahe dem Dreiländereck mit Burma sowie am Bum La-Paß bei Bhutan. Zu dieser Zeit waren allein in dieser Gegend über 50000 Soldaten stationiert. Immer neuere und bessere Versorgungsstraßen für die Truppen wurden gebaut. Das

unverbündete, fast wehrlose Indien, das noch an der Theorie Gandhis von der Gewaltlosigkeit festhielt, stand damals hilflos da und war in seiner hart errungenen Freiheit bedroht. Indien erhielt später Waffenlieferungen aus Rußland und den USA. Was auch immer der Grund des chinesischen Aggression gewesen sein mag und noch ist, die Chinesen lehnen die von dem Briten Arthur McMahon festgelegte Grenze vom Jahre 1914 ab. Im nordindischen Simla wurde die Grenze von Repräsentanten der Länder China, Tibet und Indien, das damals noch unter britischer Herrschaft stand, vereinbart. Heute sind die Beziehungen zwischen Indien und China noch immer angespannt. China verlangt Gebiete, die im indischen Bundesstaat Assam liegen, zurück. Sieht man sich Karten aus China an, so ist die Grenzlinie fast 300 Kilometer südlich von Bomi eingezeichnet. Auf internationalen Karten verläuft die Grenze naturgemäß, und der McMahon Linie entsprechend, entlang den Berggipfeln des Himalaya, die das tibetische Plateau vom subtropischen Dschungel, etwa 70 Kilometer südlich von Bomi, trennen, doch die Chinesen haben keinen Blick für Geographie, Geschichte und Traditionen. Man kann nur hoffen, daß sich das Rad in China irgendwann einmal in die andere Richtung dreht und sich eine Einigung finden läßt.
Zusammen mit unserem chinesischen Gefährten radeln wir in das Camp ein. Wang winkt uns zu, und auf die Bitte eines Soldaten gehen wir in ein Zimmer. Und dann kommen die Leute mit dem formularischen Firlefanz wieder. Hier, in der Mitte von »Nirgendwo« in Tibet, in dem ein kleiner Ort des Elends liegt, kommt ein Soldat zu uns und drückt mir ein Papier in die Hand. Das aber ist chinesisch bedruckt, wir können kein Wort lesen. Ich beuge mich dem Blödsinn und erfülle meine Pflicht, aber nur halb. In irgendeine Lücke schreibe ich meinen Namen? ›Robert Redford‹ Wohin? ›Will nach Hause‹ Woher? ›Mond‹. Der uniformierte Soldat ohne Abzeichen blickt kurz darauf und heftet das Blatt dann in seinen Ordner ein.
Zwei Holzpritschen dienen uns als Betten, ein Spucknapf als Waschschüssel. In einem fensterlosen Raum mit Gittertür verbringen wir eine Nacht wie im Gefängnis.
Morgens trommelt der Regen aufs Dach. Beim ersten Trompetensignal stehen wir auf. Das Lager ist zum Leben erwacht. Die Soldaten gehen in die Küche, die die Größe einer Turnhalle hat. Jeder erhält

eine Ladung Reis, ein Brocken Maisbrot und ein paar Pepperonistücke für die Würze, dann hocken sie sich im Hühnersitz zerstreut irgendwohin und futtern ihr Essen.
Anschließend schlendern die Soldaten gelangweilt umher und kicken gegen die am Boden herumliegenden Konservenbüchsen. Andere testen ihre Gewehre und schießen auf Zielscheiben. Die Leute benehmen sich grotesk.
Wir stellen uns in der Küche in der Schlange an. Als wir endlich dran sind, verlangt der Soldat von uns zehn Yuan für eine Schale gekochten Reis. Er weiß, daß wir hungrig sind und etwas im Magen haben müssen. Je weiter sich die Chinesen von ihrer Heimat entfernen, desto hemmungsloser benehmen sie sich. Wang, unser Gefährte, hilft uns, nach langen Debatten den Preis auf die Hälfte herunterzuhandeln.
Später beladen wir unsere Räder. Wir warten ab, bis es zu nieseln aufhört. Der nikotinsüchtige Wang geht derweilen in die einzelnen Gebäude der Armeecamps und sammelt weggeschmissene Zigarettenstummel ein. Er findet hier sein Paradies. Als er zurückkommt, lacht er verschmitzt, denn innerhalb einer halben Stunde hat er sich eine ganze Tüte aufgelesen. Im Zimmer öffnet er dann jede Kippe, holt den restlichen Tabak heraus und dreht sich mit Zeitungspapier lange, dünne Papierrillos. Wie eine Wasserpfeife möchte er dann das Ding in unserer Runde herumgehen lassen, aber wir lehnen dankend ab. Hier kann man wirklich sagen:
»No, thank you very much.«
Wang schmunzelt trocken und verzieht genüßlich das Gesicht. In manchen Verhaltensformen ähnelt er einem unbefangenen Kind. Vor ihm nehme ich aber meinen Hut ab. Trotz seiner Verletzung schafft er es, China mit dem Rad zu umrunden, und macht das Beste aus der Beinverletzung. Wenn er über die heimische Grenze könnte, würde er wahrscheinlich ohne einen Pfennig Geld im Sack um die Erde reisen und sich mit den Abfallprodukten der Menschen durchschlagen. Trotz seiner Armut teilt er mit uns seine Verpflegung und hilft uns, Unterkünfte zu finden.
Gebe schreibt Tagebuch, und ich sitze bei einer Tasse Tee auf dem Bett. Am späten Vormittag hört es auf zu regnen. Wir legen unsere Decken zusammen und hängen sie über das Bettgestell. Dann radeln

Unterwegs mit unserem chinesischen Freund zwischen Rawu und Bamda. Im Hintergrund ragen namenlose 6000er in die Höhe, über deren Kämme die umstrittene Grenze zu Indien läuft.

wir los. Ich bin froh, diesen Ort zu verlassen. Wir haben uns vorgenommen, heute Tangmai zu erreichen. Auf der Straße herrschen Tiefschneeverhältnisse. Durch die Regenfälle der letzten Tage sinken wir weit in den schlammigen Untergrund ein. Die Fahrt kostet jetzt doppelt so viel Kraft. Die Furchen sind so tief, daß meine Pedale zeitweise den Boden berühren. Auf die Spurrillen der Lastwagen kann ich mich jetzt auch nicht mehr verlassen. Die motorisierte Befahrbarkeit hört hier endgültig auf. Die Sonne hat sich inzwischen über die Berge vorgeschoben. Vor einem großen Erdrutsch treffe ich auf einen Mann, der mich ein Stück zu Fuß begleitet. Die Tibeter in diesem Tal sehen etwas anders aus. Ihre Nasen sind höher und die starken Backenknochen, die für die Tibeter typisch sind, nicht so ausgeprägt. Er läuft mit mir bis zu einem Hang, an dem er stehenbleibt und seine Hände vor der Stirn verschränkt. Vor Jahren muß hier ein fürchterlicher Sturm getobt haben, der Felder und Häuser verwüstete. Durch die stottrige Stop-and-go-Fahrweise reißt unsere

Gruppe etwas auseinander. Ich fahre allein weiter. Namenlose 6000er liegen links von mir. Die Gegend hier unten im Tal fasziniert durch eine außergewöhnliche Flora. Zunächst komme ich durch Kiefern- und Eichenwälder. Manche Bäume sind doppelt so hoch wie in den heimischen Alpen. Später sind die Riesen von Moosbärten und Lianen umschlungen. Farne, so groß wie Bananenblätter, biegen sich unter der Last schwerer Regentropfen. Dazwischen stehen weiß blühende Rhododendronsträucher, die wie Farbtupfer in dem dunklen Wald leuchten. Der Bach aus Dawu ist durch die vielen Zuflüsse von Gletschern zu einem breiten Fluß angeschwollen, der hier Tongkyuk oder auch Po Tsangpo genannt wird und ruhig dahinfließt. (Po = Nebenfluß). Je tiefer ich gelange, desto tropischer wird die Vegetation. Bemooste Steine leuchten im fleckigen Sonnenlicht. Aus dem Wald höre ich den Ruf eines Vogels, der durch das Dickicht widerhallt. Umgestürzte Bäume, deren Wurzeln in alle Richtungen stehen, liegen quer über der Straße. Ein Rehpaar huscht über den Weg. Der englische Biologe Harold Fletscher bezeichnete auf seiner Forschungsreise im Jahre 1947 dieses Gebiet als Naturmuseum und schrieb, daß er ein ganzes Buch nur über diese Gegend füllen könnte. Durch hüfthohes Gras schiebe ich mein Rad. Zwischen den Zweigen der Nadelbäume sehe ich unter mir das hellgrüne Wasser des Flusses leuchten. Darin ragen graue, tote Stämme wie verbrannte Streichhölzer nach oben. Ganze Straßenteile sind durch Erdrutsche wie weggesprengt. Hier soll vor 70 Jahren noch ein Kloster gestanden haben, das im Fluß versank. Vor einem großen Erdrutsch sehe ich mich zweimal um, bevor ich ihn überschreite. An einer 45 Grad steilen Halde klebt der Schlamm an der Flanke. Der Boden besteht hauptsächlich aus Lehm, so daß sich das Regenwasser darin ansaugt wie in einem Schwamm. Zuerst bringe ich meinen Rucksack rüber und wate dabei schon bis zum Knie im Morast. Anschließend nehme ich mein Fahrrad in die linke Hand, während ich mich mit der rechten an den Hang lehne, um die Balance zu halten. Jedesmal versinken meine Füße im Sumpf, und die Schuhe saugen sich beim Herausziehen voll. In der Mitte muß ich mich ausruhen. Schließlich erreiche ich wieder festen Untergrund. Kurz danach radle ich an einem Meilenstein vorbei, auf dem ›1000 km‹ steht. Es sind also noch 1000 Kilometer bis Lhasa.

Um unseren Weg zu finden, müssen wir immer wieder die ungenauen Karten zu Rate ziehen.

Da ich im Wald die Orientierung leicht verliere, hole ich meinen Kompaß aus dem Rucksack, um nachzusehen, wie die Straße verläuft. Die Richtung ist West-West-Nord.

Nur wenige Meter nach dem Erdrutsch entdecke ich eine kleine Hütte, in der zwei Straßenarbeiter hausen. Da drinnen fülle ich mir Wasser in die Fahrradflasche nach. Als ich herauslaufe, fällt mich von hinten ein Hund an und beißt mir in den Fuß. Ich drehe mich blitzartig um, aber der Feigling flieht sofort in den Wald. Blut strömt aus der Wunde. Sie ist nicht tief, aber wenn das Tier krank war oder Tollwut hatte, ist es schlimm. Ich bin hier weit weg von irgendeiner Stadt oder einem Krankenhaus. Es bleibt mir nichts übrig, als weiterzufahren. Immer wieder liegen Bäume über der Straße. Für die letzten Kilometer nach Tangmai benötige ich vier Stunden. Aber trotzdem haben wir heute 90 Kilometer zurückgelegt. Ja, hier unten auf 1600 Höhenmeter kann man wieder ungezwungen atmen. Als ich dann Soldaten sehe, weiß ich, daß ich nicht mehr weit von dem Dorf entfernt sein kann. Die Soldaten reparieren die umgerissenen Telegrafenmasten, was jedoch völlig sinnlos ist, da sie nach einer bestimmten Zeit wieder weg sein werden. Gegen Abend erreiche ich das Sechs-Häuser-Dorf Tangmai. Ein Bauer züchtet neben seinem Haus ein paar Tabakpflanzen. An einem anderen Hang entdecke ich sogar halbreife Maisstauden. Ich lege mein Gepäck ab, nehme noch etwas zu trinken mit und fahre die Straße zurück, um nach den anderen zu sehen. Mein Tretlager beginnt dabei immer stärker zu knacksen und wackelt wie ein Kuhschwanz. Bei Einbruch der Dunkelheit treffe ich auf Gebe. Ihm ist das gleiche passiert wie mir. Der Hund hat ihn gebissen – an der gleichen Stelle. Hätte ich Gebe doch nur gewarnt! Aber wie konnte ich wissen, daß er auch dort Wasser nachfüllt. Wir warten, aber der Chinese kommt nicht. Er liegt weit zurück.

»Meinst du, er wird es schaffen?« frage ich Gebe.

»Ich glaube schon, er wird wohl in dem Straßenarbeiterhaus übernachten.«

Gebe und ich beschließen, nach Tangmai zurückzukehren. Wir essen etwas und gehen anschließend ins Gästehaus. Nach elf Stunden köstlichen Schlafes warten wir morgens auf den Chinesen. Wir haben gehört, daß sich die Straße auf dem vor uns liegenden Weg noch weiter verschlechtert, und wollen ihm helfen, sein Fahrrad über die Hindernisse zu tragen.

Wir öffnen die Tretlager an unseren Fahrrädern. Sogleich läuft braunes, rostiges Wasser aus dem Gewinde heraus. Die Kugeln des Lagers sind abgewetzt und sehen aus, als hätte daran jemand genagt. Das einzige, was wir im Moment tun können, ist, ausgiebig Fett hineinzuschmieren. Außerdem stelle ich meine Speichen nach, da mein Hinterrad eiert und an den Bremsbelägen schleift.

Gegen Nachmittag kommen tibetische Pilger in Tangmai an und kurz darauf der Chinese.

Anderntags starten wir früh. Nach der Morgentoilette kommt unser Gefährte angehumpelt und holt uns ab. Auf einer Brücke überqueren wir einen reißenden Bach, der in den Po Tsangpo mündet. Weg und Fluß biegen nach links ab. Unser Ruhetag macht sich heute bemerkbar. Körperlich entspannt, richte ich meine Blicke auf die sagenhafte Landschaft und spüre ein intensives Gefühl, als ob der lange Schlaf all meine Sinne geschärft hätte. Es ist ein trüber Septembermorgen, windstill und mild. Überall hört man Insekten summen. Der Regen hat aufgehört, und dicke, schwere Wolken ziehen über die Waldkette hinweg. Nach den ersten Kilometern stürzen seitlich Wasserfälle herab, Farne und Lianen in majestätischen Ausmaßen erscheinen am Wegrand, Büsche aller Art drängeln sich auf dem Waldboden. Immer wenn ich hinaufschaue, sehe ich den Himmel durch die Äste der riesigen Bäume wie durchgeschnitten. Die seitlich aufragenden Hänge verlieren sich weiter oben in den schweren Monsunwolken, Nebelschwaden ziehen durch das Tal, ätherisch wie ein impressionistisches Ölgemälde, und verleihen dem Urwald etwas Unheimliches. Wir kommen uns in dieser gigantischen Landschaft vor wie Miniaturfiguren. Die wenigen Sonnenstrahlen, die hier in der Mittagszeit mit ihrer stärksten Kraft hereinstrahlen, haben eine einzigartige Landschaft zwischen dem tibetischen Hochplateau und dem indischen Subkontinent hervorgebracht.

Der Weg verfilzt zu einem Schlammpfad, und wie am Vortag verstellen Erdrutsche und korallenfarbige Geröllhalden das Weiterkommen. Gewöhnlich fährt jeder in seinem eigenen Tempo und wartet nach einer angemessenen Zeit auf den anderen. Das hat sich vor allem bei den Paßfahrten bewährt, da dort die Luft zum Sprechen ohnehin nicht da ist. Heute aber bleiben wir zusammen um dem Chinesen zu helfen, das Fahrrad über die Hindernisse zu schleppen. Manchmal überqueren wir diese dreimal. Zuerst mein Fahrrad, dann mein Gepäck und als letztes das Fahrrad des Chinesen. Felsstücke säumen den Weg, Steinbrocken von der Größe eines Hauses liegen vor uns. Steinschlag, Erdrutsche und Lawinen haben ganze Wegstrecken in den Abgrund gerissen. Unter uns fließt der Po Tsangpo, der noch ruhig und schweigsam dahinströmt.

Ein britische Forscher zitierte einmal den chinesischen Reisenden Hsun Tsang, der diese Gegend passierte: »Dunkel wie Schlunde sind die Abgründe und gefährlich die Wege, die fast wie in der Luft hängen.«

Gegen Mittag machen wir an einem Straßenarbeitercamp Rast. Ein einzelner Chinese haust hier in dieser gottverlassenen Gegend. Er winkt uns ins Zeltinnere und schenkt uns Tee ein. Ich setze mich auf einen Karton und lehne mich zurück. Die zwei Chinesen beginnen zu plaudern, Gebe schlürft Tee. Aber da erkenne ich zwischen meinen Beinen auf dem Karton ein rot aufgedrucktes ›T.N.‹. Ich spreize

meine Beine weiter auf, um zu lesen, was auf dem Karton steht. Dabei werden meine Augen immer länger ›T.N.T.‹!
Hochexplosives Dynamit, das zum Freisprengen der verschütteten Straße bestimmt ist.
»Mach sofort die Zigarette aus!« schreie ich Gebe an.
Das Zelt ist vollgestopft mit Sprengpulver. Der Arbeiter schläft hier zwischen den Kartons und pafft unbesorgt mit asiatischer Ruhe vor sich hin. Das Ganze ist mir zu gefährlich. Es gibt schönere Rastplätze, wir ziehen weiter. Ein Lawinenabgang folgt jetzt auf den anderen. Ein Schwefelloch unten am Fluß tritt an die Oberfläche und speit Rauch aus, der nach verfaulten Eiern stinkt. Ein riesiges Naturmuseum umgibt uns. Nur wenige Meter nach dem Zelt treffen wir erstmals nach langer Zeit, es müßten ungefähr sechs Wochen sein, wieder auf einen Ausländer. Er kommt aus der anderen Richtung, doch er wirkt durch seine schwarzen Haare und sein chinesisches Fahrrad eher wie ein Einheimischer. Als er aber näherkommt, erkennen wir ihn.
»Ein Ausländer, ein Ausländer, ein Ausländer«, ruft Gebe überrascht.
»Ja, ja«, antwortet er auf unsere verwunderten Blicke aus einiger Entfernung.
Wir fallen uns in die Arme und begrüßen uns. Es ist lange her, seit wir uns das letzte Mal ohne Sprachbarriere unterhalten konnten. Dave kommt aus Kanada. Er ist allein auf dem Fahrrad unterwegs nach China.
»Zur Hölle mit dem Gepäck«, schimpft er, »ich habe das Fahrrad für 20 Dollar in Shigatse gekauft, dazu die Ledertaschen und Kochtöpfe. Bergab schwänzelt der Karren wie eine Fahne im Wind. Aber ich werde es schon schaffen.«
»Ist das Fahrrad ansonsten o.k.?« will ich wissen.
»Oh ja, es ist super. Ich habe zwar keine Schaltung wie ihr, aber ich schieb halt bergauf, häng mich an einen Lastwagen an oder fahr mit jemanden mit.«
Dave ist ein ruhiger, besonnener Typ. Er erzählt weiter: »Letzte Nacht schlief ich nicht weit von hier, da gestern nachmittag der Schlamm so lose war, daß pausenlos Steine herunterkamen. Da ich allein bin, wollte ich das Risiko nicht eingehen, über die Rinne zu

Die Schlucht an der großen Biegung des Brahmaputras gilt als die größte der Welt. Zwischen den über 7000 Meter hohen Bergen fließt einer der bedeutendsten Himalayaflüsse hindurch – der Brahmaputra. Geröllhalden versperren den Weg, wir müssen unsere Ausrüstung über die Hindernisse schleppen. Erdrutsche und starke Regengüsse erschweren das Vorankommen.

laufen. Ich habe gehört, daß in den letzten Jahren hier 70 Lastwagenfahrer ums Leben gekommen sind. Wenn da ein Brocken herunterkommt, ist es aus, für immer – bye, bye, salut ...usw.«
Wir unterhalten uns noch eine Weile. Da wir uns aber selber inmitten dieses gefährlichen Streckenabschnittes befinden, wollen wir so schnell wie möglich weiter und verabschieden uns. Wir tauschen noch Adressen aus, doch sollte es nicht das letzte Mal sein, daß ich Dave traf.
Das Schieben hört jetzt auf, und das Klettern im Morast und Geröll beginnt. Ein Schritt vorwärts, zwei zurück. Wenig später hören wir ein Krachen und Poltern, und tatsächlich spuckt der Teufelshang Steine herunter. Während zwei aus unserer Gruppe die Rinne beobachten, traversiert der Dritte mit Gepäck den Lawinenabgang. Wir überqueren die gefährliche Stelle weiter oben, um fallende Steine rechtzeitig zu sehen. Eine Gruppe Tibeter schreitet vorbei. Ein älterer Mann lacht mich freundlichen an und nimmt mit einer Hand meinen Lenker in die Hand. Gemeinsam tragen wir die Last über den Hang.
»Pilger helfen sich gegenseitig«, sagt er, »wir sind alle auf dem Pilgerweg nach Lhasa!«
Nach Überschreiten des großen Erdrutsches wird der Pfad etwas besser. Eine Schlange kreuzt unseren Weg und ringelt sich elegant durch das Gebüsch, ein Vogel singt wunderschön. Ich lausche wieder. In dieses Zwitschern mischt sich von fern her ein dumpfes Dröhnen. Wassermusik! Der Weg biegt um eine Gratkante. Eine große Baumwurzel versperrt ein letztes Mal den Weg. Abermals spitze ich meine Ohren. Das Rauschen wird immer lauter und durch den Widerhall an den Schluchtwänden noch verstärkt. Endlich sind wir im Tal des Tsangpos, des Flusses, der zu unserem Ziel nach Lhasa führt. Während sein Bett immer enger wird, beschreibt der Fluß hier eine große Biegung. Entsprungen im Mount Kailash-Gebiet in Westtibet, wendet sich dieser Lebensquell 2500 Kilometer nach Osten über das Hochplateau, findet hier ein Schlupfloch und kurvt nach Süden dem indischen Subkontinent zu. Jenseits des Himalaya fließt er in majestätischer Breite durch den indischen Himalayastaat Assam und das Nachbarland Bangladesh, bevor er in den Golf von Bengalen mündet, wo er im endlosen Ozean seine Identität verliert. Wie ein

Der Brahmaputra nahe der großen Biegung.

überdimensionaler Wasserfall stürzt der Tsangpo auf einer Strecke von 200 Kilometern mit einem Gefälle von über 2200 Höhenmetern Richtung indischer Kontinent. Gewaltige Wassermassen wälzen sich abwärts. Der reißende Fluß dröhnt hier, und die Erde scheint zu

An einem Drahtseil überqueren wir einen Nebenfluß des Tsangpos.

beben. Südlich des Himalaya wird er ›Brahmaputra = Brahmensohn‹ genannt, hier in Tibet ganz einfach ›Tsangpo = Fluß‹. Am Anfang dieses Jahrhunderts war man sich in beiden Ländern noch gar nicht sicher, ob die beiden ein und derselbe Fluß sind. Das Terrain dazwischen ist völlig unbegehbar, der Fluß mit einem Boot nicht befahrbar. Irgendwo im Dschungel verkriecht sich die umstrittene China-Indien-Grenze in den Tälern und von dort hinauf über die weißen Riesen. Etwa 100 Luftkilometer südlich im Flußtal, schon in Indien, leben die Adis, weiter westlich die Apa Tanis. Ursprünglich Bhutanesen, die eine tibetisch beeinflußte Sprache sprechen. Es handelt sich um Stämme, die noch Häuptlinge haben und vollkommen von der Außenwelt abgeschnitten sind. Eine unvorstellbare, vergessene Welt. Als diese Völker im Jahre 1962 beim Angriff der Chinesen auf das Flachland von Assam flüchteten, sahen sie dort fassungslos erstmals Elefanten und Raddampfer. Nur zwei Anthropologen wurde von der Regierung in Neu Dehli die sehr rare Genehmigung erteilt, die NEFA (North-Eastern Frontier Agency), wie dieses Gebiet auch genannt wird, zu besuchen. Es waren Christoph Fuhrer-Haimendorf mit seiner Frau im Jahr 1955 und Raghibir Singh 1988.
Plötzlich endet der Weg neben dem Fluß, und dann scheint es, als ob wir wirklich in der Luft hängen. Ein Drahtseil, das über den Fluß gespannt ist, bildet die einzige Verbindung zum gegenüberliegenden Ufer. Dem Reisebericht des englischen Botanikers aus dem Jahre 1947 zufolge müßte hier eigentlich das Dorf Trulung stehen. Wir sehen aber nichts. Die Gegend wurde vor ein paar Jahren von einer Naturkatastrophe heimgesucht. Eine Serie von rasch aufeinanderfolgenden Stürmen und wochenlangen Regengüssen ließ den Fluß so stark anschwellen, daß meterhohe Flutwellen die Umgebung unter sich begruben. Brücken, Straßenteile und Häuser wurden weggeschwemmt. Wie in einer Sanduhr rutschen in diesem Kessel die Hänge in den Tsangpo. Die Regierung in Peking plant hier den Bau eines 40 Millionen Kilowatt leistenden Stausees. Es wäre der größte seiner Art in der Welt. Sicherlich wäre das zugleich auch ein großer Eingriff in diese urtümliche Natur, aber die Geologen behaupten, daß mit dem Stausee Überschwemmungen vermieden werden könnten. Denn während der Schneeschmelze und der Monsunzeit im Juli steigt das Wasser mindestens auf das Doppelte an und überflutet

jährlich das Flachland von Bangladesh, in dem über 50 Millionen Menschen von der Ernte abhängig sind.
Auf dem Drahtseil überqueren wir den Fluß und folgen der Straße stromabwärts. In Millionen von Jahren hat sich das sprudelnde Wasser in das Tal hineingesägt. Es klatscht auf die Steine, zerplatzt und erhebt sich dabei schäumend zu beträchtlichen Wassersäulen. Feuchte Dampfwolken schweben darüber, die durch die Sonnenstrahlen regenbogenartige Farben bekommen.
Der Pfad verläuft entlang einer steilen Felsflanke, nur gestützt von ein paar Holzstämmen. Unter uns siedet der Tsangpo, ein Fluß wie ein Vulkan. Das Wasser verschluckt jedes andere Geräusch. Tibeter verbeugen sich hier, bevor sie die gefährlichen Stellen überqueren. Für sie wirken in den heiligen Gewässern die Geister dieser Erde. Hier, an diesem Wasserfall, wo jeder Gott zum Erwachen kommt, wird besonders inbrünstig gebetet. Auch wir fahren jetzt langsam und schieben, denn das Gelände ist selbst uns nicht mehr ganz geheuer.
Aber wo es abwärts geht, muß es auch wieder rauf gehen. Die Straße verschwindet in ein Nebental, und dann führt sie hügelan. Ein Gürtel scheinbar endlosen Waldes erstreckt sich an den Hängen. Erdtiefe Stille umgibt mich. Ich mache Rast am Bach und wasche darin mein Gesicht. Ich weiß nicht mehr genau, wie es passiert ist, denn manchmal gibt es Dinge und Erlebnisse, an die einfach die Erinnerung fehlt. Als ich mich über das Wasser beuge, erkenne ich darin leuchtende blaue und weiße Farben. Ich schließe kurz die Augen und öffne sie wieder. Die Farben sind immer noch da. Das Wasser am ruhigen Bachrand beginnt sich zu bewegen, und auch das Blau schaukelt sich jetzt. Eine Spiegelung! Die Art und Weise, wie die Wolken in dem Wasser reflektiert werden, gibt mir das Gefühl, durch den Himmel zu laufen. Aber da sind nicht nur Wolken. Etwas schimmert dunkelbläulich. Ich richte mich auf. Weit muß ich mich zurücklehnen. Das ist Wahnsinn. Ein phantastisches Bild entsteht. Eine Spitze ragt aus dem weißen Seidengewand der Wolken. Der Schneeberg glitzert im letzten Abendlicht, wie mit Diamantstaub eingepudert, das Eis leuchtet bläulich-weiß, als wäre es aus Glas. Darunter stechen wilde Bäume wie Finger in den Schnee. Ich bin irre vor Begeisterung. Die Luft ist von augendurchdringender Schärfe. Vor Freude jodle ich und tanze im Wasser herum. Diese Art von Wildnis schießt mir ins Blut wie

Wein. In meinem Gedächtnis blitzt ein Bild auf. Ich habe von diesen Bergen geträumt, seitdem ich mich mit ihnen befaßt habe. Für mich stellt sich wieder die Frage, ob dies hier nicht Schangri La ist.
Nach der Karte heißt der Berg Namche Barwa, ragt 7782 Meter über das Meer und ist der höchste unbestiegene Berg der Hemisphäre. Für die Besteigung haben die Chinesen noch keine Genehmigung erteilt.
Gebe stößt zu mir. Ihm geht es genauso. Zuerst glaubt er, daß es sich bei meinem Schreien um ein kaltes Bad handelt. Ich zeige mit der Hand nach oben. Gebes Augen quellen hervor. Vor Staunen muß er sich auf den Boden setzen.
Ich muß jetzt mit der Kamera schnell reagieren, denn kurze Zeit später schließt das Naturschauspiel wieder seine Vorhänge, und der Berg ist wieder wolkenverhangen. Das Treffen mit dem Kanadier, die urweltliche Landschaft, die Drahtseilüberquerung und jetzt die Schneespitze, das alles hat sich am selben Tag abgespielt, ein Tag, der niemals vergehen dürfte, ein Tag, der seinesgleichen sucht.
Wieder erleben wir den Wechsel verschiedener Vegetationszonen. Was gestern noch unser Himmel war, liegt heute als Wolkenmeer zu unseren Füßen. Aus den steilen Schluchten werden rollende Hügel. Die Bäume wachsen niedriger, ihre Äste sind vom harten Wetter gekrümmt oder geknickt. Fingerdick ist die Rinde, und von Falten zerfurcht. Wenn doch so ein Baum nur erzählen könnte, was er hier oben erlebt hat! Bald machen Zedern und Föhren windgepeitschten Latschen und Wiesen Platz. Disteln, Enziane, Schusternägele, Seidelbaste und Edelweiße wachsen hier wie der Löwenzahn auf heimatlichen Wiesen. Ein paradiesischer Blumenteppich breitet sich vor uns aus.

Die Straßenverhältnisse werden jetzt wieder besser. Von Lawinenabgängen gibt es jetzt keine Spur mehr. Gebe aber hat gerade seine Gedanken irgendwo anders, als er, zurückgelehnt und mit einer Hand fahrend, bei einer Bachbettdurchquerung direkt auf einen Steinbrocken auffährt. Im hohen Bogen segelt er mit dem Kopf voraus über den Lenker und landet im Wasser.
»Au, das tut weh«, winselt er und fischt ein metallenes Stück aus dem Wasser, »der linke Bremshebel ist auch abgebrochen.«
Dann steht Hans-guck-in-die-Luft auf und schüttelt sich drollig wie

ein nasser Hund das Wasser vom Leib. Jetzt schlottert er vor Kälte. Was für ein herrliches Bild!
»Donnerwetter, das war ein Flug für Tagträumer«, kommentiere ich lachend, »aber mach dir keine Sorgen. Nach ein paar Kilometern schwitzt du wieder, und dann beginnt deine Kleidung wie unter einem Bügeleisen zu dampfen.«
Gleich einer Wendeltreppe vom Keller bis zum Obergeschoß schlängelt sich dieser Paß empor. Es ist der Angina-Paß, ich erinnere mich an ihn; Alexandra Neel hat ihn vor 60 Jahren überschritten und mußte damals mit ihrem Begleiter fünf Tage im Schneesturm ausharren, ehe sie halb verhungert herunterkam. Aber die Zeichen stehen gut für uns. Die Regenzeit ist jetzt, Anfang September, vorbei und der Winter noch einige Monate weit entfernt. Unser dringender Wunsch, diese wilde Gegend zu durchstreifen, festigt unseren Glauben an solch ein Unternehmen. Hätten wir all die Zweifel, Ausreden und Vorhersagen ernst genommen, wäre unsere Tour schon an der Grenze von Hongkong nach China gescheitert. Das bedeutet nicht, daß wir mit dem Kopf durch die Wand gehen, aber wir haben für uns abgewogen, ob etwas noch machbar ist oder nicht. Und vielleicht hat unser fester Glaube und unser Tun die Götter positiv beeinflußt und die Dämonen nicht zum Zug kommen lassen.
Am ersten Abend nach der Flußüberquerung schliefen wir nicht weit oberhalb des Brahmaputras auf etwa 1900 Meter, fuhren gestern am Dorf Tonkyuk vorbei und schliefen letzte Nacht in Tumbutse auf 3500 Höhenmeter. Heute geht die Fahrt in einem Halbbogen um den Namche Barwa weiter, jedoch läßt sich der Berg nicht mehr blicken. Die ungenaue chinesische Karte haben wir jetzt endgültig weggeschmissen, da darin keine Berge und Flüsse, sondern nur Straßen und Dörfer eingezeichnet waren. Aber das Wegwerfen hatte noch einen zweiten Grund. Wir wollen nicht schon vorher wissen, welche Ortschaften vor uns liegen. Das macht die Tour noch abenteuerlicher. Außerdem trauern wir jetzt einem fehlenden Zelt auch nicht mehr nach, da wir dadurch gezwungen sind, bei Familien oder in Armeecamps zu übernachten und viel näher mit den Menschen zusammenkommen.
Drei Tage folgen wir nun schon der Straße neben dem Tonkyuk-Bach bergauf, und jeder Tag verdoppelt die Qual mit der Höhe. Langsam

fahren wir, unbekümmert um die Zeit. Immer geht es bergauf, nicht steil, sondern sanft und stetig, und das ist es, was so ermüdet. Unsere Lungen keuchen vor Anstrengung, und Gebe ist es fast zum Erbrechen übel. Erst am Nachmittag des dritten Tages, kurz vor der Paßhöhe, wird es richtig steil, und die Straße führt mächtig bergan, schätzungsweise zehn Prozent im Schnitt. Ich mobilisiere meine letzten Kräfte und trete in die Pedale.

»Mein Gott, ist das eine Anstrengung!« Jeder Atemzug wird zur Qual. Ein Stück hinter mir keucht Gebe. Ich richte den Blick auf meinen sich in Zeitlupe drehenden Vorderreifen. Mir ist hundeelend. Ich schnappe nach Luft und habe das Gefühl zu ersticken. Ich heule aus den Spitzen meiner Lungen. Seit zehn Stunden mühen wir uns heute auf den Rädern ab. Das ist verdammt lang für diese Höhe. Meine letzten Tropfen Flüssigkeit verschwinden die Gurgel hinunter. Das Frühstück, etwas Tsampa, ist längst verbraucht, doch ich kann so hoch oben auch keinen richtigen Appetit entwickeln. Wolkenfetzen treiben umher, sie schießen in knapper Höhe über die Gratkante, als hätte sie jemand angeschubst. Leichtes Zischen und Heulen begleitet sie. Die Wolken ziehen hier tiefer, und der Himmel scheint offener zu sein. Ein einzelner Baum wiegt sich steif im Wind. Unten im Tal rollt noch leise der Tsangpo. Er ist schon weit entfernt, aber wir können ihn immer noch hören.

Ein Lastwagen überholt mich mit nicht viel schnellerer Geschwindigkeit. Der Motor jammert auf dieser Höhe kläglich. Ich setze einen Tritt vor den anderen.

»Noch ein paar Kilometer«, mache ich mir Mut und trete in das Pedal, dessen Lager jämmerlich knackst. Auf der ohnehin schon kurvenreichen Straße fahre ich im Slalom, um den Anstieg erträglicher zu machen. Ich gehe kurz aus dem Sattel, um einen steilen Straßenabschnitt zu nehmen. Rhythmus, es ist so wichtig, einen gleichmäßigen Rhythmus zu finden. Durch das Gewicht auf meinem Gepäckträger dreht mein Hinterreifen auf dem Kies nicht durch. Die Vorfreude auf den Paß mobilisiert in mir nochmals letzte Kräfte.

»Wo ist nur Gebe?« frage ich mich. Schon seit ein paar Kilometern habe ich mich nicht mehr umgeschaut. Er antwortet nicht. Ich sehe nichts von ihm. In einer Kurve halte ich an. Im letzten Rinnsaal fülle ich nochmals meine Wasserflasche auf. Ich kann nicht aufhören,

Die Paßstraßen erfordern unsere letzte Kraft. Müde und erschöpft läßt sich Gebe zu einer Pause auf den Boden sinken.

dieses Wasser zu trinken. Nicht nur, weil es durststillend und erfrischend ist, sondern auch, weil es wie ein Stück eines Juwels erscheint. Ich gönne mir eine Pause. Gütige Sonnenstrahlen scheinen mir auf den Körper. Ich lasse mich ins Gras fallen und döse vor mich hin, bis Gebe kommt, um dasselbe zu tun. Er kann kaum noch atmen und ringt nach Luft. Zuerst schnauft er durch, bevor er ein paar Worte hervorstößt. Gebe braucht einige Minuten, um sich zu erholen. Seine Pumpe galoppiert, aber seine Augen verraten mir, daß wir es heute über den Temo La-Paß schaffen werden. Wir rappeln uns auf und fahren weiter.

Langsam dringen wir zur Paßhöhe vor. Mit kraftvollen Tritten geht es nach oben. Vor uns liegen die letzten Meter. Und dann sind wir da, 4600 Meter hoch. Ich befreie mich vom Fahrrad und werfe all mein Gepäck ab. Sofort spüre ich, wie meine Beine leicht werden. Aber nicht nur die Beine. Nach kurzer Zeit schon fühle ich mich am ganzen Körper erleichtert, es ist ein Gefühl, als ob ich schwebe. Ich ziehe mir eine Jacke über, dann kommt Gebe zu mir. Wir schütteln uns die Händ. Gemeinsam teilen wir ein paar Schlücke aus der Wasserflasche

mit einem Tibeter, der zur selben Zeit den Paß überquert. Leichter Wind haucht mich an und wird dann stärker. Er pfeift zwischen den Steinen und singt flatternd durch die Gebetsfahnen, die auf jeder Paßhöhe in Tibet stehen. Ein silberner Streifen Licht reißt ein Loch in die Wolken und strahlt die Paßhöhe, auf der wir stehen, an, so hell, daß es mir den Atem raubt. Der Tibeter schlägt seine Hände über dem Kopf zusammen und verbeugt sich aus Ehrfurcht betend vor den Mani-Steinen am Boden. Und ich sehe mich das Gleiche tun.
Es ist leicht zu verstehen, warum diese Paßhöhen und Berge für die Tibeter der Sitz der Götter und das Zentrum des Universums sind. Gebe und ich umarmen uns vor Freude. Es sind Momente, die ich mir gut aufheben muß, das wiederholt sich nicht so schnell. Später ist da wie ein »Schwarzes Brett« im Gedächtnis, an das man solche Erinnerungen heftet.
Wir beginnen mit der Abfahrt. Sie ist so locker. Einfach draufsetzen und rollen lassen. Die Beine können jetzt ausruhen. Manchmal muß man lenken und etwas bremsen. Beim letzteren kommt es jedoch mehr oder weniger auf die Person an. Gebe hat zwar nur noch eine Bremse, aber er fährt, als hätte er vier. Ungestüm rast er die Hänge hinunter, und wie ein Speedway-Fahrer streckt er in den Kehren einen Fuß zur Balance ins Kurveninnere.
»Langsam!« warne ich ihn, als er auf mich wartet, »sonst fährst du bald auf den Felgen, und die bekommst du hier nirgends.«
Auf halber Paßhöhe treffen wir auf Tibeterinnen, die Sand in die vielen Schlaglöcher füllen. Sie schwingen ihre Schaufeln vor Aufregung in der Luft, als sie uns sehen, und singen wie im Chor »Tashi Delek«. Breites Lächeln gleitet über ihre Gesichter. Wir grüßen zurück und schenken ihnen unsere restlichen Kekse. Weiter geht es um ein paar Hufeisenkurven. 40 Kilometer nur bergab. So ein Mountain-Bike ist eine Wundermaschine, wenn sie richtig funktioniert. Es schluckt kleine Bodenwellen und ist robust wie ein Motorrad. Gebe mault jedoch über die vielen Kurven, die ihm das Tempo nehmen und sein Motto ›nur Feige bremsen‹ nicht gelten lassen.
»Sei doch froh drum«, heitere ich ihn auf, »du bist nicht James Bond, du lebst nur einmal.«
Unter uns sehen wir ein breites, ausgewaschenes Tal, das tintenschwarz im Schatten der Berge ringsum liegt. Das Flußbett selber ist

flach. Was hochragt, rechtwinklig und weit, und dann noch auf dem Dach silbern wie eine Blechbüchse in die Ferne glänzt, wurde von Chinesenhand erstellt. Armeecamps, Telegraphenhäuschen, Lastwagenstops, sie sind allgegenwärtig. Das Beispiel der Stadt Chamdo kann auf jede weitere Stadt in Tibet übertragen werden. Wenn wir an diesem Abend in Nyinchi ankommen, wird es der zehnte Truppenstandort sein, den wir seit der chinesisch-tibetischen Grenze passieren. Eine traurige Bilanz in einem so isolierten Gebiet. Nach einem Artikel in der New York Times sollen in Tibet 500000 Soldaten stationiert sein. Da kommt ein Soldat auf drei Tibeter. Vor wem fürchten sich die Chinesen nur? Wie muß es doch noch vor 40 Jahren ausgesehen haben, als hier außer kleinen Dörfern und Nomadenstämmen nur die unendliche Wildnis war. Nur Gebetsfahnen und Mani-Steine waren damals auf den Pässen und neben den Pilgerpfaden die Begleiter und Schutzherren. Sie spendeten den Pilgern Segen und gute Nachrichten für ihren Weiterweg nach Lhasa oder zum heiligen Berg ›Kai lash‹. Schon beim Aussprechen dieser Wörter beginnen die Tibeter zu schwärmen und sind wie elektrisiert. Auch heute noch legen die meisten Pilger ihren Weg zu den heiligen Stätten zu Fuß zurück. Die Karawanenzüge benutzten ehemals trittsichere Maultiere und Yaks. Straßen waren damals in Tibet nicht notwendig. Müde und hungrig rollen wir in Nyinchi bei Einbruch der Dämmerung ein. In meinem Hals klebt der Schleim, die Nasenlöcher sind trocken und verstopft vom Staub, kraus die Haare, die zu Berg stehen. Die Leute im Gästehaus sind freundlich. Ohne Zögern bekommen wir ein Zimmer, heißes Teewasser und eine Schüssel zum Waschen. Im Eßsaal geben wir dann unsere letzten kostbaren Yuan für ein ausgiebiges Essen aus. Wir genießen den gebratenen Reis so langsam wie jemand, der für längere Zeit sein letztes Mahl ißt, denn wir haben zusammen nur noch 20 Yuan übrig. Wir haben uns kräftemäßig überschätzt. Wir rechneten nicht mit einer solch extremen Abgeschiedenheit, denn nirgendwo auf der Strecke zwischen Chengdu und hier konnten wir Geld wechseln. In Nyinchi gibt es zwar ein öffentliches Büro, doch die Leute dort haben noch nie einen Reisescheck gesehen und wissen daher nicht, was sie damit anfangen sollen. Jetzt sind es noch 400 Kilometer bis Lhasa. Eine Strecke, für die wir in dieser Gegend aufgrund der kargen Verpflegung und der

extremen Höhe, die an den Kräften zehrt, vielleicht eine Woche brauchen werden.
»Wie soll es nur weitergehen?« frage ich Gebe.
Gebe schaut mich mit ruhigen Augen an. »Draußen schlafen, ein paar Waren tauschen, irgendwie werden wir es schon schaffen.«
Am nächsten Morgen rüttelt uns lautes Lautsprechergeplärre auf. Wir können uns keinen Ruhetag mehr leisten. Ich reibe mir den Schlaf aus den Augen und wecke den Wirt. Der schmeißt seinen Benzinkocher an und bereitet uns eine Portion gekochte Nudeln, in China ›Rahmen‹ genannt, das billigste Essen. Kalt ist es an diesem Morgen. Ich sitze am Tisch und verkrieche mich in meiner Jacke. Als ich ins Freie gehe, kommt aus meinen Nasenlöchern weißer Dunst wie sonst bei den Yaks.
Von Nyingchi führen zwei verschiedene Straßen weiter nach Lhasa. Die südliche folgt dem Tsangpo. Die nördliche Route, für die wir uns entscheiden verläuft in einem engen Tal. Auf der Nordroute gibt es zwar nochmals einen Paß, aber sie erscheint uns kürzer. Das Tal von Nyinchi ist fruchtbar, hier wachsen Äpfel, Birnen und verschiedene andere Obstsorten. Nicht jede neue Einrichtung der Chinesen ist schlecht. So sehen wir beim Verlassen der Stadt einen Bauern, der Kühe mit prallgefüllten Eutern hinaus aufs Feld treibt. Die Größe der Euter könnte mit denen der heimischen Kühe in den Alpen mithalten. Kartoffelfelder liegen brach neben dem Fluß. Schon nach zwölf Kilometern erreichen wir eine weitere Stadt, die 20000 Einwohner zählende Chinatown Bayi. Hier zeigt der Beton wieder seine Auswüchse. In Bayi entstand ein neues Industriegebiet. Eine Teppich- und Stoffabrik wurde aus Shanghai hierher verlegt, sie beschäftigt mehr als 1200 Leute. Daneben ist die Holzwirtschaft eine wichtige Einnahmequelle. Obwohl die Chinesen die Natur nur gering schätzen, haben sie doch für die Profite, die ihnen Mutter Erde gibt, einen scharfen Blick, und es scheint so, als ob sie in ihrer Arbeitswut die letzten Waldgebiete Tibets niederfällen wollten. Große Teile der Hänge um Bayi sind abgerodet. Die Chinesen werden in diese für sie so fremde und ferne Gegend durch doppelte Bezahlung gelockt oder von der Armee zwangsversetzt.
Auf einer schottrigen Straße passieren wir Billiardtische, an denen Chinesen und Tibeter spielen. Als wir an einer Bude vorbeikommen,

aus der Staub aus allen Ritzen dringt und an deren Vorderseite Mehlsäcke aufgestellt sind, glauben wir zuerst, daß Tsampa abgepackt wird. Wir halten an und treten ein. Doch hier werden Nudeln produziert. Vor unseren Augen baumeln massenweise Nudeln, die zum Trocknen über Stangen hängen. Ein altes Benzinfaß, das zu einem Teigmischer umfunktioniert wurde, wird über einen Keilriemen von einem Dieselmotor angetrieben. Dann wird die Teigmasse geglättet, in Streifen geschnitten und getrocknet. Daneben rußt der Dieselmotor vor sich hin.
Auf der breiten Straße setzen wir unsere Fahrt fort. Der Verkehr nimmt hier zu, selbst Busse sind wieder im Einsatz. Wir erreichen ein kleines Dorf, das wir ohne anzuhalten hinter uns liegen lassen. Am Ufer eines Baches ist alles grün, daneben stehen vereinzelt Obstbäume. In manchen Feldern arbeiten tibetische Bauern.
Am zweiten Tag sind wir noch nicht allzulange unterwegs, als wir ein dröhnendes Motorgebrumme am Himmel vernehmen. Ein Flugzeug, es muß ein Flugzeug sein, denn das Geräusch wird immer lauter. Dann arbeitet es sich zwischen den Wolken heraus und fliegt so niedrig, daß ich fast die Köpfe der Passagiere im Innern sehen kann. Die Propeller dröhnen, als es nur wenige hundert Meter über uns hinwegfliegt. Unsere Fahrt wird immer abenteuerlicher. Jetzt folgen schon die chinesischen Piloten der Straße, als ob sie sich auf ihre Instrumente im Flugzeug nicht verlassen könnten. Wie ich später erfahre, befand sich das Flugzeug auf dem Linienflug Chengdu – Lhasa.
Die Straße läuft parallel zum Fluß. Sie glänzt unter der Mittagssonne wie ein Spiegel, und von der Ferne sieht es aus, als stünden kleine Seen auf der Straße. Gebe fährt vor mir im Gegenlicht. Er zeichnet sich nur silhouettenhaft ab. Ein singender Mann treibt einen Yak an, der einen Holzpflug durch ein kleines Feld neben dem Bach zieht. Die Frauen dreschen vor einem Haus und trennen die Spreu von der Gerste. Von tibetischen Bauern kaufen wir Tsampa, und von Nomaden bekommen wir Butter.
Wir folgen wieder dem lebendigen Wasser bis zu seinem Ursprung. Hinauf über die Berge, über den Paß und dann hinunter ins Tal. Die Landschaft nimmt jetzt sanfte Formen an. Die großen Schluchten liegen hinter uns, und ein endlos erscheinendes Plateau mit runden

und flachen Hügeln umgibt uns, als wollten sich die Berge vor uns verneigen. Nur auf kurzen Strecken, zwischen Kangting und Maizhogunggar, sowie nahe dem Ort Baxoi sahen wir diese Formen, die sich von nun an nach Westen hin über ganz Tibet erstrecken. Dieses karge Hochplateau ist Heimat für ungefähr 500000 Nomaden.
Während wir flußaufwärts wieder den Wandel durch die verschiedenen Vegetationsarten erleben, zieht am dritten Tag gegen Mittag plötzlich Sturm auf. In Minutenschnelle versetzt der Wind das Tal in eine heulende Hölle. Ich hole meinen wasserdichten Regenmantel aus der Seitentasche.
Diese Orkane sind Wahnsinn. Unter Seeleuten würde man sagen ›alle Segel einholen‹, bei Bergsteigern ›nichts wie hinunter‹, aber hier? Ungehindert fegt der Wind übers Plateau. Der Reisende, der nach Tibet kommt und das Land erleben will, muß nehmen, was ihm die Natur auftischt. Wenn man Vergleiche mit Europa zieht, so hat ein böiger Sturm in Tibet trotz der gleichen Geschwindigkeit durch das blinde Treiben die Kraft eines Orkans, da er auf keinen Widerstand stößt.
Der Wind wirbelt Staub auf, der sich in Mund und Nase festsetzt und das Atmen erschwert. Ich wickle mir meinen Schal um Mund und Nase, meine Augen tränen. Hinter einem kleinen Felsvorsprung im Windschatten suchen wir Schutz vor den niederprasselnden Eiskristallen. Wir ziehen uns eine Plastikfolie über und wärmen uns wie in einem Biwak gegenseitig. Vor Kälte schlottere ich und, verdammt, vor Hunger nehme ich mir von Gebe ein Zigarette. Ich ziehe mir ein zweites Paar Socken an. Der Sturm tobt mit einer Wucht, daß ich nur noch weiß sehe. Die Straße verschwindet unter dem Graupel. Um uns ist es neblig und feucht, als säßen wir selber mitten in der Wolke. Zusammengekauert warte ich sitzend ab. Plötzlich klingt der Sturm aus, und die Hagelkörner werden klein wie Sandstaub, der auf der Plastikfolie schmirgelt. Nach einer Stunde ist der Spuk beendet, der Himmel klart stahlblau auf, als sei nichts geschehen. Für Minuten glänzt das Tal silbergrau, und ein Regenbogen bemalt die Landschaft. Es entstehen Lichtspiele, wie ich es noch nie vorher gesehen habe. Wir schlagen wieder unseren Weg ein. Eine millimeterdünne Eisschicht hat sich auf unseren Fahrradrahmen festgesetzt. Meine Hände sind steif vor Kälte, und das Kniegelenk schmerzt. Ein anderes

Ein Regenbogen spannt sich über das Gyamda-Tal.

Phänomen, das mich immer wieder begeistert, erscheint mit zunehmender Höhe: die Farbintensität und die Qualität des Lichts. Die Leuchtkraft der schneebedeckten Berge, der kahlen Rücken und unheimlich dunklen Wolken ist von purer Schönheit. Die mehrfarbige Oberfläche des Bodens aus Felsbrocken ist getupft mit grünem Gras. Der Himmel ist so blau und der Schnee so weiß wie geputzt. Tibet ist ein Land des strahlenden Lichts, Land des Himmels – Skyland.

Wir treffen auf zwei fromme tibetische Pilger. Sie tragen einen Schafspelzmantel mit weiten Ärmeln und haben außer ihrem buddhistischen Rosenkranz nichts bei sich. Sie legen sich zu Boden, erheben sich, gehen ein paar Schritte und legen sich wieder zu Boden. Die Pilger messen mit ihrem Körper die Länge des Weges nach Lhasa und unterbrechen dabei niemals ihre Gebete. Der eine kommt aus Lhorong, in der Nähe von Chamdo, der andere aus der Provinz Amdo in Nordosttibet, und er hat auf diese Weise schon drei Monate hinter sich gebracht. Verpflegung, die sie auf ihre langen und anstrengenden Reise benötigen, wird ihnen von Bauern und Nomaden geschenkt.

Gegen Abend haben wir 80 Kilometer zurückgelegt und halten neben der Straße, um uns einen geschützen Schlafplatz unter freiem Himmel zu suchen. Im letzten Licht bereitet Gebe in unserem zerbeulten Topf das restliche Tsampa zu, während ich Wasser für den Tee aufsetze. Eine solche Reise bindet. Er ist ein guter Kumpel und von einem Menschenschlag, der sich nicht so schnell aufregt und die Dinge so nimmt, wie sie kommen.
Wir sprechen jetzt nicht, denn es bedarf keiner Worte, um dieses Gefühl zu beschreiben. Die Reise ist voller Harmonie. Die Sterne stehen mit einer winterlichen Klarheit über dem nächtlichen Himmel. Die Milchstraße hat sich noch nie so nackt ausgezogen und erstreckt sich in ihrer vollen Länge über den blauen Golf des Himmels. Die Kometen und Sterne funkeln über den gesamten Himmel. Im Osten erhebt sich die helle Mondsichel und segelt nach Westen. Der großartige Rhythmus der Natur durchdringt mich. Da ist die Natur, und da sind wir, und wir sind jetzt eins. Der Wind wird stärker und beginnt zu heulen. Langsam begreife ich diesen Wind von einer neuen Perspektive und umarme ihn jetzt wie eine Geliebte. Ja, er ist unser ständiger Begleiter. Es ist eine Reise mit dem Wind Gottes. In dieser unverfälschten Landschaft und unter den darin lebenden Menschen, die den Gesetzen der Natur gehorchen und zusammen mit ihrem Geiste eine gemäßigte Lebensweise führen, finde ich meine Seele wieder.
Frühmorgens, als die Kälte in den Schlafsack kriecht, stehen wir auf und essen ein schlichtes Mahl. Dann verabschieden wir uns von den Nomaden, die nicht weit von uns ihre Zelte aufgeschlagen haben. Als Dank nehmen sie weder unsere letzten Yuans noch sonst irgendetwas an. Dalai Lama-Bilder haben wir schon lange nicht mehr. Man kann davon gar nicht genug mitnehmen. Wir bringen die Räder zur Straße hinaus und fahren los. Die Sonne schiebt ihren Rand über die Berge, und die Hügelspitzen färben sich golden. Der letzte Paß vor Lhasa steht uns bevor. Nach all den Schwierigkeiten in China und an der tibetischen Grenze wird Lhasa für uns wie eine verbotene Stadt sein. Langsam steigt die Straße an. Man hat manchmal des Gefühl, daß es gar nicht bergauf geht. Aber ein genauer Blick hilft mir, den Irrtum zu erkennen. Die Reifen bewegen sich im Schneckentempo, und der Atem rasselt. Aber wir sind jetzt in Bombenform. Ich habe nicht mehr den Eindruck, seekrank zu sein, und meine Beine sind nicht

mehr schwer wie Bleisäcke. Wir kommen über den letzten Paß. Meinem Gefühl nach war das einer der höchsten. Bis Lhasa geht es jetzt nur noch leicht bergab. An einem Armeecamp halten wir am Nachmittag an. Wir kommen zur rechten Zeit, denn es wird gerade gegessen. Wir setzen uns zwischen die Soldaten und schöpfen uns reichlich auf. Gebe zieht die Töpfe zu sich heran. Gemeinsam kratzen wir die leckeren, angebrannten Gemüsestücke aus der Pfanne und versenken unsere Köpfe im Reispott. Wie in China versammeln sich auch hier um uns die Leute, aber diesmal lachen sie sich die Hosen voll.

»Hautze, hen hautze!« bedankt sich Gebe und als er es wiederholt, um weiterzuessen, sage ich es auch. Dann füllen wir unsere Wasserflaschen auf und fahren weiter. Die Straße beginnt uns durchzurütteln, aber ich lege für die nächsten Kilometer gemütlich einen niedrigen Gang ein. Unten am Bach liegt wieder mal ein LKW, der die Kurve nicht geschafft hat. Der Unfall muß sich erst vor ein paar Minuten ereignet haben, denn der tibetische Fahrer hockt noch hinterm Lenker. Aber, wie könnte es anders sein, er lacht. Alles klar, ihm ist nichts passiert.

Das Geld, irgendwo in einen Truck-stop zu gehen, haben wir nicht mehr. Das Fahrrad und der Schlafsack werden zu unserer Heimat. An diesem Abend sehen wir sogar einen Film. An einer Hausmauer wird eine Leinwand aufgebaut, und über einen Projektor läuft ein Kung Fu-Film. Den Bildern nach hat der Film wenig Sinn. Die meisten zuschauenden Tibeter verschwinden ohnehin nach einer Weile. Die wenigen chinesischen Subventionen für die Tibeter werden für Betonbaracken und lächerliche Unterhaltungsprogramme verschwendet.

LHASA

Nach einer Strecke von 5000 Kilometern erreichen wir völlig ausgedörrt Lhasa. Die letzten 25 Kilometer sind geteert und für uns wie eine Autobahn, die wir im Spurt nehmen. Ich beuge mich tief über den Lenker, als ob ich ihn unterlaufen wollte. In meiner Phantasie brennt jetzt die Vision eines großen Zimmers, vielleicht sogar mit einem Bett, das nicht wackelt, und Fensterscheiben, die nicht zerbrochen sind. Dann stoßen wir auf eine Brücke, die über den Tsangpo führt. Wir wollen absteigen und knipsen, aber sofort rennen Soldaten herbei. »Kein Foto hier!«

Wir radeln weiter, ganz langsam. Man kann sich an die großartige Einsamkeit gewöhnen, das merken wir erst jetzt so richtig. Wir kommen aus dem Staunen nicht heraus: Restaurants, Hotels, bunte Menschenmassen säumen den Weg. Wieder schweigen, wie damals auf dem Paß. Aber jetzt hält uns ein anderes Gefühl gefangen. Ein paar Tibeterinnen überfallen mich und wollen mir Halsketten und Ringe verkaufen. Wir treten die Flucht an. Das alles beängstigt uns im Augenblick, aber man muß sich vorstellen, daß wir seit Guilin keine richtige Stadt mehr gesehen haben. Drei oder vielleicht sogar vier Monate liegen dazwischen. Ich weiß es im Moment nicht. Lhasa ist sicherlich keine Großstadt, aber es wird ein paar Tage dauern, bis wir uns wieder an eine solche Umgebung gewöhnt haben. Wir fahren weiter und halten neben einem Touristen.

»Weißt du, was heute für ein Tag ist?« spreche ich ihn an.

Überglücklich und stolz erreichen wir nach vier Monaten Lhasa.

»Heute ist Sonntag.«
»Und der wievielte?«
Der Amerikaner blickt mich merkwürdig an und sagt: »Der dreißigste.« Dann wendet er sich ab.
»Mein Gott, es ist schon der dreißigste«, sage ich zu Gebe. »Zwei Monate hat die Fahrt von Chengdu bis Lhasa gedauert, zwei Monate in der Wildnis von Osttibet.«
Heute ist Sonntag, und die Bank hat geschlossen. Wir haben keinen Fen Geld mehr. Wie benommen setzen wir uns auf den Bürgersteig neben einem Gästehaus, das uns jetzt vorkommt wie ein Hotel, und beobachten das Treiben um uns herum. Auf der anderen Straßenseite stehen die neuen Restaurants von Lhasa. »Top of the world, Moslem Restaurant...« Als es dunkel wird, sitzen wir immer noch da. Ein paar vorbeilaufende Tibeter lachen uns zu. Dann treffen wir auf Dave, einen Schotten, dem wir schon einmal in China begegnet sind.
»Hey, was macht ihr denn hier? Wundervoll euch zu treffen.«
Wir umarmen ihn vor Freude. »Hallo Dave!«

»Wie geht es euch? Ihr seht aus, als ob ihr etwas zu essen gebrauchen könnt.«
»Oh ja, aber wir haben kein Wechselgeld mehr, keinen Cent, und heute hat die Bank geschlossen.«
»Macht euch mal keine Sorgen, das bezahle ich heute.«
Das lassen wir uns nicht zweimal sagen. Gleich gegenüber gehen wir in ein Restaurant. Die Speisekarte ist der Hammer.
»Yakburger« oder »Chinesische Spaghetti mit Sojasoße.« Als ich den Duft von Gebratenem rieche, atme ich tief durch. Ich richte meinen Blick auf einen Pfannkuchen am Nebentisch. Dann bestellen wir eine Platte nach der anderen und schlingen das Essen hinunter wie zwei Bären. Kein Wunder, denn wir haben ein riesiges Loch im Magen. Der Hunger ist so groß, daß wir sogar die Essensreste von anderen Tellern aufessen. Der Wirt schielt aus seiner Küche heraus. Wegen unser sonnenverbrannten Gesichter, der Mützen und tibetischen Jacken kann er nicht erkennen, ob wir Einheimische oder Touristen sind. Wir trinken auf unsere Reise und erzählen uns gegenseitig unsere Erlebnisse.
Glückselig und feierlich steige ich im Gästehaus unter die langersehnte heiße Dusche.
»Mein Gott, hab ich das nötig gehabt!« Nach ein paar Wochen ohne Dusche ist meine Haut nicht nur von der Sonne braun gebacken. Eine dunkle, schwarze Brühe läuft unter mir weg. Auf dem Rücken habe ich ein paar kleine, dunkle Flecken, die von Bettläusen stammen. Ich stehe so lange unterm Wasser, bis der Boiler leer ist. Zu zweit teilen wir uns ein Bett, doch schon nach wenigen Stunden liegen wir beide auf dem Boden. Die Matratze ist zu weich. Dann falle ich in einen langen Schlaf, bis gegen Mittag. Gebe und ich schlendern in die Altstadt Lhasas, da wir dort auf dem Marktplatz unser Frühstück kaufen wollen. Ganze Rudel von Hunden springen durch Lhasas Straßen. Sie schnüffeln sich gegenseitig ab und pinkeln an jede Hausecke. Hier ist der Barkhor, die innere Ringstraße um den Jokhang-Tempel. Der Jokhang ist das Mekka der Tibeter, der Haupttempel, so etwas wie der Petersdom für die Christen, Mekka für die Moslems und Varanasi für die Hindus. Er ist der wichtigste und heiligste Tempel für die tibetischen Buddhisten. Ich wußte das von Erzählungen her, aber man muß sehen, wie inbrünstig die Tibeter

Der Potala-Palast in Lhasa, die ehemalige Residenz des Dalai Lama.

Blick vom Dach des Jokhang-Tempels zum Potala-Palast.

Das goldene Dach des Potala.

Die oberen Tempelräume des Potala-Klosters.

Große Gebetsmühle,
bemalt mit zahlreichen Fresken.

Pilger opfern Butterlampen im Jokhang-Tempel, während Mönche zu Füßen der Tempelsäulen meditieren.

Von morgens bis abends rezitiert dieser Straßenpilger für ein paar Almosen buddhistische Gebete.

Ein Felsenkloster am Medizin-Hügel in Lhasa. Einst war es mehr als doppelt so hoch, wurde dann allerdings während der Kulturrevolution fast vollständig zerstört.

Ehrfurchtig werfen sich die angereisten Pilger am Eingang des Jokhang-Tempels in den Staub, ehe sie den Tempel betreten.

hier beten. Ein blinder Pilger könnte den Weg um den Jokhang finden, er bräuchte nur den Stimmen des Pilgerstroms zu folgen. Zu Dutzenden legen die Gläubigen sich der Länge nach um den Jokhang und vor den Haupteingang des Tempels. Hundert-, vielleicht tausendmal am Tag hinlegen, aufstehen, beten, wieder hinlegen. Das alles sieht aber nicht mechanisch aus. Nein, es ist mitreißend und rührend zugleich. Viele Pilger können weder lesen noch schreiben, aber sie beten auch nicht mit dem Kopf, sie beten mit Herz und Seele. Dutzende Händler breiten nebenan ihre Waren aus. Frisches Essen und bunte tibetische Kleidung, vom langen Khampamesser bis hin zum Goldzahn. Erst nach einer Pilgerung um den Tempel – fromme Pilger umrunden den Tempel gemäß der heiligen Zahl 108mal – beten die Tibeter in das Innere. Dunkle Gänge führen durch den Dschokhang. Manchmal muß man sich ducken, um sich den Kopf nicht an der Decke anzuschlagen. Die Wände sind schwarz vom Rauch und von sehnsüchtigen Händen glattpoliert, denn die Pilger wollen die Wände des Jokhangs berühren. Für Weithergereiste ist der Gang durch den Tempel ein einmaliges Erlebnis in ihrem Leben, das sie mit besonderem Glück erfüllt. Hinter den unzähligen flackernden Butterlampen stehen Buddhastatuen und Wandbilder. Vor allen beten die Tibeter, jeder einzelne möchte seine Stirn gegen jede Statue pressen. In gleichmäßigen Abständen höre ich dumpfe Trommelschläge aus dem Hintergrund. Freundliche Mönche empfangen mich im zweiten Stock und zeigen mir den Weg aufs Dach. Mein Blick schweift von den geschwungenen Dächern des Jokhangs hinüber zum Potala. Was für ein Gebäude! Es steht für sich, völlig außergewöhnlich. Nicht nur seine äußere symmetrische Form und das herrliche goldene Dach sind es, die den Potala kennzeichnen. Neben der Augenweide ist es auch beeindruckend, sich vorzustellen, daß hier einst der Dalai Lama wohnte und vielleicht eines Tages wieder darin leben wird.

Abend für Abend stellen die eingereisten Pilger neben dem Plateau Hotel ihre Zelte auf: Kham-Tibeter aus Osttibet, Golok-Nomaden aus Amdo, andere sind aus dem Dschang-Tang, dem öden Zentraltibet. So lange wie möglich bleiben sie in der Stadt, um immer wieder zum Jokhang zu pilgern. Auf Tagesausflügen gelangen sie zu den umliegenden Klöstern Drepung und Sera.

Aber neben den Pilgern stürzt sich ein zweiter Strom von Menschen auf die Straßen von Lhasa: die Touristen mit ihren Kameras. Einen Kilometer außerhalb der Stadt hat z. B. der Club Med mit einem hypermodernen Gebäude Einzug gehalten. Im über 1000 Betten fassenden Lhasa-Hotel gibt es für jedes Zimmer Fernsehen mit Videos, Shiatsu-Massage und Sauerstoffmasken für Höhenuntaugliche. Die neueste westliche Errungenschaft ist eine Disco in Lhasa. Tenzing, eine Tibeterin aus Amdo, erzählt mir eine Geschichte, die sich kurz nach der Eröffnung abgespielt hat. Chinesen und Tibeter aus allen Landesteilen waren an einem Abend beisammen und tanzten. Einem Khampa-Nomaden aus Osttibet gefiel der Tanzstil eines Chinesen überhaupt nicht, worauf er seinen Säbel zog und dem Chinesen in den Hintern stieß.

Wer Tibet aber wirklich erleben will, wer das ›Snowland‹ und die umherziehenden Nomaden sehen möchte, muß raus aus der Stadt, die Weite und Höhe der Landschaft spüren und die darin lebenden Menschen verstehen lernen.

Am nächsten Morgen, es ist der 1. Oktober, werde ich durch Schüsse aufgeweckt. Ich eile zum Fenster und sehe Rauchschwaden hochziehen. Heute ist Feiertag in China, denn Mao Tse Tung rief am 1. Oktober 1949 die Volksrepublik China aus. Die Uhr der gegenüberliegenden Telefonzentrale zeigt auf halb zehn. Ich werfe mir meine Jacke über, steige auf mein Fahrrad und radle in die Stadt. Die Straßen sind auffällig leer. Dann erreiche ich von Norden kommend den Barkhor, an der Stelle, an der ich gestern und vorgestern die herrlichen Fladen und Yoghurts gekauft habe. Dort kommt mir eine Menschenmasse entgegen, und plötzlich stehe ich in einem Steinhagel. Ich suche Zuflucht in einem tibetischen Haus und sehe mir dort vom Eingang aus an, was vor sich geht. Das Polizeigebäude brennt, daneben postieren bewaffnete Armeesoldaten, an der Hauptstraße zum Jokhang beziehen Feuerwehr- und Militärfahrzeuge Stellung. Auf dem Dach eines anderen Gebäudes gegenüber dem Jokhang sehe ich mehrere Soldaten und Schützen, Mann an Mann liegen. Eine alte Nomadenfrau neben mir heult, die Menge tobt. Die Tibeter katapultieren mit ihren Schleudern Steine auf das Polizeigebäude. Gewehrsalven und Pistolenschüsse prasseln durch die Luft. Kaltblütig schießen die chinesischen Soldaten in die tobende Menge. Menschen fallen zu Boden. Ein Kind wird reglos durch eine Seitengasse wegge-

1. Oktober 1987: Erste Antichinesische Demonstration vor dem Polizeigebäude am Jokhang-Platz in Lhasa.

Die aufgebrachten Tibeter befreien einen Mönch aus dem brennenden Polizeigebäude.

Chinesische Heckenschützen lauern auf den Dächern um den Jokhang-Tempel.

Steinschleudern gegen Gewehrkugeln: die einzige Waffe der Tibeter.

Das ausgebrannte chinesische Polizeigebäude.

n Toter wird vom Jokhang-Platz weggetragen.

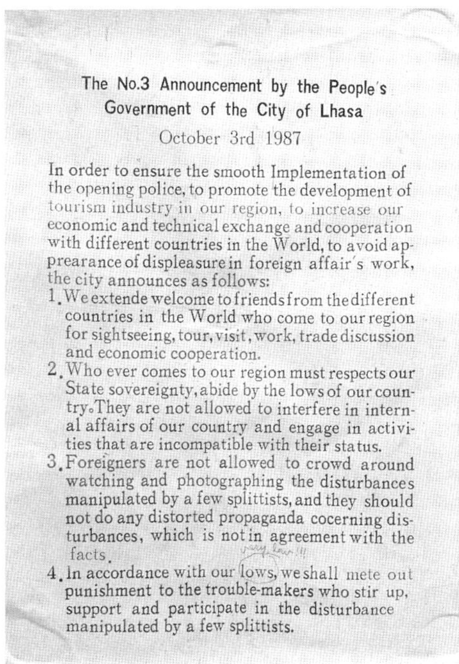

The No.3 Announcement by the People's Government of the City of Lhasa

October 3rd 1987

In order to ensure the smooth Implementation of the opening police, to promote the development of tourism industry in our region, to increase our economic and technical exchange and cooperation with different countries in the World, to avoid apprearance of displeasure in foreign affair's work, the city announces as follows:

1. We extende welcome to friends from the different countries in the World who come to our region for sightseeing, tour, visit, work, trade discussion and economic cooperation.
2. Who ever comes to our region must respects our State sovereignty, abide by the lows of our country. They are not allowed to interfere in internal affairs of our country and engage in activities that are incompatible with their status.
3. Foreigners are not allowed to crowd around watching and photographing the disturbances manipulated by a few splittists, and they should not do any distorted propaganda cocerning disturbances, which is not in agreement with the facts.
4. In accordance with our lows, we shall mete out punishment to the trouble-makers who stir up, support and participate in the disturbance manipulated by a few splittists.

Auf öffentlichen Plakaten wird uns Touristen das Fotografieren und Beobachten verboten. (Siehe Punkt 3.)

tragen, während andere Tibeter darauf achten, daß ihnen kein Chinese folgt. Ich mache ein paar Bilder aus meiner Jackentasche heraus. Ich erlebe, wozu die jungen chinesischen Soldaten fähig sind, die auf Befehl ihrer Offiziere in die Menge schießen. Dann sehe ich, wie ein Toter weggetragen wird. Schreckensbilder spielen sich vor meinen Augen ab. Ich fühle mich meines Lebens nicht mehr sicher. In diesem Wirrwarr gelingt es einem Mönch, aus dem Gefängnis des Polizeigebäudes zu entfliehen. Er wird von der jubelnden Masse gefeiert und herumgetragen. An seinem Arm klaffen große Brandwunden. Die Altstadt Lhasas ist in ein Rauchmeer eingehüllt. Das Polizeigebäude brennt wie Zunder, zwischen das Knistern des Feuers mischt sich das Gebrüll der Tibeter. Bloody Dienstag, Flammen des Hasses, Feuer im Land des Schnees. Einem chinesischen Spion, der sich unter der Menschenmasse befindet, wird eine Videokamera abgenommen, deren Film unter lautem Geschrei mit Steinen zerstört wird. Wieder wird ein toter Tibeter auf einer Tischplatte weggetragen. Es geschehen Verbrechen, die nicht zu beschreiben sind. Ich zähle insgesamt fünf Tote und mehrere verwundete Tibeter, doch wie ich später erfuhr, soll die Zahl der Toten weit höher gelegen haben. Der Demonstration war am 27. September ein Protest von etwa 30 Mönchen aus dem nahegelegenen Drepung-Kloster vorausgegangen, die ins Gefängnis gesteckt wurden. Diese wiederum protestierten gegen die zwei Tage vorher durchgeführten Hinrichtungen von zwei Tibetern.

Ruhe kehrt erst in der Nacht ein, nachdem die Waffen gesprochen haben. Ruhe vor dem chinesischen Sturm, denn die Ereignisse überschlagen sich jetzt in Lhasa. Verstärkung der Armee wird aus Peking eingeflogen, über die Stadt der Ausnahmezustand verhängt. Am nächsten Tag gleicht das ganze Gebiet einem Heerlager. Armeekonvois durchziehen die Straßen. Die üblichen Lautsprecherdurchsagen werden jetzt lauter und sogar zweisprachig. »No photos taken«, verkündet eine Stimme wiederholend, die sich anhört, als ob Hamsterlaute 500fach verstärkt würden. Nahezu ohne Pause fahren Lastwagen mit Armeesoldaten durch die Straßen. Stärke und Macht sollen demonstriert werden. Hubschrauber kreisen über der Stadt und halten alles mit Videokameras fest. Die Chinesen haben Angst, daß die ›Separatisten‹, wie sie die Leute vom 1. Oktober nennen,

wieder demonstrieren. Vor allem auf die großen Klöster Sera und Drepung außerhalb der Stadt haben sie es abgesehen. Radio Lhasa meldet, daß weitere 1500 Mann aus Sichuan eingeflogen worden seien. Die Stadt erstickt unter den Soldaten. Wie ich von Tibetern höre, war die Demonstration vom 1. Oktober 1987 nicht besonders groß. Ich kann mir jetzt ein wenig vorstellen, wie es damals im Jahre 1959 gewesen sein muß, als Maos Truppen die Stadt besetzten. Kein Tourist war damals Augenzeuge, die Chinesen konnten also blind in die Menge schießen. Ein Völkermord ohne Augenzeugen wütete auf dem Dach der Welt.
Die großen Bosse von Lhasa beschwören einen Tag nach der Demonstration ein friedliches Lhasa herauf. Ein Politkadermitglied aus Peking besucht das abgebrannte Polizeigebäude, das auf seine Anweisung schnellstmöglich wieder aufgebaut werden soll. Außerdem stellt er den Jokhang-Tempel unter strenge Bewachung. Bei einem Rundgang um den Tempel sehe ich in jedem zweiten Gebäude entweder ein Waffenlager der Chinesen oder ein streng bewachtes Polizeigebäude. Dabei glaubte ich noch am Tag vor der Demonstration, daß vor allem die innere Ringstraße um den Barkhor ursprünglich geblieben sei. Erst jetzt wird mir klar, daß selbst der Altstadtkern von Lhasa fest in Chinesenhand ist. Am Abend des 2. Oktober treffen sich etwa 30, hauptsächlich europäische und amerikanische Ausländer im Gästehaus Nr. 2, um Medikamente für die verletzten Tibeter zu sammeln. Es besteht jetzt offiziell Versammlungsverbot, aber die Medikamente und Erste Hilfe-Leistungen von Ausländern sind lebenswichtig, da sich die verletzten Tibeter nicht ins Krankenhaus trauen. Trotz der Ausgangssperre nach zehn Uhr abends unternehme ich im Mondlicht einen Gang durch die Stadt. Die Armeesoldaten scheinen die Ausgangssperre nicht so genau zu nehmen und sitzen bei Schnaps beisammen. Sie betrinken sich und tun so, als ob der 1. Oktober schon drei Jahre zurückläge.
Am 3. Oktober demonstriert eine Handvoll Lamas auf der Jiefang Lu-Straße zwischen Jokhang- und Potala-Tempel. Der Protest wegen der gefangenen Tibeter verebbt aufgrund primitiver Gewaltanwendung. Das Kräfteverhältnis zwischen der bewaffneten Armee und den friedlich demonstrierenden Mönchen wendet sich ins Lächerliche. Zufällig stoße ich auf die Demonstration. Diesmal geht alles

blitzschnell. Soldaten errichten eine Sperre, Videokameras filmen das Publikum. Unter Knüppelschlägen und Gewehrstößen erstirbt der Protest der Mönche, die auf die Ladefläche eines Lastwagens gepfercht werden.
Die Aggressivität und die Art und Weise, wie die Chinesen jetzt die Stadt regieren, ist brutal. Unglaublich ist, was hier geschieht. Trotz aller Verbote gelingen mir ein paar Bilder aus der Jacke heraus. Neal Ulvich von der Associated Press und Dr. Simons vom Spiegel verkaufe ich meine Filmrolle. Schon am nächsten Tag werden sie mit 14 anderen Journalisten aus sechs Ländern ausgewiesen. Offizieller Grund: keine Aufenthaltsgenehmigung. Die Touristen werden auf öffentlichen Aushängepostern als Aufrührer bezeichnet. Den Vogel schießen die Chinesen mit einem Plakat für die Mönche ab, das sie an den Klöstern um Lhasa aufhängen. Darauf wird der Dalai Lama als Verantwortlicher für die Unruhen dargestellt. Am gleichen Tag werden auch die Straßen, die nach Lhasa führen, gesperrt, das Telefonamt geschlossen. Ab sofort gibt es keine Visaverlängerungen mehr, und alle Touristen werden aufgefordert, sofort Tibet zu verlassen.
Wir gehen zu Daniel, einem Schweizer, der einen Weltempfänger besitzt. Mit der kleinen Wunderschachtel bekommen wir die Deutsche Welle herein. Wir lauschen der Nachrichtensendung wie einem SOS-Signal. Das Thema Tibet steht an erster Stelle – endlich! Die Welt hat gehört und auf Videofilmen von Touristen gesehen, was hier passiert ist. Drei Jahrzehnte sind vergangen, ohne daß andere Nationen Anteil am Geschehen in Tibet nahm. Heute ist es Schlagzeile in den Weltnachrichten. Und ist da nicht heute nacht ein blauer Vollmond am Himmel und gleich am nächsten Morgen ein kleines Erdbeben? Ich spüre es zwar nicht, da ich mich morgens um sieben Uhr mit dem Fahrrad gerade auf dem Weg zum Lhasa-Hotel befinde, um mich von Freunden zu verabschieden, aber Gebe und viele andere nehmen es ganz deutlich wahr.
Als ich am Abend des 3. Oktobers ins Gästehaus zurückkehre, warten dort zwei bewaffnete chinesische, und zu meiner Verwunderung auch ein tibetischer Soldat auf uns. Zimmerdurchsuchung! Damit habe ich nicht gerechnet, aber wenigstens haben die Beamten gewartet, bis wir aus der Stadt zurück waren. Schon lange vorher habe ich meine Filme unter der Erde versteckt.

Am Tag nach der Demonstration: Chinesische Armeeinheiten aus Peking, die zur Verstärkung herbeigerufen wurden, kontrollieren die Stadt.

Nach ein paar Tagen öffnen der Jokhang- und der Potala-Tempel wieder ihre Tore. Für die Chinesen sind diese heiligen Orte Postämter, die je nach politischem Klima auf- und zugesperrt werden können.
Ich gehe wieder zum Barkhor, der Ringstraße um den Jokhang, dort hin, wo Herz und Pulsader der Stadt liegen. Ungehindert zieht der Strom von Pilgern um den Tempel. Sie legen sich flach auf den Körper und laufen weiter. Sie beten zwar noch immer, aber nur noch mit leisem Gemurmel. Man kann es kaum noch hören, und es erquickt mich jetzt kaum mehr. Jeder spürt die Spannung in der Stadt. Auch ich drehe meine Runden um den Jokhang für die Zukunft Tibets. Anschließend ziehe ich zum Potala. Die steilen Treppen hinauf, durch die runden Torbogen und vorbei an herrlichen Wandbildern gelange ich ins Innere. Wenn man den Potala sieht und ihn betritt, weiß man, daß man ihn nie wieder vergißt. Es ist das beeindruckendste Gebäude, das ich je sah. Überall werden mir Türen

geöffnet, und fast immer darf ich fotografieren, was normalerweise im Potala, ausgenommen, man zahlt eine Gebühr von 20 Yuan pro Bild, verboten ist.
»Zeigt die Bilder der Welt«, flüstert mir ein alter Mönch ins Ohr, »vielleicht ist es das letzte Mal, daß ihr den Potala seht.«
Sein Leben lang hat er in Lhasa gewohnt und die Grausamkeiten dieser Gegend gesehen. Nichts hat sich geändert mit der »neuen Regierung«. Bundeskanzler Helmut Kohl sowie dem früheren US-Präsidenten Jimmy Carter, der im selben Jahr Lhasa besuchte, wurde bei ihrem Besuch eine falsche Welt vorgetäuscht. Die Politiker in Peking haben durch das herbe Vorgehen ihr Gesicht verloren. Die Tibeter lassen sich nicht in die rote Fahne einwickeln. Die Erfolglosigkeit der chinesischen Pazifizierung in Tibet ist heute noch tief zu spüren, 30 Jahre nach dem Einmarsch in Tibet. Anschließend lädt mich der Mönch zum Essen im Potala ein. Eigentlich ist das Gebäude für die Besucher schon geschlossen, aber was macht das jetzt noch. Wir setzen uns auf eine Steinmauer und essen gemeinsam. Der alte Mann bekommt wässrige Augen, und dann laufen ihm Tränen über die Wangen. Er spricht von seinem Gottkönig, dem Dalai Lama. Wie glücklich wäre er doch, wenn dieser wieder im Potala leben würde. Wenn von den Dächern wieder die Posaunenen der Mönche erklingen könnten.
Ab sofort werden in Lhasa keine Visaverlängerungen mehr erteilt und die Touristen werden angehalten, das Land möglichst schnell zu verlassen. Die meisten Touristen reisen mit dem Flugzeug nach Chengdu oder mit dem Bus nach Nepal ab. Von Tibetern erfahre ich, daß inzwischen schon mehrere hundert Mönche im Gefängnis sitzen und andere, die auf chinesischen Videoaufzeichnungen vom 1. Oktober identifiziert wurden, gefoltert wurden.
Die Ereignisse in Lhasa scheinen selbst die Freundschaft zwischen Gebe und mir durcheinanderzubringen. Während ich mich entschließe, bald weiterzuradeln, möchte sich Gebe noch länger in der Stadt von den Strapazen erholen.

TRANSHIMALAYA

Allein verlasse ich nach zwei Wochen die Stadt, wobei ich mich immer wieder nach dem hochragenden Potala umdrehe. Er ist fühlbar und strahlt aus.
Mein Fahrrad ist kurz davor, zu Bruch zu gehen. Das Tretlager knackst und rasselt erbärmlich, die Mäntel haben kaum noch Profil. Aber das schlimmste: meine Schaltung ist abgebrochen. Immer wieder spielten Kinder in Lhasa daran herum. Als ich dann eines Tages auf das Fahrrad stieg und die Schalthebelstellung nicht beachtete, passierte es. Ich trat mit voller Kraft los, und der Kettenumlegebügel verbog sich, als handle es sich um ein dünnes Drahtstück. Das war das Ende. Mir passierte das gleiche schon einmal in China. Immer wieder konnte ich die Schaltung geradebiegen. Doch jetzt war das Material ermüdet, und beim dritten Versuch brach der Bügel ab. Ich montierte die Schaltung ab und nahm ein ca. 20 cm langes Kettenstück heraus. Jetzt fahre ich nur auf dem dritten Gang. Aber wenigstens kann ich noch radeln und meine Tour fortsetzen, so wie ich mir meine Reise durch Tibet vorgestellt habe. Nun habe ich wieder Zeit, meine Gedanken zu sammeln und die Ereignisse von Lhasa zu verarbeiten.
Wenige Kilometer nach Lhasa liegt, rechts gestuft im Hang, das Drebung-Kloster. Es war einst mit 10000 Mönchen das größte seiner Art in der Welt, heute leben hier nur noch 200 Mönche. Unbarmherzig bläst mir der Wind ins Gesicht. Bis zum Tsangpo, nahe dem

Das Drepung-Kloster bei Lhasa.

Flughafen, ist die Straße geteert. Busse fahren an mir vorbei, und so unsinnig es auch erscheint, hupen sie. Schon in weiter Entfernung drücken sie aufs Horn. Dabei ist die Straße noch breit und ohne Kurven. Lange genug habe ich jetzt Zeit gehabt, diesen Blödsinn zu beobachten und der wirkliche Grund des Hupens wird mir klar. Der Busfahrer macht die Insassen auf etwas aufmerksam: ›Achtung, da kommt etwas Aufregendes, Leute‹ und weckt seine gelangweilten Fahrgäste auf. Fährt der Bus oder Lastwagen dann vorbei, kurbeln sie das Fenster runter und rufen mir etwas zu. Das gleiche Schauspiel habe ich auch bei einheimischen Radfahrern beobachtet.
Nach dem Fluß führt die Straße westwärts, und mitten im Paß verbringe ich die Nacht in einem Straßenarbeiterhaus. Am nächsten Morgen setze ich meine Fahrt fort. Auf der Paßhöhe breitet sich vor mir der Yamdrok-See aus, ein wunderschöner, türkisfarbener See. Gestufte Wiesen heben sich fast bis zum Grat herauf, braungebrannt von der Sonne. Im Hintergrund ein schneebedeckter Siebentausender. Jetzt, wo ich allein bin, kann ich niemanden umarmen und meine

Der herrliche Yamdok-Tso-See zwischen Lhasa und Gyantse.

Freude nicht teilen. Die Erlebnisse empfinde ich jetzt anders. Ich beginne mit der Abfahrt, und schon nach drei Kurven bin ich unten am See. Die Sonne, die hier fast senkrecht steht, sticht herunter. Aber ich kann meine gute Laune nicht mehr richtig wiederfinden. Zum ersten Mal auf meiner Radtour seit Hongkong fällt mir jetzt während des Radelns kein Lied mehr ein. Im Moment hat Tibet, wegen der traurigen Ereignisse in Lhasa, kein Lied mehr für mich.
Entlang des Sees erlebe ich einen schönen Tag und erreiche am Abend am Fuße eines neuen Passes ein kleines Dorf, wo ich eine Unterkunft bei Tibetern finde. Gäbe es diese gastfreundlichen, warmherzigen Menschen nicht, müßte ich eine Woche Vorratsverpflegung bis zur nächsten großen Stadt mitnehmen. Zwischen zwei jungen Kälbern lege ich mich im Stall auf einen Reisighaufen. Nachts ist es bitterkalt, mich friert es erbärmlich. Am Morgen schmerzt mein Körper überall. Schlecht geschlafen habe ich letzte Nacht auch. Jetzt kommt auch noch das Jungvieh heran und schleckt mir den Schlafsack ab. Es schnaubt dabei durch die Nasenlöcher wie eine Dampf-

lock. Ich bedanke mich bei den Leuten und fahre los. Kalt und blau kriecht zögernd der Tag herbei, und die Sonne bestrahlt die Kronen der Berge. Der Wind wird heute immer stärker. Ungehindert fegt er durch die Talsenke. Ich lege meinen Oberkörper in den Lenker und stemme mich dagegen. Zum Glück ist dieser Paß nicht so steil, und ich kann ohne abzusteigen durchtreten. Am späten Vormittag bin ich auf dem Karo La-Paß, 5200 Höhenmeter. Von beiden Bergseiten ragt die Schnauze eines Gletschers fast bis zur Straße vor. Und wieder dieser klare Himmel. Gläsern, saphirklar, kristallklar. Was auch immer, jedes von den Wörtern würde passen und dabei immer noch nicht übertreiben. Ich hocke mich hin. Leichte Kopfschmerzen begleiten mich. Wie eine Dampfsäule steigt mein Atem in die Luft. Die Kälte hat jetzt im Oktober auf den Pässen empfindlich zugenommen. Das Wasser in meiner Flasche ist ein einziger Eisbrocken. Ich könnte hier oben Stunden verbringen, aber ich möchte heute die Stadt Gyantse erreichen und fahre daher weiter. Ein gemeiner Gegenwind bläst von vorn, er ist so wütend, als wolle er heute zu mir sagen ›bleib stehen, geh nicht weiter‹. Geographisch gesehen geht es abwärts, doch ich muß in meine Pedale treten, als würde ich einen Paß hinaufradeln. Mit dem Wind kommt Staub. Er fliegt von der Straße auf und streicht über das Hochplateau.

»Weiter, nur weiter!«

Die Straße ist steinig und trocken. Sie wird zum Waschbrett; eine von tiefen Löchern zerstörte Piste. Der Lenker schlägt gegen mich wie ein Preßlufthammer, das Fahrrad hüpft wie ein Ziegenbock. Mich rüttelt's und schüttelt's. Dann spüre ich meine Glieder nicht mehr. Ich steige ab und fasse mir zwischen die Beine. Kein Gefühl! Mir wird angst.

Ich setze mich an den Straßenrand, um abzuwarten, was passiert. Nach einer halben Stunde kehren die ersten Empfindungen zurück. Ich massiere ein wenig, alles in Ordnung.

Bei der Weiterfahrt versuche ich den gröbsten Löchern auszuweichen. Vor nur wenigen Stunden auf der Paßhöhe glaubte ich am Polarkreis zu sein, jetzt aber wird es trocken-heiß. Südtibet liegt auf niederen Breiten, und die Temperaturunterschiede zwischen Nacht und Tag können bis zu 30 Grad ausmachen, vor allem um die Wintermonate. Die Mittagssonne entfaltet hier ihre volle Wirkung.

Yakdung, der einzige verfügbare Brennstoff in West-Tibet, wird an einer Häuserwand getrocknet.

Die starke Anstrengung und die Hitze lassen die Landschaft vor meinen Augen verschwimmen. Über dem Tal fließen leuchtende Farben flimmernd ineinander. Die endlos dahinziehenden Telegrafenmasten neben der Straße irritieren mich, denn sie biegen sich wie Schlangen. Mal stehen sie links, mal rechts der Straße.
»Ich habe Halluzinationen, ich bin müde. Aber vielleicht kommt das auch nur von der chinesischen Bauweise.«
Dann kommen zwei Trucks vorbei. Einer von vorn, einer von hinten – und genau dort, wo ich bin, treffen sie sich. Eine braune Staubfahne hüllt mich ein. Um mich verdunkelt sich alles. Ich halte die Luft an. Meine Augen brennen und tränen. Ich setze schräg auf und versuche zu korrigieren. Dann sehe ich mich fliegen, pralle auf irgendetwas auf und lande neben der Straße. Meine Wirbelsäule ist wie gelähmt. Nur langsam lichtet sich der Staub. Vorsichtig bewege ich jedes Glied. Blut rinnt aus dem Mund über meine Lippen wie Lava. Mit meiner Zunge taste ich innen die Mundhöhle ab. Ein halber Vorderzahn fehlt mir. Beim Sturz bin ich auf einen Stein gestoßen und habe mir oben eine Ecke ausgebrochen. Ich öffne den Mund. Kalter Wind bläst mir

auf den Zahnnerv, und vor stechenden Schmerzen beginne ich zu tanzen.
»Mein Gott, auch das noch!« Ich möchte schreien, aber es geht nicht. Sobald ich den Mund öffne, elektrisiert mich der Nerv. Wohl der unangenehmste Schmerz. Es hat keinen Zweck, ich muß weiter, heute noch nach Gyantse. Ich rapple mich auf, sammle in meinem Mund etwas Speichel an und klettere wieder aufs Fahrrad. Im Tal staut sich die Hitze. Der kleine Fluß ist fast ausgetrocknet, die Straße staubig. Dann eine weitere kurze Steigung. Ein Lastwagen hält an und möchte mich mitnehmen. Aber nur für 20 Yuan. Ich winke ab und trete weiter. Ich versuche, gegen meine Müdigkeit anzukämpfen, mein Körper fühlt sich klamm und schwach. Laut rede ich vor mich hin, in der Hoffnung, daß nur noch ein paar Kilometer übrig sind. Jeder Windstoß hat sein eigenes Lied. Einmal türmt sich ein Wirbel zu einer Windhose, die den Himmel mit der Erde verbindet. Als die Dämmerung hereinbricht, liegen noch ca. zehn Kilometer vor mir. Über meinem Gesicht liegt eine Staubschicht, meine Haare sind filzig und steif. Braun der ganze Körper, aber was juckt das jetzt noch.
»Gyantse, Gyantse«, stöhne ich.
Nur der Wind antwortet mir mit einem traurigen Pfeifen. Ich kann jetzt ganz einfach nicht stehen bleiben. Mein Bewußtsein ist längst nicht mehr normal. In den schwarzen Feldern meiner Augen sehe ich Fische schwimmen, in den Haaren nisten sich Vögel ein, und an meine Knochen machen sich Mäuse heran.
Die letzten Kilometer sind schnurgerade. Rechts von mir, auf einer Erhebung, erkenne ich die alte Festung der Stadt Gyantse. Obwohl mich tausend Geister verfolgen, erreiche ich diese. Auf einer breiten Straße fahre ich dem Kloster der Stadt entgegen und biege dann nach links in ein Gästehaus ein. Tief erschöpft klopfe ich an die Tür.
»Aufmachen, aufmachen!«
Mit Schuhen und Kleidung falle ich ins Bett. Eine Tibeterin bringt mir Tee und eine dampfende Platte Momos. Sie füttert mich wie ein Baby. Neben mir liegt ein Mann aus der Tschechoslowakei, der zufällig Arzt ist und mich untersucht. Er verpaßt mir eine Schmerztablette, deren Wirkung bis zum nächsten Mittag anhält.
Als ich am anderen Tag aufstehe, winkt mich die Frau in einen Raum, den sie hinter sich zuschließt. Etwa zehn Tibeter haben sich im

Halbkreis versammelt, und jeder möchte wissen, ob ich die Unruhen in Lhasa gesehen habe. Als ich kopfnickend mit ›ja‹ antworte, werde ich mit Fragen überschüttet. »Wie viele Leute sind umgekommen, wie sieht die Situation in Lhasa aus, was machen die Chinesen jetzt?« Eine Frau schenkt mir dauernd Buttertee nach. Tränen laufen über ihre Wangen, und dann höre ich nur noch den Namen eines Mannes, den sie so sehr verehren wie sonst nichts und niemanden. »Dalai Lama, Dalai Lama!« Vor allem die Älteren können sich daran erinnern, als er noch in Tibet war. Der letzte große Wunsch ihres Lebens ist, ihren lebenden Gott, ihren Ozean der Weisheit noch einmal zu sehen – nur noch ein einziges Mal. Sie falten ihre Hände und murmeln Gebete vor sich hin. Jeder für sich selber. Einer steht am Fenster und steht Schmiere, ob auch ja kein Soldat oder Funktionär vorbeiläuft. Danach begleitet mich eine Tibeterin zum ›Zahnarzt‹. Meine Schmerzen werden wieder so groß, daß ich etwas unternehmen muß. Anfangs lachte ich mich krumm über diese Spengler – jetzt bin ich selber dran. Ich muß mir wenigstens eine Schutzkappe drüberziehen lassen, damit der Nerv vom Wind geschützt ist. Ich setze mich auf den Stuhl und erkläre dem Chinesen mein Problem. Er zeigt mir die Schutzkappe, doch um die draufzusetzen, muß er zuerst etwas abschleifen. Mit seinem fußangetriebenen Bohrer setzt er an. Ich schließe die Augen und verkralle mich an der Handlehne. Nach ein paar Minuten ist die Odyssee zu Ende. Ich bezahle 20 Yuan und bahne mir meinen Weg durch die angesammelte Menschenmasse. Sonnenweiß sind die Häuser von Gyantse. Eine Mauer, wie aus dem nackten Fels gehauen, umgibt den alten Stadtkern. Eselskarren ziehen durch die staubigen Straßen, und trotz des erbärmlichen Marktes gleicht der Altstadtkern von Gyantse einer Wild-West-Stadt. Hier stehen ein paar Pferde, dort ein Restaurant, das aussieht wie ein Saloon. Ich schlendere in eine Teebude und merke dort, daß ich mich dem indischen Subkoninent nähere, denn in Teehäusern wird süßer Milchtee ausgeschenkt. In einer Tagesreise erreiche ich Tibets zweitgrößte Stadt Shigatse mit 40000 Einwohnern und setze anderntags meine Reise fort. Allein fahre ich durch diese jetzt herbstliche Öde. Die Felder sind abgeerntet und von der Sonne ausgebrannt, die letzten wenigen Bäume haben ihr Laub abgeworfen. Dafür beginnt jetzt der Staub umsomehr zu leben. Er rasselt über die

Die Ortschaft Sakya.

Eine alte Frau am Straßenrand, bekleidet mit dem typischen tibetischen Fellmantel.

Ein Frau beim Wollespinnen.

Gemeinsam wird nach der Ernte die Gerste gedroschen. Dabei wird immer gesungen oder gepfiffen, um die Götter gut zu stimmen.

Mönche im Kloster von Sakya.

karge Hochfläche. Allein sind diese Erlebnisse in einer solch menschenleeren Gegend viel anders. »Verdammt, klebt dir der Sand auch schon zwischen den Zähnen«, oder mutmachende Sätze wie »na, das schaffen wir heute schon noch«, gibt es jetzt für mich nicht mehr. Da ist niemand mehr neben mir, dem ich meine Angst beschreiben kann. Ich muß selber fertigwerden mit der Situation. Manchmal glaube ich, den Teufel hinter den Sanddünen zu erkennen. Alles um mich ist braun, brauner geht es gar nicht. Die letzte Grünfläche habe ich in Shigatse gesehen, und das liegt zwei Tage zurück. Selbst jetzt, nach Tausenden von Kilometern, die ich zurückgelegt habe, verspüre ich noch großen Respekt vor dieser Landschaft. Die Angst gibt mir innerlich eine Kraft, die mich unheimlich antreibt. Und so ist diese Reise mit dem Fahrrad durch Tibet auch eine Reise in das Dunkel meines Selbst. Der nächste Tag sieht mich wieder einen Paß hinaufkeuchen. Nach Lhaze bäumt sich nochmals ein langer Berg auf, Lak Pa La, 5200 Meter. An schönen Tagen kann man von hier aus den Everest sehen, der sich 150 Kilometer südlich befindet. Am Himmel zeichnen sich aber dunkle Wolken ab. In kurzen Abständen fegen Windböen über die Hänge. Pfeifend kommen sie heran, wirbeln Staub auf, türmen sich zu Walzen und rauschen die Halde hinunter. Da braut sich in der Luft etwas zusammen. Für die letzten 20 Kilometer nach Shegar benötige ich einen ganzen Nachmittag. Am späten Abend hat der Orkan seine volle Stärke erreicht, und eine dunkle Front nähert sich. Lange, streifige Wolken bilden sich am Horizont. Wenn dunkle, schwere Wolken aufziehen, so hält das der Volksglaube in Tibet für das Vor- oder Nachzeichen eines Geschehens. Da sind die Einheimischen gläubig und fast immer haben sie damit auch recht. Tiefe Finsternis hüllt die ganze Umgebung ein, und in der Nacht zum 22. Oktober 1987 fegt ein Schneesturm über Südtibet, der die ganze Himalayakette in eine dicke Schneeedecke einschließt. In Tibet ist es höchst ungewöhnlich, daß schon im Oktober große Schneemassen bis in die Täler fallen. Der Teufel scheint in den Himmel gefahren zu sein und bringt die Natur nun völlig durcheinander. Eine ältere Nonne vom nahegelegenen Rongbuk-Kloster erinnert sich nicht daran, daß es in den letzten 20 Jahren hier so tobte. Ein Wind heult über die Landschaft und rüttelt am Wellblechdach. Am Morgen, als der Schneefall bereits zu Ende ist, liegt eine 80 Zentimeter hohe Schneeschicht über dem Plateau. Nichts rührt sich. Ich muß mir meinen Weg hinüber zum Speisesaal freiwühlen. Der frühzeitige Schneefall legt das Land in Erstarrung aus Schnee und Eis. Selbst auf den sturmgepeitschten dünnen Drähten zwischen den Telegraphenmasten liegt der Schnee. Nach dem Essen, beim Rückweg in den Schlafraum, ist die Spur schon wieder zugeweht. Chinesische Armeeinheiten rücken im wahrsten Sinne des Wortes mit Schaufel und Hacke aus, um die Straße nach Nepal freizuschaufeln, denn Schneeräumfahrzeuge oder -schleudern gibt es nicht. Ein höherer Beamter mit ein paar bunten Streifen auf der Schulter meint hoffnungsvoll, daß es nur ein paar Tage dauern wird, bis die Straße wieder passierbar ist. Wie ich es schon so oft in Tibet erlebte, zeigt sich auch heute nur wenige Stunden nach dem Sturm wieder die Sonne. Grelles Sonnenlicht reflektiert auf der Schneefläche. Inzwischen wird das Lager in Shegar und in Tingri zum Sammelplatz von Individualisten. Bergexpeditionen vom Everest und Cho Oyu-Gebiet kommen zurück, Trekker, andere Radfahrer. Ein Franzose hat sogar einen Gleitschirm bei sich. Er möchte so schnell wie möglich aus dieser Eiswüste heraus und regt sich mit jedem Tag mehr auf. Die Himalayaberge sind längst zur Spielwiese von Extremisten geworden. Die Wünsche der Menschen sind grenzenlos. Immer höher, immer weiter stecken viele ihre Ziele: eine Alleinbegehung von schwierigen Achttausendern, Erstflüge mit Fallschirmen von hohen Gipfeln oder mit den Fahrrädern so hoch hinauf, wie es nur geht. Eine Mountain-Bike-Gruppe aus Deutschland unternimmt mit Begleit-Reisebus und Ersatzteil-Lastwagen eine Rallye durch Tibet. »Lhasa-Kathmandu« heißen ihre Fahrräder, und selbst für das Allermenschlichste, nämlich einen Stuhlgang, benötigen sie in ihren Lagern, trotz der ewigen Weiten Tibets, ein eigenes Zelt. Sie sind zu Sklaven der Industrie geworden, denn auf ihrer Kleidung ist jede sichtbare Fläche für Werbezwecke ausgenützt.

Trotz dieser Kälte zieht ein Pilger seinen Weg nach Lhasa. Seine Haare sind verfilzt und stehen struppig in alle Richtungen. Ich schätze ihn auf 60 bis 70 Jahre. Es wird wohl seine letzte Reise nach Lhasa sein. Nichts kann ihn aufhalten. Wir bieten ihm eine Tasse heißen Tee an, die er mit klammen Händen umfaßt, um genußvoll ihn zu schlürfen. Danach stimmt er ein Dankgebet an und beginnt, um uns

herumzutanzen. Es ist unglaublich, wie sich hier noch jemand über eine heiße Tasse Tee freuen kann, um daraufhin aus tiefverwurzeltem Glauben weiterzuziehen.
Trotz emsiger Wichtigtuerei der chinesischen Räumkolonne, die einzig und allein nur der Zufriedenstellung der Touristen dient, ist der größte Helfer bei den Räumarbeiten doch die Sonne, die mit ihren starken Mittagsstrahlen den Schnee langsam wegfrißt.
Abends schiebt sich die Mondscheibe über die Bergschulter und beleuchtet den Schnee safrangelb wie ein Flutlicht.
Ein in den USA hergestellter Black Hawk-Hubschrauber fliegt eines Tages vorbei und evakuiert die Leute vom Bus, der wegen des Schneefalls tagelang auf dem letzten Pass eingeschneit war. Er setzt ein paar hier in Tingri ab und bringt die anderen nach Lhasa. Ich treffe einen Amerikaner namens Dan aus Boston, der schlimme Tage hinter sich hat. Wir waren natürlich sehr interessiert, ob alle Leute gesund und unverletzt geblieben sind.
»Anfangs herrschten chaotische Verhältnisse«, sagt Dan. »Wir waren auf die Kälte nicht vorbereitet und hatten nur eine Tagesverpflegung bei uns. Tibeter von den naheliegenden Dörfern brachten uns dann Felle zum Zudecken und gaben uns zu essen, aber wir sind alle froh, daß wir ohne ernsthafte Verletzungen davongekommen sind.«
Nach weiteren zwei Tagen signalisiert die Armee grünes Licht, die Straße ist wieder passierbar. Thomas, ein Schweizer, der auch mit dem Mountain-Bike von Lhasa nach Nepal unterwegs ist, und ich packen unser Zeug und fahren los. Doch das, was jetzt kommt, hat mit Fahrradfahren nichts mehr gemeinsam. Kleine Eisschollen liegen herum und verwandeln die Straße in eine Bobbahn. Wir bräuchten jetzt Spikes oder Ketten, aber so schlittern wir über den Fahrweg, und es droht immer die Gefahr, daß es unsere Reifen vom Eis wegzieht. Der verbleibende Schnee knirscht. Wir lösen uns in der Führung ab, denn für den zweiten Fahrer ist es weniger anstrengend. Dann bleibe ich stehen, reibe mir die Finger warm und klatsche mir auf die Schenkel. »Das ist ja schlimmer als bei uns zu Hause im Januar«, flucht Tom, dessen Turnschuhe hart wie Stein sind. Am späten Abend erreichen wir Tingri, wo wir wieder in einem Armeecamp die Nacht verbringen. Bis zum nächsten Morgen hat sich eine dicke Frostschicht auf den Fensterscheiben abgesetzt. Den letzten

Radeln bei 15 Grad unter Null. Rechts im Bild der Cho Oyu, links, hinter den Wolken verdeckt, der Mount Everest.

Paß vor Nepal nehmen wir auf der Rückseite eines Lkw. Ich habe es satt, bei solchen Verhältnissen weiter bergauf zu radeln. Zu viel Schnee, zu kalt. Auf der Paßhöhe liegt nochmal das Tibet meiner Träume vor mir. Normalerweise reicht das Auge bis zum Horizont, aber der scheint hier weiter nach hinten geschoben. Von einem Ufer bis ans andere sehe ich nichts als Berge, die nach Westen und Osten zu höher werden.

Die mächtigsten Erhebungen des Kontinents breiten sich vor mir aus. Der eher weiche Bug der Berge ragt in den Himmel und leuchtet wie eine Königin. Die Farben sind so intensiv, daß ich nur noch träume. In diesem Moment weiß ich, daß ich eine Leidenschaft für Tibet habe. Mir wird leicht ums Herz, es ist ein prickelndes Gefühl. Ich schreie irgend etwas in die Natur, um zu begreifen, daß ich wirklich hier stehe.

Wir fahren weiter und nehmen Abschied von den Höhen. Es fällt mir schwer, den letzten Paß zu verlassen, denn die Straße führt jetzt nur noch bergab. Am späten Nachmittag erreichen wir Nylam, wo ich

Emir treffe. Emir ist aus Wales und seit fast zwei Jahren auf dem Fahrrad unterwegs. Gestartet ist er in Neuseeland und über Australien, Indonesien, Malaysia, Thailand und China nach Tibet gekommen. Erfreut über jeden weiteren Fahrradfahrer, tun wir uns zusammen und fahren gemeinsam weiter. Heute brauchen wir nicht zu treten, sondern nur zu bremsen. Das Tal verengt sich zu einer Schlucht, und irgendwo aus der Schneezone über uns schießen Wasserfälle herab. An den kargen, steinigen Berghängen wachsen wieder die ersten Sträucher und Latschenbäume. Spreizbeinig trägt ein Nepali-Sherpa, den ersten, den ich sehe, seine Last zu Tal. Der Korb liegt auf dem Rücken, während ein breiter Riemen über der Stirn liegt. Seine Beine sind bestückt mit knorrigen Muskelpaketen, die sich durch vieles Laufen im Gebirge entwickelt haben. Am späten Nachmittag passieren wir die häßliche Grenzstadt Zangmu, von wo aus es nur noch wenige Kilometer bis zur Grenze sind. Die enge Schlucht mündet langsam in ein Tal, das in einem dünnen Nebelhauch liegt und in der Ferne sanft und weich wirkt. Bäume ragen in die Höhe, und überall, wo ich hinblicke, herrscht üppiger Pflanzenwuchs. Mein Abschied von Tibet erscheint mir genauso surrealistisch wie die Ankunft. Am Abend errötet sich der Himmel wie die Glut eines Feuers und brennt in meinem Gedächtnis die Erinnerung der letzten Tage aus. Erst einige Wochen später, als ich wieder ins Tagebuch blicke, kann ich mich wieder genau daran erinnern.
Wir erreichen den Grenzübergang an der Freundschaftsbrücke. Gleich hinter dem Schlagbaum warten eine Reihe Lastwagen auf Ladungen, die aus Tibet hierher transportiert werden. Darunter sehe ich viele alte Mercedes-Transporter mit deutschen Kennzeichen. Auf einigen steht auf der Ladefläche »Edeka«, »Kaufring«, »Löwenbräu«.
»Hallo« und »Namaste«, sagt der nepalesische Grenzbeamte und schiebt mir einen Stuhl zu, auf dem ich Platz nehmen soll. Er notiert sich meine Paßangaben und sieht sich das Visum an. Ich warte bei einem süßen Tee im Schatten des Hauses, bis Emir von unten kommt. »Hey Andi, sieh mal, was dort drüben auf der Stange hängt!« Ich blicke hinüber auf die andere Straßenseite, wo sich Eßstände endlos aneinanderreihen. Dort sehe ich Bananen! Reife, große Bananen in Büscheln, so wie sie vom Baum abgeschnitten wurden. Ich kaufe

Tom und Emyr bei der Abfahrt nach Nepal.

In vielen Kurven geht es durch eine abwechslungsreiche Vegetation nur noch bergab Richtung Nepal.

gleich das ganze Bündel und fange an zu essen. Der Beamte neben mir lächelt. »You like Banana?« fragt er mich.
»Very much!«
Seltsamerweise schlägt der Beamte sein Buch mit Fotos über gesuchte Personen auf. Ganz ernst betrachtet er ein paar Bilder, die er mir gegenüberstellt. Im ersten Moment werde ich nervös und erregt. »Was soll das?« denke ich mir.
Aber der Beamte lächelt wieder und klopft mir beruhigend auf die Schulter. »Nur Spaß! Wir suchen nämlich jemanden, der in dieser Gegend krumme Sachen dreht, doch der sieht ganz anders aus als du.«
Nach diesem mehr oder weniger humorvollen Zwischenfall bekomme ich meinen Paß wieder und schnalle mir die restlichen Bananen auf den Gepäckträger. Es geht weiter bergab. Sofort nach der Grenze ändern sich die Menschen. Die Nepalesen sind von kurzer Statur, haben ein olivfarbenes Gesicht und schwarze Haare. Die Frauen tragen bunte Sarongs oder Röcke, dünne Hemden oder Pullover. Die Männer dagegen oft nur hochgekrempelte, erdfarbene Hosen und ein einfaches Hemd. Viele Leute winken uns zu oder schmunzeln, wenn wir an ihnen vorbeifahren. Der Straßenverkehr ist jetzt auch wieder stärker, und selbst Motorräder bahnen sich ihre Wege durch die enge Asphaltstraße. Es ist ungewöhnlich heiß an diesem Abend, und der Schweiß fließt in Strömen. Nur wenige Kilometer hinter der Grenze erreichen wir bei Dunkelheit das Dorf Ghumthang, wo wir Quartier beziehen. Kinder kommen aus dem Haus gerannt. Der Wirt hilft uns, die Fahrräder ins Zimmer zu bringen, und führt uns zurück ins Eßzimmer, wo die Hälfte der Tische mit Einheimischen besetzt ist. Gleich darauf bringt er uns das Essen. Jeder erhält einen verchromten Blechteller, ähnlich dem Menüteller in heimischen Krankenhäusern, mit drei verschieden großen Essenskuhlen. Die größte wird mit Reis gefüllt, dann folgt etwas Gemüse und Linsenbrei. Genannt wird das ganze Dhalbat.
»Es ist das nepalesische Nationalgericht«, erklärt uns der Wirt, »vor allem in abgelegeneren Orten oder bei ärmeren Familien ist es das einzige Essen.«
Es schmeckt gut. Reichlich schöpft uns der Wirt nach, ohne daß wir deswegen mehr bezahlen müssen.

Nepalesische Träger.

»Warte, bis du nach Kathmandu kommst«, sagt Emir zu mir, »dort gibt es Pizzas, Lasagne, Sirloin-Steaks, Apfelkuchen mit Schlagsahne und Capuccino.«

»Sirloin-Steak?« entgegne ich verwundert, »bist du verrückt, wovon in der Hölle redest du? Kathmandu liegt inmitten der ärmsten Länder der Welt und hat eines der niedrigsten Pro-Kopf-Einkommen überhaupt. Das hier ist Nepal, erinnere dich, Reis und Dhal, das ist's.«

Emir grinst selbstsicher. »Nein, im Ernst, lies die Zeilen hier im Buch.«

Emir überreicht mir sein Nepal-Survival-Buch, oder besser gesagt, seinen »orientalischen Schlemmerbegleiter«. »Vegetarische Pizza, Bratkartoffeln, Enchiladas, Taccos, Steaks. Französisch, italienisch, mexikanisch, japanisch und deutsches Essen, alles gibt's.«

Emir fügt hinzu: »Nepal ist voll mit Bergsteigern und Trekkern aus der ganzen Welt. Wenn die von ihren Touren zurückkommen, wollen sie etwas anderes als Reis und Dhal. Glaubst du es jetzt?«

»Ja, ein bißchen, verflixt, ich habe seit einem halben Jahr kein Steak mehr gesehen, und eine richtige Pizza liegt schon über ein Jahr zurück, Mann, verstehst du, ich kann einfach noch nicht ganz glauben, was ich da lese.«

Abends im Bett tauschen Emir und ich unsere Erfahrungen aus. Emir, der schon über 15000 Fahrradkilometer hinter sich hat, erzählt über schrecklichen Verkehr in Südostasien und von einem Ereignis in Hongkong.

»Erst in Hongkong entschied ich mich, mit dem Fahrrad durch China zu radeln. Also ging ich dort auf die chinesische Botschaft, um ein Visum zu holen. Ich machte dabei einen Fehler, denn als die Leute dort erfuhren, daß ich mit dem Fahrrad durch Tibet wollte, weigerten sie sich, mir ein Visum zu geben. Ich hakte nach, kam anderntags wieder, aber da erklärten sie mir, daß sie für diesen speziellen Fall erst aus Peking eine Erlaubnis bräuchten, und die dauere mehrere Wochen. Ich war in diesen Tagen stinksauer auf die Bürokratie und zugleich auf mich, daß ich ihnen meine Fahrradpläne offenbart hatte. Nach ein paar Tagen ging ich wieder zur Botschaft und sprach mit dem Zuständigen. Als dieser dann wegen eines dringenden Falles hinaus mußte, sah ich mich in dem Büroraum um. Dann öffnete ich die Schublade des Schreibtisches und weißt du, heiliger Bimbam, was da drin lag? Der Stempel für das chinesische Visum. Hellhörig lauschte ich nochmals, bevor ich fiebrig und mit zitternden Händen den Stempel in meinem Paß verewigte.«

Tom und ich schauen uns verwundert an, bis Emir uns seinen Paß überreicht, um uns sein eigenhändig ausgestelltes Visum betrachten zu lassen. Ich schüttle fassungslos den Kopf und versichere Emir, daß ich während meiner einjährigen Reise noch nie eine solch pfiffige Geschichte gehört habe.

Als ich am nächsten Morgen die fröhlichen, buntbekleideten Leute auf der Straße sehe, der Wirt uns wieder freundlich bedient und uns mit viel Ruhe und Geduld ein Spiegelei zubereitet, bin ich froh, in Nepal zu sein.

»Braucht ihr heute einen Träger für das Gepäck?« erkundigt sich der Wirt, »denn die Straße ist kurz nach der Ortschaft auf einen Kilometer Länge völlig verschüttet. Die Menschen hier verschaffen sich einen guten Nebenverdienst und helfen den Touristen, die Last zu tragen.«

Wir willigen ein und vereinbaren mit den jungen Trägern einen festen Preis. Erst gegen Mittag fahren wir heute los. Gleich nach der Ortschaft beginnen die durch die starken Regenfälle der Monsunzeit

bedingten Erdrutsche und Felsstürze, die die Straße völlig verschüttet haben. Nach diesem Hindernis nimmt der Verkehr schlagartig zu. Vom glasklaren Tibet kommend, rieche ich jetzt in Nepal faule Luft. Sie brennt in den Augen und schmerzt in der Nase. Hinzu kommt die Hitze, die mir den Schweiß aus den Poren treibt. Als ich Rast mache und meine Schuhe ausziehe, strömt ein unangenehmer Geruch aus.
»Hurra, meine Füße tauen wieder auf!«
Der Tag wird heute zur Bummelfahrt. Wir nehmen uns viel Zeit, die Landschaft zu betrachten. Kleine Dörfer reihen sich an den Berghängen bis zur Baumgrenze hinauf. Sie sind umgeben von Mais- und Getreidefeldern. Hier unten im Tal wächst auch schon Reis und tropische Früchte wie Bananen. In einer kleinen Ortschaft finden wir abends ein Lodge, wo ich tagebuchschreibend den Abend verbringe.
Am nächsten Tag, es ist der 8. November, habe ich Geburtstag. Der Wirt zaubert uns aus einfachen Sachen ein sehr schmackhaftes Frühstück.
»Ihr habt gut gewählt bei mir«, lobt er uns und prophezeit weiter, daß ich heute einen schönen Tag ausgesucht habe.
Etwas skeptisch über diese geschäftstüchtigen Glückwünsche radeln wir los. Noch einmal geht es über einen kleinen Paß. Schwer schwitzend oben angekommen, sichten wir die ersten großen Touristengruppen, die den Mount Everest bewundern und im Bild festhalten. Es geht weiter. Dolalghat, Dhulikhel, Panauti heißen die Ortschaften. Die Hauptstraße nach Kathmandu ist wie ein Fluß. Seitlich einmündende Wege und Straßen lassen die Hauptstraße immer breiter werden. Ab Bhaktapur ist die Fahrbahn zweispurig. Bushaltestellen, eine Straßenbahn und Blechlawinen bringen mich zurück ins 20. Jahrhundert.
»Halt!« ruft mir Emir zu, »die Ampel ist rot.«
»Die hab ich gar nicht gesehen.«
Ein Rikschafahrer hält neben mir. Lachend sieht mich der dunkelhäutige Mann an und meint. »Alles nicht so schlimm in Nepal. Das rote Licht gilt nur für die Autos.«
»Weißt du, wo die Gästehäuser sind?« frage ich ihn.
»Ja, das ist ganz leicht. Siehst du den großen weißen Turm dort drüben. Es ist der Turm des Hauptpostamtes. Von dort sind es nur ein paar Schritte zu den Unterkünften.«

»Vielen Dank.«
»No problem, you are welcome.«
Wir fahren weiter. In Kathmandu sind Touristen wirklich sehr willkommen, und wie mir Emir voraussagte, reiht sich ein Hotel oder Restaurant an das andere. Dazwischen stehen Reisebüros, Sportgeschäfte und Buchläden. Trotzdem habe ich noch das Gefühl, in Asien zu sein. Die im Hinduismus heiligen Kühe trotten durch die Straßen, und Fracht wird teilweise noch mit Ochsenkarren transportiert. Auch in der Stadt tragen die Nepalesen bunte Sarongs und die Männer viereckige Hüte.
Wir können uns jetzt tatsächlich wieder alles kaufen: Cola, Bier, Orangensaft.
Den Abend in drei verschiedenen Restaurants werde ich nie vergessen. Ich genieße Sachen, von denen ich schon lange nicht mehr weiß, wie sie schmecken. In der Pizzeria »San Francisco« schlinge ich eine Pizza hinein, in einem anderen Restaurant vertilge ich gierig ein Stück Fleisch, und obendrauf esse ich noch einen Ranken Bergkäse. Mein erster Hunger ist gestillt.
Die nächsten Tage verbringe ich mit »außergewöhnlichen« Tätigkeiten wie Essen, Duschen und Musikhören. »Ach, ist es doch schön, ins Kino zu gehen und nebenbei Kartoffelchips zu essen.«
Ich treffe Südtiroler, die mir ihren Leihwagen einen Tag zur Verfügung stellen. Seit Australien bin ich nicht mehr Auto gefahren. Jetzt steuere ich einen kleinen Japaner durch die engen Straßen von Kathmandu, das gefällt mir. Diese Dinge sind jetzt wieder in ein anderes Licht gerückt, und ich bin froh, zurück in der Zivilisation zu sein; ich brauche sie wohl auch, denn meine ursprünglichen Bedürfnisse lassen sich nun mal nicht verleugnen. Langsam kommen mir auch die Gefühle dieser Reise zu Bewußtsein. Ich bin am Ziel und hab's geschafft. Gebe und ich haben unser Traumland bereist. Und das mit einer Geschwindigkeit, bei der ich gespürt hatte, wie wir in die einsame Landschaft drangen. Plötzlich wird mir klar, was mir diese Reise gab – sie war ein Geschenk. Ein Geschenk, das wir vor allem von den großzügigen, bescheidenen und warmherzigen Tibetern empfangen haben. Denn uns kam es vor, als würden wir von der Hand eines Tibeters in die Hand des nächsten Tibeters überreicht, da für uns jeden Abend eine Tür offenstand. Aber auch in anderer

Abschied von Gebe und anderen Freunden in Kathmandu.

Hinsicht war diese Reise ein Geschenk für mich. Ich kam an Gefühle und Erlebnisse heran, bekam Einblicke in die Tiefe meines Selbst, die in unserer abgesteckten, geregelten und modernen Welt kaum mehr erlebbar sind. Die Fülle und Intensität der Ereignisse hat innerlich etwas bewirkt. Zu schnell vergißt man Erlebnisse, aber diese Reise werde ich wohl nie aus meinem Bewußtsein verlieren und immer wieder davon träumen.

Drei Wochen später trifft Gebe in Kathmandu ein. Er hat seinen Drahtesel gegen einen richtigen Esel eingetauscht und legte dann mit ihm die Strecke zwischen Lhasa und der nepalesischen Grenze zurück. Seit mehreren Wochen aber plagen ihn Magenkrämpfe und Durchfall. Gebe ist ausgemergelt, sein Gesicht eingefallen, sein Optimismus verflogen. Zu Weihnachten fliegt er zurück nach Hause. Ich möchte mich hier noch ein bißchen erholen, bevor ich ihm folge. Oder sollte ich meine Reise noch fortsetzen?

»Pling-Plong-klack – Zahl!«

Jetzt ist's entschieden.

4300m

NACHWORT

Vor dieser Reise dachte ich über Religion, Politik und Menschenrechte wenig nach. Ich war zu dieser Zeit »erst« 21 Jahre alt und wollte ganz einfach das neu geöffnete China und vor allem das geheimnisvolle Tibet, von dem ich nur eine vage Vorstellung hatte, auf eine abenteuerliche Weise kennenlernen. Ohne jedes Vorurteil also gingen mein Kumpane Gebe und ich die Reise an. Wir radelten fünf Monate durch China und Tibet und hatten faszinierende Erlebnisse. ›Kleinigkeiten‹, wie z. B. der Tag, an dem mich Dolma bat, die lästigen Fliegen auf meiner Schulter nicht totzuschlagen, sondern einfach zu vertreiben, brachten mich zum Nachdenken. Mir wurde klar, daß die Lebensart der Tibeter mit ihrem Mitgefühl und der Liebe zu allen Lebewesen und dem Respekt vor der Natur ein Volk geprägt hat, das soweit wie möglich in Harmonie mit der Natur lebt. Doch daneben waren wir, und sind es noch immer, schockiert von Dingen, die wir im Land hautnah sahen und sich im Leben der Tibeter täglich abspielen: alte Wälder in Osttibet werden abgeholzt, seltene Tierarten wie der Schneeleopard, Moschushirsch oder Bär ausgerottet, Klöster sind geplündert oder zerstört, Armeestützpunkte sowie chinesische Städte sind übers ganze Land verteilt (allein zwischen der chinesisch-tibetischen Grenze und Lhasa passierten wir zwölf Truppenstützpunkte), friedlich demonstrierende Mönche und Zivilisten werden niedergeschossen oder hingerichtet.
Die Chinesen halten das Land seit 1950 besetzt und sehen es als Teil

des chinesischen Imperiums an. Seit vier Jahrzehnten kämpft das tibetische Volk gewaltlos um seine Unabhängigkeit, seine Kultur, seine Religion und Sprache sowie oft ums nackte Überleben.
Der Dalai Lama, der geistliche Führer und Staatsoberhaupt Tibets in der Exilregierung, bemüht sich pausenlos, ernsthafte Verhandlungen mit den Chinesen aufzunehmen. Sein Plan sieht vor, Tibet in eine Friedenszone umzuwandeln, die Respektierung der Menschenrechte des tibetischen Volkes und den Schutz der natürlichen Umwelt Tibets zu erreichen.
In Tibet lebt eines der letzten Naturvölker, und weder westliche noch östliche Einflüsse haben ihre Lebensart geändert. Aber die Tibeter werden heute zur Aufgabe ihres Naturdaseins gezwungen, müssen sich zwangsläufig dem chinesischen Zivilisations- und Industrieprogramm und, am allerschlimmsten, geistlichen (religiösen) Reformplänen beugen.
Ich bin von der Fröhlichkeit und Gutmütigkeit der Tibeter begeistert und widme daher dieses Buch vor allem den Tibetern im Exil und den ausharrenden Menschen in ihrem Heimatland.
Tibet ist durch massive Unterdrückung in Gefahr – Tibet darf nicht sterben.
Von ganzem Herzen möchte ich an dieser Stelle auch all denen danken, die mich darin unterstützten, dieses Buch herauszubringen.
Alle, die in irgendeiner Form helfen wollen, können sich an eine der folgenden Addressen wenden.

amnesty international
Sektion der Bundesrepublik Deutschland
Postfach 17 02 29, 5300 Bonn 1

Tibet Initiative Deutschland e. V.
Postfach 2531
5300 Bonn 1

TIPS UND INFORMATIONEN

ROADBOOK

China ist mit 9 560000 Quadratkilometern das größte asiatische Land. Die Siedlungszentren des 900 Millionen Einwohner zählenden-Reiches liegen an der Ostküste und entlang der großen Flüsse. Radfahren hat in China zwei extreme Seiten:

1. Herrliche, ländliche Gebiete mit wenig Verkehr, freundlichen und hilfsbereiten Menschen. Gästehäuser befinden sich in jeder kleinen Ortschaft; in den Städten gibt es Hotels. Das Essen ist in China ausgezeichnet. Beim Essenbestellen einfach mit in die Küche gehen und auf das Gewünschte zeigen.
2. Ärger mit Beamten und öffentlichen Büros, die oft eine ausländerfeindliche Einstellung haben; mit nervenaufreibendem Schreibkram (Formulare für Gästehäuser, Telefonate, Busfahrten) muß man sich abfinden.

Ein anderes »Problem« für Fahrradfahrer ist die große Menschenmasse und die Neugierde der einheimischen Bevölkerung. Man erreicht mittags oder abends irgendwo ausgelaugt ein Dorf und wird im Nu von einer Menge Chinesen umgeben, die einem bei jeder Tätigkeit zusehen und Löcher in den Bauch fragen. Die Reaktion der Chinesen ist verständlich: gerade mit dem Fahrrad kommt man in Gebiete, in denen oft noch nie zuvor ein Ausländer war. Dementsprechend ist die Reaktion der Bewohner. Schwierig ist nur, wie man selber mit der Situation umgeht. Um sein Gesicht (Ansehen) zu wahren, sollte man auf keinen Fall herumschreien. Westliche

Konsumartikel (Walkman, Kamera, Uhren), auf die sich viele Augen richten, können problemlos hergezeigt werden (viele auf dem Land ansässigen Chinesen haben noch nie solche Gegenstände gesehen). Gute Wirkung haben auch Familienfotos aus der Heimat. Chinesen wollen sehen, wie die Mama und der Papa des Touristen aussehen, was für Kleidung getragen wird usw.
Ansonsten gilt für den Reisenden immer die Regel: man ist Ausländer im Land und sollte die andersartige(n) Kultur(en) und Lebensgewohnheiten zumindest respektieren.

Tibet, so groß wie alle Staaten der Europäischen Gemeinschaft zusammen, hingegen liegt auf dem größten Hochplateau, das ringsum von Bergen eingeschlossen ist. Der Norden des Landes ist geprägt durch spärlich bewachsene Steppen und Kältewüsten. Zentral- und Südtibet ist die Heimat der Nomaden. Die Täler am Yarlung-Tsangpo nahe der Himalaya-Hauptkette mit den Städten Lhasa, Gyantse und Shigatse sind die »dichtbesiedeltsten« in Tibet. In Osttibet vereinigen sich die Randketten, Minya Konka und Anye Machin-Gebirge, mit der Himalaya-Hauptkette. Durchschnitten von wilden, reißenden Flüssen (Brahmaputra, Salween, Mekong und Yangtze), zählt dieses Gebiet zu den zerklüftetsten und damit am schwierigsten passierbaren Gebirgszügen der Welt.
Der Ostteil ist von allen Seiten her schwer zu erreichen. Daneben gehört Osttibet offiziell zu den Gebieten, für das eine spezielle Reiseerlaubnis notwendig ist (zu erlangen vom CITS = China International Travel Service oder vom Büro für öffentliche Sicherheit. Näheres im Abschnitt Visum). Je nach aktueller politischer Lage werden an Gruppen immer wieder Sondergenehmigungen erteilt. Diese ist nur dann zu bekommen, wenn:
a) die Tibeter sich in den zurückliegenden Monaten ruhig verhalten haben,
b) die Beziehungen zu den Nachbarstaaten gut sind,
c) keine Militärübungen in der Umgebung stattfinden.
Andererseits traf ich in China und Nepal auch Einzelreisende, die ohne Sondergenehmigung nach Osttibet einreisen konnten und an der Brücke am Yangtze-Fluß durchgelassen wurden.
Wer Glück hat, nach Osttibet reinzukommen, und diese wilde

Gegend mit dem Fahrrad erstrampelt, sollte über leistungsfähige Beine und kurze Gänge verfügen. Der Kurs durch das ›Land der großen Welligkeit‹, wie es die Tibeter auch nennen, ist gespickt mit Pässen, die wie eine Himmelsleiter von 1600 auf 5300 Meter führen und dem Fahradfahrer alles abverlangen. Außerdem ist in Tibet Schmalhans Küchenmeister angesagt; außer Tsampa, Buttertee und eingeführtem Reis ist nichts zu bekommen. Dörfer liegen oft bis zu 100 Kilometer voneinander entfernt.

Wem diese Route, aus den oben genannten Gründen, zu ungewiß ist, hat die Möglichkeit, von Chengdu nach Nordwesten über Xining und Golmud nach Tibet (Lhasa) zu gelangen. Diese Route wird von vielen Reisenden benützt, was zugleich heißt, daß es an Verpflegungs- und Übernachtungsstätten hier nicht mangelt. Außerdem ist die Straße von Chengdu bis Lhasa geteert.

Die 1100 Kilometer lange Strecke von Lhasa nach Kathmandu weist außer den hohen Pässen keine besonderen Schwierigkeiten für Radler auf. In regelmäßigen Abständen finden sich hier Ortschaften und Gästehäuser.

Währung

Zweierlei Geldsorten in China:

–›peoples money‹ = ›Volksgeld‹, in China Remimbi genannt.

–›FEC = Foreign exchange Certificates‹

Auf den öffentlichen Banken wird der Kurs 1:1 gewechselt, auf dem Schwarzmarkt erhält man für die FEC-Noten das 1,5fache Remimbi.

Anreise

Flüge von verschiedenen deutschen Flughäfen nach Hongkong, Peking und Kathmandu. Eine sinnvolle Alternative für Reisende, die mehr Zeit haben, ist die Anreise mit der Transsibirischen Eisenbahn von Berlin nach Peking – Reisedauer ca. eine Woche.

Die Einreise über Hongkong (Bus, Zug, Schiff) ist am einfachsten und sichersten.

Dagegen ist die Route über Nepal für Einzelreisende nicht immer frei. Eine Möglichkeit, die Grenze zu überschreiten, besteht darin, sich in Kathmandu einer Reisegruppe nach Tibet anzuschließen, um sich dann in ausreichender Entfernung nach dem Grenzübergang wieder von ihr zu trennen.

Visum

Wird in Deutschland von der Chinesischen Botschaft meist nur für einen Monat ausgestellt, kann aber in China verlängert werden. In Hongkong bekommt man problemlos ein drei Monate gültiges Visum.

Sondergenehmigung für Sperrzonen erteilt das CITS (China International Travel Service) oder andere öffentliche Sicherheitsbüros. Solche Büros sind in jeder größeren Stadt in China und in Hongkong anzutreffen.

Chinesische Botschaft

In Deutschland:
Kurfürstenallee 12, 5300 Bonn 2, Tel. 0228 361095
In Österreich:
Metternichgasse 4, 1030 Wien, Tel. 0222 753151
In der Schweiz:
Kalcheggweg 10, 3006 Bern, Tel. 031 447333

Botschaften in China

Von Deutschland:
Dongzhiwenwai Road 5, Beijing, Tel. 522161
Von Österreich:
Jianguomenwai Xinshui Road 5, Beijing, Tel. 522061
Von der Schweiz:
Sanlitun Dongwu Road 3, Beijing, Tel. 522831

MOUNTAIN-BIKE-TIPS

Bei der Wahl des Fahrrads waren wir uns anfangs unschlüssig. Da wir wenig Geld bei uns hatten, kauften wir ein taiwanesisches Mountain-Touringbike. Wir hatten »nur« zwölf Gänge, kamen aber in Tibet jede Paßstraße hoch, ohne abzusteigen. Das Fahrrad kostete in Hongkong 200 US Dollar (= ca. 350 DM).
Der Rahmen des KHS-Fahrrades war sehr stabil; Bremsen, Schaltung und vor allem das Tretlager erwiesen sich jedoch aufgrund der extremen Belastung in Tibet als störanfällig.
Der Kauf eines Fahrrads ist in Hongkong problemlos möglich. Wir haben zwei Fahrradläden ausfindig gemacht, die Mountain-Bikes in ihrem Angebot führten.
In China gibt es nur die schweren, einfachen Räder, die dem Hollandrad ähneln und sich für eine solche Tour kaum eignen.
In Nepal kann man gebrauchte Mountain-Bikes in Reiseshops erwerben. Beim Kauf ist jedoch Vorsicht geboten, da die Räder, vor allem das Tretlager und die Schaltung, je nach dem Grad der vorherigen Beanspruchung oft schon stark in Mitleidenschaft gezogen sind.

Bremsen und Räder:
Reserveschläuche, -mäntel, -speichen und Bremsbeläge mitführen. Wir hatten aus Platzgründen keinen Ersatzmantel bei uns. Insgesamt dreimal zerriß uns der Mantel, seltsamerweise aber immer auf der Seite und nie auf der Stirnfläche. Wir nähten über das aufgerissene

Loch einen Lederflicken fest, der von der Mantelinnenseite bis zur Mantelaußenseite überlappte. Lederstücke und Garne bekommt man bei allen Schneidern in China und Tibet. Diese Handwerker, die ihre kleinen Stände auf der Hauptstraße in den Dörfern aufschlagen, helfen einem gerne bei der Arbeit. Nochmals zu den Mänteln: Wenn ein Mantel reißt, dann, wie bereits gesagt, fast immer auf der Seite, nie auf der Stirnfläche. Ausnahme: Mäntel mit sehr wenig Profil, wie z. B. bei Rennrädern. Infolgedessen kann die Methode mit den Lederflicken jederzeit angewendet werden, da das Leder auf der Mantelseite den Fahrbelag nicht berührt und deswegen nicht abgefahren wird. Bei einem neuen Mantel geben die Hersteller an, daß nach 1500 Kilometer das Profil abgefahren ist. Also unbedingt Ersatzmantel mitnehmen.

Schaltung:
Ersatzkabelzüge mitführen. Gut ist auch ein Schaltungsumwerferschutz. Vorsicht ist geboten, wenn das Fahrrad irgendwo in einer Stadt oder auf dem Lande abgestellt wird. Geklaut wird das Fahrrad in China mit ziemlicher Sicherheit nicht; jedoch ist ein Mountain-Bike dort eine Attraktion. Vor allem Kinder und Jugendliche spielen mit Vorliebe an der Schaltung herum. Beim Losfahren ist deswegen stets auf die Stellung der Schaltung zu achten. Also: Sachte antreten – der Gangschaltung zuliebe.

Tretlager:
Spezielles Werkzeug zum Ausbauen des Tretlagers mitnehmen. Überhaupt sollte man schon zu Hause mehrmals probieren, Schaltung, Tretlager und Ritzel auszubauen, wieder einzubauen und genau einzustellen – das erspart einem bei einer Panne viel Zeit und Ärger.

Packen:
Bei Packtaschen sollte man nicht am Geld sparen und nur solche kaufen, die innen einen Rahmen zur Verstärkung haben, da sonst die Taschen bei schwerer Füllung stark nach unten hängen und die Gefahr droht, daß sie in die Speichen geraten. Gut eignet sich auch eine Lenkertasche, in der Fotoapparat und Karten griffbereit untergebracht werden können. Wer teure Geräte mit sich schleppt, sollte

auch die Taschen mit einem kleinen Bügelschloß abschließen können. Gebe montierte seinen Rucksack z. B. direkt auf den Gepäckträger. Dies funktionierte auch, doch das Fahrverhalten wird vor allem bei schnellen Bergabfahrten labil. Gut ist es trotzdem, einen Rucksack mitzuführen. Auf sehr holprigen und schlammigen Passagen, oder wenn ich das Rad über Geröllhalden tragen mußte, tat es gut, das Gepäck auf dem Rücken und nicht auf dem Rad zu transportieren.

Ausrüstung und Ersatzteile:
Erforderliches Werkzeug: Imbusschlüssel, Schraubendreher, Gabelschlüssel, Speichenschlüssel, Taschenmesser, Reifenheber, Flickzeug, Nähzeug, Ersatzmantel.
Ausrüstung: Neben der üblichen Kleidung für längere Radtouren in Regionen mit starken Klimawechseln sind zu empfehlen kompakter, warmer Schlafsack, Biwaksack (=robuster Nylonsack), Mütze und Handschuhe, Sonnenbrille, Sonnencreme. Wichtig ist auch ein Staubschutz, hierzu eignet sich am besten ein Halstuch oder ein Kopftuch.
Reiseapotheke: kleiner Verbandskasten, Wasserentkeimungstabletten (Micropur-Tabletten), Durchfalltabletten (Imodia). Anzuraten sind Hepatitisschutz sowie Malariatabletten.

Karten:
Übersichtskarten von China liefern alle bekannten Kartenhersteller. Karten von einzelnen chinesischen Provinzen bekommt man in Hongkong. Am besten kauft man sich solche, die mit chinesischen Schriftzeichen versehen sind, da dies beim Auskunftholen für die Wegstrecke außerordentlich hilfreich ist. Detaillierte Karten im Maßstab von 1:250000 und kleiner sowie Karten mit Höhenlinien sah ich nirgends.

Reisezeit und Klima:
Herbst und Frühjahr, da im Himalayagebiet im Sommer der Monsun herrscht (Regen- oder Schneezeit) und die Wintermonate (Dezember, Januar, Februar) in Tibet zu kalt zum Fahrradfahren sind.
Die Höchsttemperaturen liegen in Südwestchina im Sommer bei +35 Grad, im Winter bei +15 bis +20 Grad (je nach Lage). Extreme Temperaturunterschiede in Tibet. Auf Paßhöhen und nachts Minus-

grade, untertags bis zu über 30 Grad plus.
Wer von Hongkong aus mit dem Fahrrad startet, sollte spätestens im Juni aufbrechen und den heißen Sommer in China in Kauf nehmen, um bis zum Herbstanfang in Tibet zu sein. In den Monaten September/Oktober herrscht gutes Wetter in Tibet; danach wird es empfindlich kalt, und auf den hohen Pässen beginnt es schon zu schneien. Dasselbe gilt, wenn die Reise in Nepal beginnt. Frühjahr und Herbst sind immer die beste Zeit für den Himalaya.

Literatur

Buhrer, Jean-Claude: The Dalai Lama Speaks. In: Le Monde, Dezember 1987

Dalai Lama: Mein Leben und mein Volk. München 1962

David-Neel, Alexandra: Mein Weg durch Himmel und Hölle. München 1989

Fletscher, Harold R.: A Quest of Flowers. ca. 1950

Goepper, Roger: Das alte China. 1988

Goldstein, Melvyn/Beall, Cynthia: The Remote World of Tibet's Nomads. In: National Geographic Magazine, 1989

Harrer, Heinrich: Sieben Jahre in Tibet. Frankfurt a.M., Berlin 1966

Himalaya. Köln 1987

Lieber kaufen. In: Spiegel 12, 1990

Rock, Joseph F.: Through the Great River Trenches of Asia. In: National Geographic Magazine, August 1926

Rock, Joseph F.: The Glories of the Minya Konka. In: National Geographic Magazine, Oktober 1930

Rowell, Galen: Mountains of the Middle Kingdom. San Francisco 1984

Singh, Raghubir: A Rare Visit to a World into Itself. In: National Geographic Magazine, November 1988

Shelton, A.L.: Life Among the People of Eastern Tibet. In: National Geographic Magazine, 1921

Tibet. Das stille Drama auf dem Dach der Welt. In: Geo. Hamburg 1981

Auf schmaler Spur in die Ferne

Marc Simon Bürkle
Mountain-Bike-Touren: Herausforderung Alpen
Je kurviger, umso besser: Verschlungene Paßstraßen, versteckte Schotterpisten und schwierige Bergpfade reizen zum Nachahmen.
192 Seiten, 89 Abbildungen, 24 farbig, broschiert,
32,– Bestell-Nr. 50142

Richard und Nicholas Crane
Fahrrad-Abenteuer im Himalaja
5301 Kilometer vom Golf von Bengalen über das Dach der Welt bis nach China in 58 Tagen: Der spannende Bericht über ein extremes Fahrrad-Abenteuer.
296 Seiten, 26 Farbfotos, geb.,
39,– Bestell-Nr. 50103

Alain Guigny
Auf zwei Fahrrädern ans Ende der Welt
50 000 Kilometer in drei Jahren durch Amerika, Japan, China und Rußland – der Autor und seine Gefährtin erzählen von Begegnungen mit Ländern und Menschen.
256 Seiten, 49 Abbildungen, 20 farbig, gebunden,
39,– Bestell-Nr. 50024

Patrick Hettrich
Mit dem Fahrrad von Feuerland nach Mexiko
Als 19-jähriger allein auf großer Fahrt: Patrick Hettrich berichtet fesselnd über 25 000 abenteuerliche Kilometer von der Spitze Südamerikas bis hoch nach Mexiko.
192 Seiten, 96 Abbildungen, 16 farbig, broschiert,
29,80 Bestell-Nr. 50061

Dieter Kreutzkamp
12 000 Kilometer Australien und Neuseeland
Mit dem Fahrrad durch den Roten Kontinent und durch das »Land der weißen Wolke«: Ein faszinierendes Reisehandbuch mit zahlreichen Hintergund-Informationen.
188 Seiten, 92 Abbildungen, 24 farbig, broschiert,
32,– Bestell-Nr. 50090

Rainer Everding
Mit dem Fahrrad zwischen Rostock und Dresden
Ausgesucht erlebnisreiche und unberührte Strecken, mit Karten und vielen wertvollen Tips.
228 Seiten, 140 Abb., broschiert,
39,– Bestell-Nr. 50120

Änderungen vorbehalten

Der Verlag für Fahrrad-Bücher pietsch